I. M. PULKINA

A SHORT RUSSIAN REFERENCE GRAMMAR

WITH A CHAPTER ON PRONUNCIATION

EDITED BY
PROF. P. S. KUZNETSOV
Doctor of Philology

University Press of the Pacific
Honolulu, Hawaii

A Short Russian Reference Grammar

by
I. M. Pulkina

ISBN: 1-4102-2059-1

PREFACE

The present book aims at giving a systematic exposition of Russian morphology, pronunciation and spelling for foreign students studying Russian without a teacher and for teachers of Russian.

In this book, syntax is touched upon only briefly and in connection with morphology, when the uses of a morphological form are explained.

Particular attention has been paid to the following aspects of Russian grammar which, in the opinion of the author, may present greater difficulty to beginners: the gender of the noun and the agreement in gender of a word with its head-noun, the meanings and uses of the cases with and without prepositions, the aspects of the verb and their use, the classification of verbs into productive-type and non-productive-type verbs, and word-building.

A short chapter at the beginning of the book outlines the main peculiarities of Russian pronunciation and spelling.

Much attention has been devoted to stress in the Russian language.

Not being a theoretical grammar, the present book contains no definitions of the grammatical categories.

All the grammar material is expounded in tables accompanied by notes giving the most essential explanations.

Each chapter is preceded by General Remarks setting forth the principal peculiarities of the part of speech concerned.

All explanations are based on examples from colloquial Russian as well as from fiction, newspapers and magazines.

Only the most essential rules of Russian spelling are dealt with.

To facilitate the student's work on the meanings and uses of the cases, the uses are given first without prepositions and then with prepositions; in the tables, the prepositions are arranged in alphabetic order, first those governing one case and then those governing several cases. Meanings are given only in the cases of prepositions which have several meanings.

1*

3

The chapters "Main Peculiarities of Russian Pronunciation and Spelling" (pp. 5-25), "Main Types of Stress in Nouns" (pp. 50-58), and "Main Types of Verbs" (pp. 205-218) have been written by Prof. P. S. Kuznetsov, Tables Nos. 79-82 (on the use of the aspects of Russian verbs) have been compiled by V. S. Belevitskaya-Khalizova.

All suggestions and criticism as to the structure and contents of the book should be forwarded to the Foreign Languages Publishing House, 21 Zubovsky Boulevard, Moscow, U.S.S.R.

Author.

I. MAIN PECULIARITIES OF RUSSIAN PRONUNCIATION AND SPELLING

The Russian language comprises various dialects. Since Moscow as far back as the 14th century became the centre and, later, the official capital of the Russian state, the Russian literary language was formed on the basis of the Moscow dialect (though it adopted certain peculiarities of other dialects). Basically the standard pronunciation of Modern Russian conforms to the pronunciation of the Moscow dialect. In the present chapter we shall, therefore, deal mainly with the standard Moscow pronunciation.

Under Peter I the capital was transferred from Moscow to Petersburg (now Leningrad). It was only in 1918 that Moscow once more became the state capital. Petersburg, being a new city, failed to create a dialect of its own, differing from the Moscow dialect. Besides, a large section of its population were Moscow-born. There were, however, some deviations from the Moscow standard pronunciation; these shall be discussed as we go along.

SPEECH SOUNDS AND LETTERS

The Russian alphabet comprises 33 letters. They are: *а, б, в, г, д, е, ё, ж, з, и, й, к, л, м, н, о, п, р, с, т, у, ф, х, ц, ч, ш, щ, ъ* (hard mark),* *ы, ь* (soft mark),** *э, ю, я.*

There are more sounds than letters in Russian. To understand how various sounds are represented by letters, we must first dwell on the particular sounds in the Russian language and their classification.

RUSSIAN VOWELS AND CONSONANTS

As in any other language, sounds in Russian fall into *vowels* and *consonants*. The difference between these lies in that while in the pronunciation of vowels the outgoing air passes freely through the mouth

---

* The hard mark (*твёрдый знак*) is so called because—before the Reformed Spelling came into force—it was used to denote that the final consonant of the word must not be softened (palatalized).

** The soft mark (*мягкий знак*) is generally used to denote that the preceding consonant is softened.

cavity which acts only as a resonator, in the pronunciation of consonants the outgoing air meets with various obstructions formed in the mouth cavity. All Russian vowels are voiced, whereas the consonants may be either voiced or voiceless. All Russian vowels are generally syllabic, whereas the consonants are not. Speech consists of syllables. A syllable is a sound or a number of sounds pronounced at one breath. The syllabic sound is pronounced more vigorously than all the other sounds of the syllable and is, therefore, more audible. There can be only one syllabic sound in a syllable (which in some cases consists only of one sound). All the other sounds in a syllable are non-syllabic. There can be several non-syllabic sounds in a syllable. Thus, in the word *хóдит* '(he) walks' there are two syllables (*хó-дит*) and, consequently, two syllabic sounds *(о, и).* The first syllable contains one non-syllabic sound *(х),* and the second syllable two *(д, m).*

RUSSIAN VOWEL SOUNDS

The character of a vowel sound depends primarily on the position of the tongue (See Table 1). Vowels are classified according to (1) which part of the tongue articulates them and (2) the height of the tongue in the mouth. According to the articulating part of the tongue, the vowels are classified as *back, central* and *front* vowels. In pronouncing the back vowels, the back part of the tongue is raised towards the back of the palate; in pronouncing the central vowels, the central part of the tongue is raised towards the central part of the palate, and in pronouncing the front vowels, the central part of the tongue is raised towards the front of the palate. According to the height of the tongue in their pronunciation, the vowels are divided into *open, half-open* and *close.* In pronouncing the open vowels, the tongue lies low and is spread flat in the mouth; in pronouncing the half-open vowels, it is raised but not very high, while in pronouncing the close vowels, the tongue is raised very high in the mouth cavity. Depending on what part of the tongue is raised and to what height, the size and form of the mouth cavity (which acts as a resonator) are changed. These changes account for the different vowel quality given in the mouth cavity to the voice produced in the larynx.

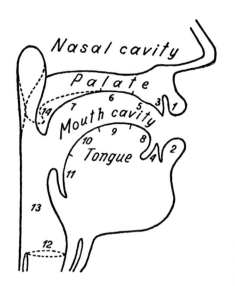

In Table 1, the sound *ы* is placed in brackets, since it is not so independent as the sound *и*; *ы* is pronounced only after hard consonants,* while *и* occurs at the beginning of a word or after a soft consonant (later on this question is dealt with in greater detail).

In pronouncing the vowels *o* and *y*, not only the position of the tongue is important but the work of the lips as well. In articulating *o*, the lips are rounded, and in pronouncing *y*, they are not only rounded but also slightly protruded. These lip-movements also change the size and shape of the mouth cavity, and, therefore, the vowel quality of the voice.

Table 1

Russian Vowels

Front	Central	Back	Articulating part of tongue / Height of tongue in mouth
u	*(ы)*	*y*	close
э		*o*	half-open
	a		open

RUSSIAN CONSONANTS

Consonants are classified according to (1) the place of the obstruction to the outgoing breath, (2) the manner of forming the obstruction and (3) the work of the vocal cords.

According to the place of obstruction to the outgoing breath, Russian consonants are divided into *bilabial, labio-dental, dental, palato-dental, medio-palatal* and *back-palatal.* In pronouncing the bilabial consonants *(п, б, м),* the obstruction is formed by the upper and lower lips pressing together. In pronouncing the labio-dental consonants *(в, ф),* the outgoing breath passes between the lower lip and the upper teeth. In pronouncing the dental consonants (*т, д, с, з,* etc.), the tip of the tongue is pressed against, or brought close to, the upper teeth. In pronouncing the palato-dental consonants *(ж, ш, щ, ч),* the tip and the centre of the tongue are pressed against, or

---

* This term is applied to the non-palatalized consonants, i.e., those consonants where pronunciation is not accompanied by any additional raising of the central part of the tongue towards the front of the palate. The palatalized consonants, whose pronunciation is accompanied by an additional raising of the tongue, are called *soft.*

brought close to, the upper teeth and the front of the palate respectively. The dental and palato-dental consonants are also called *forelingual*. In pronouncing the medio-palatal consonant *(ŭ)*, the obstruction is formed between the centre of the tongue and the centre of the palate. The medio-palatal consonant is also called *medio-lingual*. In pronouncing the back-palatal consonants *(к, г, х)*, the obstruction is formed between the back of the tongue and the back of the palate. The back-palatal consonants are also called *back-lingual* (see Table 2).

Table 2

Classification of Consonants according to Place of Obstruction

Bila-bial	Labio-dental	Den-tal	Palato-dental	Medio-palatal	Back palatal		
n		*m*			*к*	Voiceless	Plosive
б		*д*			*г*	Voiced	
	ф	*с*	*ш, щ*		*х*	Voiceless	Fricative
	в	*з*	*ж, жж*	*ŭ*		Voiced	
		ц	*ч*				Affricative
м		*н*				Nasal	Sonants
		л, р				Liquid	

Hard and Soft Consonants

One of the main peculiarities of Russian pronunciation is the presence of so-called *hard* and *soft* consonants (see Table 3). Most Russian consonants go in pairs according to their hardness or softness, the only difference between the hard and the soft consonant of each pair being in that the latter has a peculiar soft (or palatalized) sound. It is of the utmost importance to distinguish between a hard consonant and the corresponding soft one, since the meaning of a word will not infrequently depend only on whether a consonant is pronounced hard or soft. Thus, the words *ýгол* 'corner' and *ýголь* 'coal' differ vocally only in that the sound *л* is pronounced hard in the former, and soft in the latter.

Soft consonants differ from their hard counterparts in the position assumed by the tongue in their pronunciation. To pronounce the soft *т, д, с, з, п, б, ф, в, р, л, н, м,* the centre of the tongue is slightly raised towards the front of the palate; this additional tongue movement never occurs in the pronunciation of the hard consonants. For example, the pronunciation of the hard *п* is effected only by the lips (e.g., *цеп* 'flail'). In the pronunciation of the soft *п* (e.g., *цепь* 'chain'), the lips assume the same position as in the pronunciation of the hard *п,* but, in addition, the centre of the tongue is raised. A number of Russian consonants do not go in pairs according to hardness or softness: some of them are always hard *(ж, ш, ц),* while others are always soft *(ч, щ, й).*

The way softness of consonants is indicated in writing will be dealt with later.

In Table 3, the soft *к, г, х* are placed in brackets, since they are not so independent as other soft consonants. They generally occur only before a front vowel *(э* or *и),* except for a few proper names of foreign origin (e.g., *Кяхта),* where the soft *к* occurs before *а,* and the forms of the present tense second person singular *(ткёшь),* third person singular *(ткёт),* first person plural *(ткём),* and second person plural *(ткёте)* of the verb *ткать* 'to weave' (where *ё̆ = о* following a soft consonant). All other soft consonants may occur before the back vowels, before the consonants, or at the end of a word, e. g., *нёс* '(he) carried', *тёс* 'rough-sawn timber', *тяжесть* 'weight', *довольно* 'enough', *огонь* 'fire', *уголь* 'coal', *цепь* 'chain'; the consonant *щ* is pronounced in accordance with the standard Moscow pronunciation as a long (i. e., double) *ш.* Unlike the ordinary *ш* it is always soft. In Leningrad, *щ* is pronounced as a soft *шч.*

The long (double) *ж* is also a soft consonant. There is no special letter in the Russian alphabet to denote this sound: it is rendered in writing by the double *ж* (e.g., *жужжать* 'to buzz') or by *зж* (e.g., *езжу* '(I) go'). The long soft *ж* may also be rendered in writing by *жд* *(дожди* — plural of *дождь* 'rain', *дождик* 'light rain', etc.). Many Russian speakers, influenced by the spelling, sound both the letters in the combination *жд,* but according to the standard pronunciation *жд* should be pronounced as a long soft *ж.* In Leningrad, a long hard *жж* is pronounced instead of the Moscow soft *жж.*

In Russian, *й* has the function of a consonant: it is never syllabic. In some instances, *й* is pronounced as a consonant in the articulation of which the centre of the tongue is raised towards the front of the palate, thus narrowing considerably the passage for the outgoing breath; in other instances, *й* is pronounced as a non-syllabic vowel. *й* is generally pronounced as a consonant before a stressed vowel, e.g., *яма* 'pit' (pronounced [йа́ма]), *ёлка* 'fir-tree' (pronounced [йо́лка]), *район* 'region'. *й* is pronounced as a non-syllabic vowel after a stressed vowel (e.g., *край* 'edge', *сарай* 'barn', *койка* 'cot'); it may also be pronounced as a non-syllabic vowel before a stressed syllable beginning with a consonant (e.g., *война́* 'war').

Table 3

Russian Hard and Soft Consonants

Hard Consonants	ц	ш	ж	к	г	х	т	д	с	з	п	б	ф	в	л	р	м	н				
				(к)	(г)	(х)	т	д	с	з	п	б	ф	в	л	р	м	н	ч	щ	й	Soft Consonants

й preceding a vowel is very rarely rendered in writing by the letter *й* (e.g., *район* 'region'). As a rule, in such cases special letters are employed *(я, е, ё, ю)*, which render the combination of *й* with the corresponding vowel sounds, e.g., *яма* 'pit' (*я* is pronounced as [йа]; cf. p. 11), *если* 'if' (*е* is pronounced as [йэ], cf. p. 11).

How to Indicate Hard and Soft Consonants in Writing

Since the meaning of a word will often depend on whether a hard or soft consonant is sounded, it is necessary to indicate the hardness or softness of consonants in writing. However, there are no separate letters for Russian hard and soft consonants. The softness of consonants is indicated in writing either by placing after them the soft mark *(ь)* or by special letters denoting the vowels which follow them. Thus, *я* is written after a soft consonant instead of *a,* which in the word *ряд* 'row', for example, is pronounced in the same manner as *a* in *рад* 'glad' and only shows that the *р* in the former word is soft.

One of the main difficulties of Russian spelling lies in the fact that most letters used to denote a vowel sound after a soft consonant may also be employed to render the combination of the consonant *й* and the corresponding vowel sound. Thus, *я* in the word *яма* 'pit' is pronounced as [йа].

Note.— *й* occurring before a vowel is rendered by a special letter only in a few words of foreign origin, e. g., *район* 'region', *майóр* 'major'.

Vowels following hard consonants are represented by the letters *a, э, ы, o, y.* Vowels following soft consonants are represented by the letters *я, е, и, ё, ю* (see Table 4).

Table 4

Use of the Letters я, е, ё, ю, ь, ъ

Letter	Pronunciation	When so pronounced	Examples	Remarks
я	[йа]	After vowels, after ъ, ь, and at the beginning of a word:	моя́, изъя́ть, семья́, я́ма	
»	[а]	After soft consonants:	пять, пя́тый	It should be noted that c in the reflexive particle -ся (разби́лся, впи́лся) was sounded hard in the old standard pronunciation. Now many speakers pronounce it soft.
е	[йэ]	After vowels, after ъ, ь, and at the beginning of a word:	моéй (instr. case of моя́), съезд, в семьé, éсли, ель	
е	[э]	After soft consonants:	нет, сесть	
ё	[йо]	After vowels, after ъ, ь, and at the beginning of a word:	моё, съёмка, бельё, ёлка	In a few words of foreign origin the combination [йо] after a consonant is rendered in writing by ьо, e. g., бульо́н, батальо́н.
ё	[о]	After soft consonants:	нёс, лёд	
ю	[йу]	After vowels, after ъ, ь, and at the beginning of a word:	мою́ (acc. case of моя́), адъюта́нт, вьюга, лью, юг	
ю	[у]	After soft consonants:	лю́ди	
ь	Not pronounced.	When occurring before a consonant or at the end of a word, merely indicates the softness of the preceding consonant:	насто́льный, путь	ь is written only after a consonant. It should be noted that though ь is written at the end of the reflexive particle -сь (возьму́сь, разби́лась), the c was sounded hard in the old

Letter	Pronunci-ation	When so pro-nounced	Examples	Remarks
ъ	Not pro-nounced.	When occurring before a vowel, ь shows that the letter rendering the vowel sound is pronounced as a combination of й and the corresponding vowel: ъ shows that the following letter is pronounced as a combination of й and the corresponding vowel sound:	в семье́, в семью́, без семьи́ съезд, отъе́зд, подъём	standard pronuncia-tion. The modern tendency is, how-ever, to pronounce the *c* soft. ъ is written only after a consonant and before a vowel; the pronunciation of the consonant be-fore ъ is identical with its pronuncia-tion before ь.

Note.— 1. э is never written after consonants, except in a number of words of foreign origin, mainly foreign proper names (e.g., *Тэн, сэр*), since all Russian consonants (except those which are never pronounced soft) are softened when followed by the sound э.

2. The relation between ы and и is different from that between *a* and *я*, э and *e*, etc. The letters *a* and *я* represent the same vowel sound, while the let-ters ы and и (the former occurring after the hard consonants and the latter, as a rule, after the soft ones) render different vowel sounds.

In pronouncing и, the central part of the tongue is raised towards the front of the palate, while in pronouncing ы it is raised towards the centre of the palate.

The student must bear in mind the above peculiarities of Russian spelling when studying the tables. Thus, in the table dealing with the nouns ending in -*я* (*дере́вня* 'village', *па́ртия* 'party', etc.) nouns are discussed which, in pro-nunciation, end in -*a* preceded by a final soft consonant or и in the stem.

Note that to denote *o* following a soft consonant, the sign ё (*e* with the diæresis) is sometimes employed; in most printed texts, however, this sign is dispensed with and is replaced by *e* (in this book ё is retained). The sign ё always denotes a stressed vowel since in an unstressed position *e* and *o* follow-ing a soft consonant do not vocally differ from one another, both being pro-nounced as a sound intermediate between *e* and *и* (*нёс* '(he) carried', but *несла́* '(she) carried').

Russian Voiceless and Voiced Consonants

It is very important to learn to distinguish Russian voiceless consonants from their voiced counterparts (the former are uttered without vibration of the vocal cords, the latter, with such vibration). Some consonants go in pairs consisting of a voiceless consonant and its voiced counterpart. Others do not go in pairs and are pronounced either only as voiceless consonants or as voiced ones (see Table 5).

Table 5

Russian Voiceless and Voiced Consonants

Voice-less con-sonants	ц	ч	щ	х	к	т	с	ш	п	ф									
					г	д	з	ж	б	в	л	р	м	н	й	Voiced conso-nants

In the above table, the consonants are classified as *voiced* and *voiceless* irrespective of their hardness or softness; the softness of a consonant has nothing to do with its being voiced or voiceless (thus, the hard *т* is always voiceless and so is the soft *т*, the hard *д* is, on the contrary, always voiced and so is its soft counterpart, etc.)

As can be seen from the table, the Russian affricative consonants *ц* and *ч* are always voiceless: they have no corresponding voiced consonants (as is the case in some foreign languages). The voiceless *щ* has its voiced counterpart—the long (double) soft *ж* (discussed above). In the Russian alphabet, however, there is no special letter to denote this long soft *ж*: it is rendered in writing either by *жж* or by *зж;* e. g., *жужжа́ть* 'to buzz', *визжа́ть* 'to screech'.

The consonants *л, р, м, н, й* have no voiceless counterparts. The consonants *л* and *р* are called *sonants*. All sonants have one common feature: in articulating a sonant the organs of speech form an obstruction to the flow of the outgoing air, but there always remains a free passage either in the mouth or in the nasal cavity.

The sonants in the pronunciation of which the outgoing air escapes through the mouth cavity, are called *liquids*. These are *л* and *р*. In the pronunciation of *л* only the tip of the tongue obstructs the passage of the outgoing air, which can flow out on the sides. In the pronunciation of *р*, the tip of the tongue makes a rapid series of taps against the front of the hard palate (above the teethridge), the air passing out between the taps.

The sonants in the pronunciation of which the soft palate is lowered, forming, for the outgoing air, a free passage through the nasal cavity, are called *nasals*. These are *м* and *н*.

Plosive, Fricative and Affricative Consonants

According to the manner of forming the obstruction to the outgoing air, consonants are classified as *plosive, fricative* and *affricative.*

In the pronunciation of the plosive consonants (*n, m, к,* etc.), the articulating organs (the lips, the tongue and the teeth, the tongue and the palate) are brought close together. When the obstruction is removed, i.e., when the lips or other obstructing organs are parted, the air issues with plosion. The plosives are pronounced momentarily and cannot be prolonged.

In the pronunciation of fricative consonants (*в, с, х,* etc.), the articulating organs (the lips and the teeth, the tongue and the teeth, the tongue and the palate) come close together, leaving a narrow passage for the outgoing air. Passing through the narrow passage, the air produces friction against the edges of the articulating organs. The fricatives are pronounced long and can be drawn out.

The affricative consonants (*ц* and *ч*) are essentially a combination of a plosive and a fricative. In the pronunciation of these sounds, the articulating organs forming the obstruction (the tongue and the teeth, the tongue and the palate) are brought close together and then gradually (not suddenly) drawn apart, leaving a long narrow passage for the outgoing air.

It should be noted that in the standard Russian pronunciation there is only one voiced back-palatal consonant, viz., the plosive *г.* It has no fricative counterpart. However, some Russian speakers, who acquired their pronunciation habits in the regions south of Moscow, often substitute a fricative (long) *г* for the plosive *г* (for example, they pronounce the *г* in the word *город* 'town' as a long voiced *х*). Such pronunciation, however, does not conform to the standard pronunciation, though, according to the old (pre-Revolutionary) standard pronunciation, the fricative *г* was to be sounded in some words of Old Slavonic origin, such as: *благо, богатый,* etc. Modern standard pronunciation requires that in these words the plosive *г* be sounded.

MAIN CHANGES OF SOUND VALUES

Nearly all Russian sounds (vowels and consonants) undergo certain changes depending on their position in the word (among the factors effecting such changes are the stress, the neighbouring sounds, or the fact that the sound is at the end of the word).

Unstressed Vowels

Most of the Russian vowels are sounded clearly and distinctly only when they are stressed.

Only the vowel *у* is clearly distinguished from all the other vowels when unstressed.

The vowels *o* and *a,* when unstressed, are indistinguishable in pronunciation. When following a hard consonant in the syllable immediately preceding the stressed one or in any unstressed syllable occurring at the beginning of the word, both *o* and *a* are pronounced as a sound similar to *a,* thus, *водá* 'water', *домá* 'houses' (plural of *дом* 'house'), *огурéц* 'cucumber' are pronounced almost as [вадá], [дамá], [агурéц]. In all other unstressed syllables these vowels are replaced by a sound similar to *ы* (more precisely, by a very short, weak, central, half-open vowel, differing from *ы* in that in its pronunciation the central part of the tongue is not raised so high towards the centre of the palate as in the pronunciation of *ы*. Examples: *водянóй* 'water-sprite', *гóрод* 'town', *далекó* 'far', *пóвар* 'cook'.

The vowels *e* and *и,* when unstressed, are also almost indistinguishable from one another and are pronounced as a sound similar to *и,* thus, *делá* 'affairs' (plural of *дéло*) is pronounced almost as [дилá]. The unstressed vowels *o* and *a* following a soft consonant are also indistinguishable and are pronounced similar to *и,* e.g., *нёс* '(he) carried' (the stressed *o* follows a soft consonant), but *неслá* '(she) carried' (pronounced almost as [нислá]); *взял* '(he) took' (the stressed *a* follows a soft consonant), but *взялá* (pronounced almost as [взилá]).

Following a sibilant in the syllable immediately preceding the stressed one, *a* is pronounced as a sound similar either to *и* (when following a soft sibilant) or *ы* (when following a hard sibilant), thus, *часы́* 'watch' is pronounced almost as [чисы́], *шагáть* 'to march' almost as [шыгáть]. However, such pronunciation is based on the requirements of the old standard pronunciation. In modern pronunciation, *a* following a sibilant in the syllable immediately preceding the stressed one is often sounded as *a* (*шагú* 'footsteps'). The peculiar changes in vowels occurring after sibilants, somewhat resembling those which they undergo when following soft consonants, are accounted for by the fact that in Old Russian all sibilants were soft.

In unstressed syllables other than those immediately preceding the stressed one (after all soft consonants, soft sibilants included), a very weak sound intermediate between *e* and *и* is pronounced instead of *o, a* or *e*; after hard sibilants the same sound is pronounced as after hard consonants.

It must be borne in mind that in the unstressed masculine endings of the nominative case, singular, of adjectives *(-ый)* a weak central half-open vowel sound is pronounced instead of *ы* (e.g., *крáсный* 'red'). If the stem of the adjective ends in a back-palatal consonant (e.g., *далёкий* 'far', *стрóгий* 'stern') the latter is pronounced hard and the following vowel is sounded not as *и* but as a weak central half-open vowel. Many Russian speakers, influenced by the spelling, tend to pronounce this back-palatal consonant soft and the ending as *-ий,* but such pronunciation is considered wrong.

15

Combinations of Hard and Soft Consonants with Vowels

и occurs only at the beginning of a word or after a vowel or a soft consonant. When following a hard consonant (except the back-palatal *г, к, х*), it always changes into *ы*. Compare, for example, *игра́ть* (an imperfective verb) 'to play' — *сыгра́ть* (a perfective verb) 'to have played', *иска́ть* 'to search for'— *изыска́ния* 'research'. This fact accounts for the regular correlation *ы — и* in the endings of nouns whose stems terminate in a hard or soft consonant, e.g., *столы́* 'tables' — *рули́* 'rudders', *во́ды* 'waters' — *зе́мли* 'lands', etc.

и following *г, к, х* does not change into *ы*, the consonants *г, к, х* becoming palatalized (i.e., changing into the soft *г, к, х*), e.g., *волк* 'wolf'—the plural *во́лки* (with a soft *к*). This fact accounts for the spelling rule that *г, к, х* are hardly ever followed by *ы*. Only a very small number of words of foreign origin do not follow this rule, e.g., *акы́н* 'Kazakh folk poet and singer'.

When two consecutive words are pronounced without a pause between them, the first word ending in a back-palatal consonant and the second beginning with *и,* the back-palatal consonant remains hard and *и* changes into *ы;* thus, *волк и кот* 'a wolf and a cat', *к Ива́ну* 'to Ivan' are pronounced as [волкыко́т] and [кыва́ну] respectively.

The sibilants *(ж, ч, ш, щ)* and *ц* are either always hard *(ж, ш, ц)*—except in a very small number of words of foreign origin, such as *парашю́т* 'parachute', *брошю́ра* 'brochure', *жюри́* 'jury'— or always soft *(ч, щ).*

Since the hardness or softness of these sounds is not indicated in writing they are always followed by the letters *а, у, и* (and not *я, ю, ы*), irrespective of whether the preceding sibilant is hard or soft, e.g., *чай* 'tea' (*ч* is soft), *чужо́й* 'strange' (*ч* is soft), *жизнь* 'life' (*ж* is hard and, consequently, the following vowel is sounded as *ы*).

Exceptions:

1. In a very small number of words of foreign origin *ю* is written after *ш, ж: брошю́ра, парашю́т, жюри́*. In the former two words, *ш* is sounded hard, in the latter, *ж* is pronounced soft.

2. *ц* may be followed in writing either by *и* or *ы* though in both cases it is sounded as *ы* (since *ц* is always hard). Examples: *ци́ркуль* 'compasses', *концы́* 'ends'.

To denote the sound *э* following sibilants, *е* is always written, while to denote the sound *о* either *о* or *е (ё)* is employed, e.g., *мешо́к* 'sack', *кружо́к* 'circlet' (pronounced as it is written), but *шел* '(he) walked' or *шёл, желтый* 'yellow' or *жёлтый* (pronounced [шол], [жо́лтый]).

It should be noted that in the texts provided with the sign *ё* the latter is printed after the sibilants, irrespective of whether they are soft or hard, i.e., *ё* is printed not only in *чётный* 'even' (where the sibilant is soft) but also in *шёл* '(he) walked' (where the sibilant is hard).

16

o is rarely written after a sibilant in an unstressed syllable. Only very few words of foreign origin make an exception, e.g. *шови-низм* 'chauvinism', *шокировать* 'to shock', *шоколад* 'chocolate', *шоссе* 'highway', *шофёр* 'driver', *Шотландия* 'Scotland'.

All consonants are softened before *э*, *и* (except those which are never soft, viz., *ж*, *ш*, *ц*).

Changes in Voiceless and Voiced Consonants

Voiceless consonants change into the corresponding voiced ones when they precede a voiced consonant (except *й*, *р*, *л*, *м*, *н*, *в*), e.g., *сделать* (a perfective verb) 'to do' (pronounced [зделать]), *отбор* 'selection' (pronounced [одбор]), but: *съехать* (a perfective verb) 'to slide down', *три* 'three', *слой* 'stratum', *смыть* (a perfective verb) 'to wash away', *снять* (a perfective verb) 'to take off', *свить* (a perfective verb) 'to weave'. In the above examples, the voiceless consonants *с, т* are not only written but also pronounced as such.

Voiced consonants change into the corresponding voiceless ones when immediately preceding a voiceless consonant or when occurring at the end of the word, e.g., *вперёд* 'forwards' (pronounced [фперёт]).

Changes in the Plosive, Fricative and Affricative Consonants

The character of the obstruction formed in pronouncing a consonant changes extremely rarely, yet in certain instances it undergoes certain modifications. In some words, plosive and affricative consonants change when they occur before a plosive. This change consists in the following: the articulating organs fail to form a complete obstruction, the plosive or affricative consonant turning into a fricative one. Thus, in the words *когти* (plural of *коготь* 'claw') and *мягкий* 'soft' instead of *г* we pronounce a *х* (devoiced since the following sound is a voiceless one). In the words *что* 'what', *скучно* 'it is dull', *конечно* 'of course', *ш* is pronounced instead of *ч*. According to the way the obstruction is formed, the nasal *н* is plosive, the obstruction being formed by the tip of the tongue pressing against the back of the upper teeth. It should be noted that in bookish or learned words *ч* occurring before *н* is sounded; thus, for instance, *ч* is pronounced in the following words: *конечный* 'finite' (*конечная величина* 'finite quantity'), *бесконечный* 'infinite', *бесконечность* 'infinity'. *ч* is retained in the pronunciation of many words when preceding plosive consonants other than *н*, e.g., *почти* 'almost', *привычка* 'habit', etc.

In the word *бог* 'Lord', the final *г* is devoiced, but it changes not into the plosive *к*, but into the fricative *х* (*бог* is pronounced [бох]). Such pronunciation is accounted for by the fact that in Old Russian in this word a fricative *г* was sounded and not a plosive one.

17

m and *c* occurring in the reflexive forms of verbs fuse into a long (double) affricative *ц,* e.g., *смеяться* 'to laugh' is pronounced [смея́цца], *смеётся* '(he) laughs' [смеёцца]. The final *m* in the root of a word fuses with the *c* in the suffix *-ск-* in a similar manner. In that case, however, the resulting *ц* is short (and not double). The word *де́тский* 'infantile' is pronounced [де́цкий]. In some instances no fusion takes place, as in *отсе́чь* (a perfective verb) 'to cut off', *отско-чи́ть* (a perfective verb) 'to jump aside' where the combination *mc* is sounded as it is written.

MAIN PRINCIPLES OF RUSSIAN SPELLING

Russian spelling is mainly based on the morphological principle, i.e., it tends to preserve unchanged every meaningful part of the word (the root, prefix, suffix and the ending) even if in actual pronunciation the sound value of the letters representing this or that part of the word is changed due to a shift of stress or a different combination of sounds. Thus in the root of the word *дом* 'house' *o* is written in the nominative plural (*дома́*) just as in the singular though the stress in the plural has shifted to the final syllable, changing the pronunciation of the unstressed *o* to *a.*

Few are the cases when Russian spelling departs from the morphological principle to reflect the actual pronunciation of the word. The spelling of the prefixes *из-, воз-, низ-, раз-, без-, чрез-* as they are sounded is an example of such departure: *избега́ть* 'to avoid' but *исходи́ть* 'to proceed', *возбужде́ние* 'excitement' but *восхожде́ние* 'ascent', *низверга́ться* 'to rush down' but *ниспада́ть* 'to fall', *разбе-га́ться* 'to scamper about' but *расходи́ться* 'to disperse', *безрабо́т-ный* 'unemployed' but *беспоко́йный* 'restless', *чрезме́рный* 'excessive' but *чересполо́сный* 'strip farming'.

The spelling of a number of words is justified historically; for instance, the second person singular of verbs ends in *-шь* although it is sounded hard: *говори́шь* 'speakest' is pronounced *говори́ш*; in Old Russian *ш* was soft.

ALTERNATION OF SOUNDS

When a word is given new forms or new words are made by the addition of derivational suffixes, some sounds (both vowels and consonants) are occasionally interchanged; sometimes vowels in the word root * or a suffix may be dropped. The interchanging of sounds is called *alternation* and the vowels that can be dropped are called *unstable* vowels.

In Russian, alternation of consonants occurs much more frequently than alternation of vowels.

---

* The word root is the part of a word which contains its lexical meaning.

Table 6

Main Instances of Alternation of Vowels

Alternating Vowels	Examples	Remarks
o — a	ло́мит — выла́мывает, смо́трит — просма́тривает	This alternation most frequently occurs in verb-roots, the verbs with *a* in the root generally expressing a more prolonged or repeated action.
e — u — o	запере́ть — запира́ть — запо́р беру́ — собира́ть — сбор	This alternation generally occurs in verb-roots and in the roots of nouns formed from verbs. The difference between *e* and *u* exists only in writing, since *e* and *u* in unstressed syllables are sounded alike.
o — ы	со́хнуть — засыха́ть, задохну́ться — задо́хся — задыха́ться вздох — вздыха́ть	The alternation *e — u, o — ы* generally occurs in verb-roots, the verbs with *u, ы* in the root expressing a more prolonged or a repeated action; *o* generally occurs in the roots of verbal nouns.

Table 7

Unstable Vowels

Unstable Vowel	Examples	Remarks
o *e*	сон — сна, рот — рта, рожь — ржи день — дня, лев — льва	Vowels are most frequently dropped: (1) In the oblique cases * in the singular and in all cases in the plural in the roots of a number of masculine, occasionally feminine, nouns ending in a consonant.
o *ё* *e*	стрело́к — стрелка́ парено́к — паренька́ молоде́ц — молодца́	(2) In the oblique cases in the singular and in all cases in the plural of nouns with the suffixes *-ок, -ёк, -ец.*
o *e*	ло́вок — ловка́ — ло́вко бо́лен — больна́ — больно́	(3) In the feminine and neuter genders of short form adjectives.
o *e*	гоню́ — гнать беру́ — брать	(4) In the root of the infinitive of a number of verbs which have a vowel in the present tense root.

* i.e., in all the cases, except the nominative.

Unstable Vowel	Examples	Remarks
e (ĕ)	лев — льва уголёк — уголькá бóлен — больнá	When a vowel is dropped after a soft *л*, the latter retains its soft sound; to indicate this in spelling, *л* is followed by *ь*.
o *e*	пáлка (gen. pl. пáлок) рýчка (gen. pl. рýчек)	*o* is inserted after a hard consonant, *e* after a soft consonant, mostly in the genitive plural of feminine nouns with the suffix -*к*- preceded by a consonant.
и *ы*	собирáть — собрáть начинáю — начнý посылáть — послáть тыкать — ткнуть замыкáть — замкнýть	This alternation occurs only in verb-roots, the forms with *и*, *ы* generally expressing a more prolonged or a repeated action.

Table 8

Main Instances of Alternation of Consonants

Alternating Consonants	Examples	Remarks
к — ч *к — ч — ц* *г — ж* *г — ж — з*	рукá — рýчка пук — пучóк мýка — мýчить востóк — востóчный крик — кричáть крéпкий — крéпче кулáк — кулачóк — кулáцкий рыбáк — рыбáчить — рыбáцкий ногá — нóжка дорóга — дорóжка флáг — флажóк ногá — ножнóй лягу — лёг — лежáть — лежý дорогóй — дорóже стрóгий — стрóже друг — дружóк — дрýжеский — друзья́	*ч, ж* generally occur before suffixes beginning with the vowel *e* or *и*, before the suffixes -*ок* (-*ек*), -*к(а)*, -*н*- and also in some verb-roots; *ц* generally occurs before the suffix -*к(ий)* of adjectives formed from nouns; *з* alternating with *г*, *ж* occurs in a few isolated instances.

Alternating Consonants	Examples	Remarks
ц — ч	овца́ — овчи́на — ове́чка купе́ц — купе́ческий лицо́ — ли́чный огуре́ц — огу́рчик па́лец — па́льчик	*ч* instead of *ц* generally occurs in derivatives before the vowel *е* or *и* preceding the suffixes *-к(а)*, *-н-*, *-ок*, *-ек*.
х — ш	паха́ть — пашу́ — па́шня маха́ть — машу́ пу́х — пушо́к стару́ха — стару́шка страх — стра́шный у́хо — у́ши сухо́й — су́ше глухо́й — глу́ше	*ш* generally occurs in verbs in the present tense, before suffixes or an ending beginning with the vowels *-е*, *-и* and also before the suffixes *-ок (-ек)*, *-к(а)*, *-н-*.
с — ш з — ж	писа́ть — пишу́ (пи́шешь) проси́ть — прошу́ (про́сишь) носи́ть — ношу́ (но́сишь) — но́ша высо́кий — вы́ше лиза́ть — лижу́ вози́ть — вожу́ ни́зкий — ни́же	*ш, ж* generally occur: (1) At the end of verb-roots in the present tense (*с, з* occur in the same verbs in the infinitive); in verbs ending in *-ать* (e. g., *писа́ть, лиза́ть*) the sibilant is retained in all the present tense forms, in verbs ending in *-ить* (e. g., *проси́ть, вози́ть*) the sibilant occurs only in the first person singular. (2) In verbal nouns with the ending *-а* following the root. (3) In the comparative degree of adjectives.
т — ч	отве́тить — отве́чу (отве́тишь) — отвеча́ть колоти́ть — колочу́ (коло́тишь) — поколáчивать молоти́ть — молочу́ (моло́тишь) — обмолáчивать хоте́ть — хочу́ (хо́чешь) круто́й — кру́че	*ч* occurs in the first person singular (occasionally in other persons) of the present or the simple future tense of verbs, in imperfective verbs formed from perfective ones, and also in the comparative degree of adjectives.

Alternating Consonants	Examples	Remarks
т—ч—щ	свети́ть — свечу́ (све́-ти́шь) — свеча́ — свече́-ние — освеща́ть — про-свеща́ть — освеще́ние— просвеще́ние трепета́ть — трепещу́ (трепе́щешь) похи́тить —похищу́ (по-хи́тишь) — похища́ть — похище́ние	*щ* mainly occurs in verbal nouns ending in *-ение* and also in imperfective verbs formed from perfective ones. **Note.** — In nouns ending in *-ение* there also occurs *ч (свече́ние)*. *щ* alternating with *т* occurs in words and word-forms of Old Slavonic origin.
д — ж	ви́деть — ви́жу (ви́дишь) сиде́ть — сижу́ (сиди́шь)— поси́живать молодо́й — моло́же молодо́й — омолоди́ть — омоложу́ (омолоди́шь) — омоложа́ть — омоложе́ние	*ж* mainly occurs in the first person singular of the present tense of verbs, in imperfective verbs formed from perfective ones and in the comparative degree.
д — ж — жд	ходи́ть — хожу́ (хо́-дишь) — поха́живать — хожде́ние охлади́ть — охлажда́ть — охлажде́ние проводи́ть — провожа́ть— сопровожда́ть — сопро-вожде́ние роди́ть — рожу́ (ро-ди́шь) — рожа́ть — рож-да́ть — рождён, рожде́-ние	*ж* mainly occurs in verbal nouns ending in *-ение,* in imperfective verbs formed from perfective ones and also in past participles passive. **Note.** — *ж* occasionally occurs in nouns ending in *-ение* (e.g., *омо-ложе́ние*). *жд* alternating with *д* occurs in words and word-forms of Old Slavonic origin.
ск — щ	доска́ — доще́чка иска́ть — ищу́ тре́скаться — тре́щина — треск — треща́ть	*щ* generally occurs before suffixes beginning with the vowels *e, и* and also in the present tense of verbs when the final *-ть* is preceded by *а*.

Alternating Consonants	Examples	Remarks
cm — щ	пусти́ть — пущу́ (пу́стишь) блесте́ть — блещу́ (блести́шь) густо́й — гу́ще просто́й — про́ще то́лстый — то́лще	*щ* instead of *cm* generally occurs in a number of verbs in the first person singular and also in the comparative degree of adjectives.
п — пл *б — бл*	топи́ть (в воде́) — топлю́ (то́пишь) — затопля́ть — затопле́ние топи́ть (печь) — топлю́ (то́пишь) — отопля́ть — отопле́ние терпе́ть — терпе́ние — терплю́ (те́рпишь) люби́ть — люблю́ (лю́бишь) оскорби́ть — оскорблю́ (оскорби́шь)—оскорбле́ние	In all the instances *л* is soft. Combinations with *л* generally occur in the first person singular of the present tense of verbs ending in *-ить* (e.g., *я люблю́*), in imperfective verbs formed from perfective ones, in verbal nouns and also in the comparative degree of adjectives. **Note.**— In verbal nouns ending in *-ение* the bilabial consonant may not be followed by *л (терпе́ние).*
в — вл	лови́ть — ловлю́ (ло́вишь) — ло́вля дешёвый — деше́вле	
ф — фл	графи́ть — графлю́ (графи́шь)	
м — мл	ломи́ть — ломлю́ (ло́мишь) — преломля́ть — преломле́ние томи́ть — томлю́ (томи́шь) — томле́ние	
л — л (soft)	стлать — стелю́ стол — насто́льный комсомо́л — комсомо́льский генера́л — генера́льша	A soft *л* generally occurs in the present tense of some verbs containing a hard *л* in the infinitive, and also before the suffixes *-н-, -ск-, -ш(а).*

23

Alternating Consonants	Examples	Remarks
р — р (soft)	бу́рный — бу́ря секрета́рский — секрета́рша — секрета́рь	A hard *р* generally occurs before the suffixes *-н-*, *-ш(а)*.
н — н (soft)	гнать — гоню́ ко́нский — конь	A soft *н* occurs in the present tense of some verbs containing a hard *н* in the infinitive, a hard *н* occurs before the suffix *-ск-*.

Occasionally vowels and consonants alternate simultaneously, e. g., *хо́дит — поха́живает, но́сит — зана́шивает, лежу́ — ля́гу — лёг — положи́ть.*

SOME REMARKS ON STRESS IN RUSSIAN

In Russian, the stress may fall on any syllable in the word.

In some instances, the meaning of the word, or of its grammatical form, will depend on what syllable in it is stressed, e.g., *за́мок* 'castle' — *замо́к* 'lock', *руки́* (gen. sing. of *рука́* 'hand') — *ру́ки* (nom. pl.), *му́ка* 'torture' — *мука́* 'flour', *страны́* (gen. sing. of *страна́* 'country') — *стра́ны* (nom. pl.), *круго́м* (instr. sing. of *круг* 'circle') — *круго́м* (an adverb) 'round', *отреза́ть* (an imperfective verb) 'to cut off', *отре́зать* (a perfective verb) 'to have cut off', *сбега́ть* (an imperfective verb) — *сбе́гать* (a perfective verb).

In the last example, both the grammatical and lexical meanings of the word depend on the position of the stress:

сбега́ть 'to run down'.
сбе́гать 'to go running to some place and then return'.

As a rule, the stress is indicated in the dictionaries. When a word is given new forms (i.e., when it is declined or conjugated), the stress is either retained on the same syllable or shifted to some other syllable. In this brief chapter it is impossible to set out in detail the laws determining the shifting of the stress. Therefore, we shall point out only the most important of these laws.

The stress *is retained* on the same syllable in all forms:

1. In feminine and neuter *nouns,* and also in masculine nouns ending in the nominative plural in *-ы, -и,* if in the nominative singular the stress falls neither on the final nor on the initial syllable, as in the nouns: *побе́да* 'victory', *зага́дка* 'riddle', *строе́ние* 'building', *руководи́тель* 'leader'. In masculine nouns ending in the nominative plural in *-а (-я)* and stressed in the nominative singular neither

24

on the final nor on the initial syllable, the stress falls on the same syllable in all the forms in the singular and on the ending in all the forms in the plural, e.g., *профéссор* 'professor', gen. sing. *профéссора*, etc., nom. pl. *профессорá*, gen. pl. *профессорóв*, etc.; *учúтель* 'teacher', gen. sing. *учúтеля*, etc., nom. pl. *учителя́*, gen. pl. *учителéй*, etc.*

It should not be assumed that the place of stress remains unchanged only in the above type of nouns. Indeed, the stress is retained on the same syllable in other types of nouns, e.g., *студéнт* 'student', *тетрáдь* 'copy-book'.

2. In *verbs* not stressed on the final syllable in the infinitive, for example in the verbs *пáдать* 'to fall', *слýшать* 'to listen', *дýмать* 'to think'.

It should be noted that in some verbs stressed in the infinitive on the final syllable the stress also remains unchanged, e.g., *читáть* 'to read' — *читáю*, *нестú* 'to carry' — *несý*.

3. In the declension of *adjectives* the stress is retained on the same syllable, except in the degrees of comparison and in the feminine short form, e.g., *крáсный* 'red' — *крáсного* — *краснéе*; *крáсен* — *краснá*.

---

* This instance is dealt with in greater detail in Table 24.

II. THE NOUN

GENERAL REMARKS

The main grammatical categories of the Russian noun are *gender, number* and *case.*

Gender is one of the most characteristic features of the noun. All Russian nouns fall into three genders: *masculine, feminine* and *neuter.*

The gender of nouns denoting persons or certain animals is determined by the sex of the persons or animals they denote; the grammatical gender of other nouns is determined by their endings.

The gender of nouns is expressed in their agreement, i.e., in the adjectives, most of the pronouns, the ordinal numerals and past tense verbs changing their endings according to the gender of the noun they refer to. Examples: *большой дом* (masc.), *большая комната* (fem.), *большое окно* (neut.); *наш первый урок* (masc.), *наша первая работа* (fem.), *наше первое задание* (neut.); *пруд замёрз* (masc.), *река замёрзла* (fem.), *озеро замёрзло* (neut.). (This question is dealt with in greater detail in the corresponding tables.)

Nouns may be *singular (завод, книга, окно)* or *plural (заводы, книги, окна)* (see Table 13).

A number of nouns are used only in the singular; others, only in the plural (see Table 14).

Nouns also change according to *case.* There are six cases in Russian: nominative (which answers the questions *кто?, что?*), genitive (which answers the questions *кого?, чего?*), dative (which answers the questions *кому?, чему?*), accusative (which answers the questions *кого?, что?*), instrumental (which answers the questions *кем?, чем?*), and prepositional (which answers the questions *о ком?, о чём?*).

The principal meanings of the cases (which in many instances correspond to the meaning of the cases in some foreign languages) are as follows:

The *nominative case* denotes the subject of the action *(товарищ читает).*

The *genitive case* denotes possession *(книга товарища).*

The *dative case* denotes the person for whom the action is performed *(пишу товарищу).*

The *accusative case* denotes the object to which the action passes *(получи́л письмо́, ви́дел това́рища)*.

The *instrumental case* denotes the instrument of the action *(пишу́ ме́лом)*.

The *prepositional case* is only used with a preposition (for its meaning, see Table 33).

There are a few Russian nouns which are indeclinable; these are words of foreign origin, mainly of the neuter gender, e.g., *пальто́, кино́, метро́, ра́дио, бюро́, шоссе́, жюри́, клише́*, etc. (For the gender of such nouns, see Table 11.)

Table 9

THE GENDER OF THE NOUN

Masculine, Feminine and Neuter

Masculine	Feminine	Neuter
Nominative singular ends in:		
a hard consonant	*-a*	*-o*
труд, колхо́з, лес	страна́, ро́дина, газе́та	окно́, письмо́, де́ло
-й	*-я*	*-е, -ё*
бой, май, музе́й	земля́, дере́вня, семья́, струя́, ли́ния, револю́ция	мо́ре, зда́ние, ружьё по́ле, ущѐлье, копьё го́ре, па́стбище
a soft consonant	a soft consonant	*-мя*
день, дождь, путь	жизнь, власть, пло́щадь	и́мя, вре́мя, зна́мя
a hard or soft sibilant	a hard or soft sibilant (followed by *ь*)	
нож, каранда́ш, луч, плащ	рожь, тишь, ночь, по́мощь	

Note. — 1. Nouns ending in a soft consonant may be either masculine or feminine. Their gender can be determined by the genitive case (masc. *дождь — дождя́*; fem. *пло́щадь — пло́щади*). In some instances the gender can also be determined in the nominative by the suffixes:

(a) all nouns (names of persons) with the suffix *-тель (чита́тель, писа́тель, руководи́тель)* or *-арь (секрета́рь, библиоте́карь, па́харь)* are masculine.

(b) all nouns having the suffixes *-ость, -есть (ра́дость, но́вость, произ-води́тельность; све́жесть, тя́жесть)* are feminine.

The gender of all other nouns ending in *-ь* should be memorized (see Table 12).

2. We can tell by the spelling whether a noun ending in a hard or soft sibilant is masculine or feminine: feminine nouns always take *-ь* after the final sibilant in the nominative singular *(рожь, тишь, ночь, по́мощь)* while there is no *-ь* after the sibilant at the end of masculine nouns *(нож, каранда́ш, луч, плащ).*

Some masculine nouns (denoting persons) end in *-а (-я) (ю́ноша, дя́дя)* (see Table 10).

4. Masculine nouns with the diminutive suffixes *-ушк-, -ишк-, -онк-, -ёнк-* may end in *-а* (nouns denoting living beings: *де́душка, мальчи́шка, мужи-чо́нка)* or *-о* (nouns denoting inanimate objects: *городи́шко, доми́шко).* Nouns with the augmentative suffixes *-ищ-, -ин-* may end either in *-е* or in *-а:* nouns with the suffix *-ищ-,* in *-е (парни́ще, дружи́ще, голоси́ще)* and nouns with the suffix *-ин-,* in *-а (дети́на).*

5. There are ten Russian nouns ending in *-мя: и́мя, вре́мя, зна́мя, се́мя, те́мя, бре́мя, пле́мя, пла́мя, вы́мя, стре́мя.* All these words are neuter.

6. All indeclinable nouns of foreign origin denoting inanimate objects are neuter *(пальто́, кино́, жюри́, пари́, бо́а),* with the exception of the word *ко́фе,* which is masculine *(люблю́ кре́пкий ко́фе);* indeclinable nouns of foreign origin denoting living beings (birds, animals) are generally masculine.

Table 10

The Gender of Nouns Denoting Persons

I. Masculine and Feminine Nouns with Normal Gender Endings:

	Masculine	Feminine
1. Nouns denoting persons of the male or the female sex generally possess corresponding gender endings.	брат мальчик	сестра́ де́вочка
2. Feminine counterparts of masculine nouns may differ from the latter not only in their endings but in suffixes as well.	учени́к комсомо́лец студе́нт стари́к лётчик	учени́ца комсомо́лка студе́нтка стару́ха лётчица

Note.— 1. In most instances masculine nouns signifying a member of a profession or position, occupation, calling, etc., may be used for both men and women: *Она хороший педагог, опытный врач, доктор. Секретарь вышла. С докладом выступила профессор Иванова. Премировали садовода Игнатьеву.*

2. Some feminine nouns, such as *докторша, директорша,* are used to denote (1) a woman member of a profession or holder of a rank or appointment; (2) the wife of a man of the profession, rank or appointment concerned. Such words are never used in the literary language.

3. The masculine nouns *человек, друг, товарищ* have no feminine counterparts: *Она прекрасный человек. Пришла товарищ Иванова.*

II. Masculine Nouns with the Ending -а, -я:

1. Here belong a number of masculine nouns ending in *-а, -я: мужчина, юноша, дядя, судья, староста,* and the old words *воевода, вельможа.*

2. Many names of men also end in *-а, -я (Лука, Кузьма, Илья)* as do also diminutives of men's names *(Алёша, Вова, Сёва, Ваня,* etc.).

3. Masculine nouns with diminutive suffixes also have the ending *-а: дедушка, старичишка, старикашка, мужичонка.*

III. Masculine Nouns with the Ending -е:

The following nouns have the ending *-е:*
(a) nouns with augmentative suffixes: *дружище (мой дружище), мастерище.*

Послушай-ка, *дружище,* ты, сказывают, петь великий *мастерище!* (Кр.)

(b) the word *подмастерье.*

IV. The noun *дитя* is neuter.

V. Nouns with the Ending -а belonging to the so-called Common Gender:

There are a number of nouns ending in *-а* whose gender depends on whether they refer to persons of the male or female sex. If a person of the female sex is meant these nouns are feminine, and adjectives, pronouns and verbs (in the past tense) agree with them accordingly. If a person of the male sex is meant adjectives, pronouns and verbs (in the past tense) may take either masculine or feminine endings.

сирота, калека, зевака, неряха, запевала, выскочка, плакса, умница, тупица, невежа, невежда, etc.

Эта девочка — *круглая сирота.*

Этот мальчик — *круглый сирота.*

Этот мальчик — *круглая сирота.*

Какой ты неряха! (but one may also say to a boy: *Какая ты неряха!)*

29

Table 11

The Gender of Nouns Denoting Animals, Birds, Fishes, Insects

	Masculine	Feminine
1. The male and the female of certain species of animals and birds (mainly domestic) are denoted by nouns formed from different roots and having the corresponding gender endings.	бара́н бык бо́ров пету́х се́лезень	овца́ коро́ва свинья́ ку́рица у́тка
2. Nouns denoting the male and the female have different endings; the feminine nouns also have special suffixes.	волк лев медве́дь тигр слон индю́к	волчи́ца льви́ца медве́дица тигри́ца слони́ха индю́шка

	Male and Female	Male and Female
3. In most cases the same word is used for both males and females of animals, birds and fishes, the gender of the word being determined by its form: (a) nouns ending in a hard consonant or sibilant are masculine, those ending in *-a (-я)* are feminine; (b) the gender of nouns ending in a soft consonant or sibilant (with a final *-ь* in spelling) should be memorized. These nouns differ in their form only in the oblique cases (masc. *оле́нь — оле́ня — оле́ню*, etc.; fem. *рысь — ры́си — ры́си*, etc.).	ёж* крот кро́лик * кит носоро́г уж дя́тел ко́ршун со́кол я́стреб ёрш сом грач жук клоп конь лось оле́нь со́боль тюле́нь глуха́рь го́лубь	бе́лка змея́ кры́са лягу́шка лиса́ (лиси́ца) обезья́на соба́ка я́щерица га́лка куку́шка ца́пля аку́ла щу́ка блоха́ му́ха ло́шадь мышь рысь

* In fables the feminine nouns *ежи́ха* and *кроль́чи́ха* are occasionally used.

	Masculine	Feminine
	Male and Female	Male and Female
	гусь жура́вль ле́бедь снеги́рь кара́сь о́кунь песка́рь шмель	сте́рлядь
4. Nouns with the suffixes *-онок, -ёнок* denoting the young offspring of animals are masculine.	волчо́нок котёнок ягнёнок	
5. Indeclinable nouns of foreign origin denoting living beings are generally masculine irrespective of the sex of the animal or bird (a number of these nouns end in *-и, -у*, which is unusual for Russian words).	кенгуру́ какаду́ коли́бри шимпанзе́	

Note.— In the sentences *Шимпанзе́ корми́ла детёныша. Кенгуру́ кормила детёныша* the form of the verb shows that the nouns *шимпанзе́, кенгуру́* denote female animals.

Table 12

The Gender of Nouns Denoting Inanimate Objects and Ending in *-ь*

The most common nouns denoting inanimate objects and ending in *-ь* (except those ending in a sibilant) are as follows:

Masculine		Feminine	
автомоби́ль	вихрь	арте́ль	ги́бель
анса́мбль	волды́рь	бандеро́ль	грань
бино́кль	вопль	боль	грудь
бре́день	гвоздь	высь	грязь
буква́рь	го́спиталь	га́вань	даль
бюллете́нь	гре́бень	гармо́нь	дань
ве́ксель	груздь	гарь	дверь

Masculine		Feminine	
двйгатель	пóршень	дробь	пáмять
день	прóфиль	дрожь	печáль
дёготь	пузы́рь	ель	печáть
дирижáбль	пусты́рь	и́згородь	пéчень
дождь	путь	жёлчь	плóщадь
жёлудь	ремéнь	жердь	полы́нь
инвентáрь	роя́ль	жизнь	пóросль
календáрь	рубль	канитéль	постéль
кáмень	руль	колыбéль	при́быль
картóфель	словáрь	кóпоть	при́стань
кáшель	спектáкль	корь	прóрубь
кисéль	стáвень	кровáть	пыль
ковы́ль	стéбель	ладóнь	роль
контрóль	стéржень	лазу́рь	ртуть
корáбль	стиль	лень	сáжень
кóрень	сухáрь	любóвь	связь
косты́ль	тáбель	мазь	сеть
куль	у́голь	медáль	сирéнь
лáгерь	у́ровень	медь	скáтерть
лáпоть	фити́ль	мель	смерть
ларь	фли́гель	метéль	соль
лóкоть	фонáрь	мечéть	сталь
ломóть	хмель	мозóль	степь
монасты́рь	хрустáль	морáль	тень
нóготь	ци́ркуль	мысль	тетрáдь
нуль	штéмпель	нефть	ткань
огóнь	штéпсель	нить	цель
пáнцырь	штиль	óзимь	честь
парóль	щавéль	óпухоль	шерсть
пень	щéбень	óсень	шинéль
пéрстень	я́корь	ось	ширь
плáстырь	янтáрь	óттепель	щель
плетéнь	я́сень	óчередь	
пóлдень	ячмéнь		
портфéль			

Nouns denoting the months of the year ending in a soft consonant: янвáрь, феврáль, апрéль, ию́нь, ию́ль, сентя́брь, октя́брь, ноя́брь, декáбрь.

Note.— 1. Nouns denoting inanimate objects and ending in *-знь, -сть, -сь, -вь, -бь, -пь* are feminine: *жизнь, честь, высь, любóвь, прóрубь, степь.*
2. Nouns with the suffixes *-ость, -есть* are feminine: *стáрость, мóлодость, свéжесть* (see Note 1 (b) to Table 9).

32

Table 13

The Plural of Nouns

I. Changes occurring in the Endings in the Formation of the Plural

1. Masculine and Feminine Nouns taking in the Plural the Ending -ы or -и.

Masculine and Feminine		Remarks
Singular	Plural	In the Plural:

Nominative

	-ы	-ы
завод колхо́з маши́на газе́та страна́	заво́ды колхо́зы маши́ны газе́ты стра́ны	Ending of: (a) masculine nouns with a final hard consonant in the nominative singular (except nouns whose stem ends in a sibilant or г, к, х and the nouns сосе́д — сосе́ди, чёрт — че́рти); (b) feminine nouns whose nominative singular ends in -a.

	-и	-и
a) геро́й бой музе́й трамва́й	геро́и бои́ музе́и трамва́и	Ending of: (a) masculine nouns with a final й in the nominative singular;
b) дере́вня статья́ ли́ния струя́	дере́вни статьи́ ли́нии стру́и	(b) feminine nouns whose nominative singular ends in -я;
c) вождь пло́щадь	вожди́ пло́щади	(c) masculine and feminine nouns with a final soft consonant in the nominative singular;
d) това́рищ ро́ща нож межа́ врач ночь каранда́ш мышь	това́рищи ро́щи ножи́ ме́жи врачи́ но́чи карандаши́ мы́ши	(d) masculine and feminine nouns whose stem ends in a sibilant;
e) фа́брика звук нога́ враг стару́ха пасту́х	фа́брики зву́ки но́ги враги́ стару́хи пастухи́	(e) masculine and feminine nouns whose stem ends in г, к, х.

Note.— The **и** after a hard consonant is pronounced as [ы] (*ножи́, каранда́ши, мы́ши*).

2. Neuter Nouns with the Plural ending in -a or -я.

Neuter		Remarks
Singular	**Plural**	**In the Plural:**
	-a	**-a**
де́ло	дела́	Ending of:
пра́во	права́	neuter nouns whose nominative singular
госуда́рство	госуда́рства	ends in **-o**.
письмо́	пи́сьма	
хозя́йство	хозя́йства	
сре́дство	сре́дства	
	-я	**-я**
по́ле	поля́	Ending of:
мо́ре	моря́	neuter nouns whose nominative singular
собра́ние	собра́ния	ends in **-e, -ё.**
зда́ние	зда́ния	Special ways of forming the plural:
ружьё	ру́жья	у́хо — у́ши, плечо́ — пле́чи, коле́но — коле́ни, ве́ко — ве́ки, я́блоко — я́блоки.

Note.— Though **ы** is pronounced after a hard consonant, it is rendered in spelling as **и** *(ножи́).*

3. Some Peculiarities in the Formation of the Plural of Masculine Nouns.

Monosyllabic Words	Dissyllabic Words	Trisyllabic Words
бок — бока́	бе́рег — берега́	профе́ссор — профессора́
век — века́	ве́чер — вечера́	учи́тель — учителя́
глаз — глаза́	го́лос — голоса́	
дом — дома́	го́род — города́	
край — края́	до́ктор — доктора́	
лес — леса́	ма́стер — мастера́	
луг — луга́	но́мер — номера́	
снег — снега́	о́стров — острова́	
рог — рога́	по́греб — погреба́	
сорт — сорта́	по́яс — пояса́	
	па́рус — паруса́	
	по́езд — поезда́	
	по́вар — повара́	

Note.— A number of masculine nouns take a stressed -*a* or -*я* as their ending for the nominative plural. The following should be noted:

1. In modern literary Russian the forms *профéссоры, дирéкторы, редáкторы* occur alongside *профессорá, директорá, редакторá;* however, the words *рéктор, лéктор, инспéктор* always form their plural in -*ы: рéкторы, лéкторы, инспéкторы.*

2. In colloquial Russian the form *договорá* (nom. pl. of *дóговор*) is used, but in the literary language the form *договóры* is preferred.

3. The nominative plural of the word *год* is *годá* or *гóды* (прошлй *годá,* прошлй дóлгие *гóды).*

II. Changes occurring in the Stems and the Endings in the Formation of the Plural

1. Masculine	Remarks
гражданйн — грáждане крестьянин — крестьяне волжáнин — волжáне англичáнин — англичáне армянйн — армяне	Masculine nouns ending in -*анин (-янин)* take -*ане (-яне)* in the plural, the suffix -*ин-* being dropped and the ending -*e* added. The following are examples of the plural of nouns ending in -*ин: господйн — господá, хозяин — хозяева, татáрин — татáры, болгáрин — болгáры.*
ребёнок — ребята телёнок — телята волчóнок — волчáта котёнок — котята утёнок — утята	Masculine nouns ending in -*онок, -ёнок* and denoting young living beings take -*ата, -ята* as their ending for the nominative plural. The word *дéти* is generally used as the plural of *ребёнок.*

2. Masculine and Neuter

брат — брáтья муж — мужья лист — лйстья стул — стýлья прут — прýтья кóлос — колóсья	друг — друзья (alternation *г — з*) сук — сýчья клок — клóчья (alternation *к — ч*) сын — сыновья	перó — пéрья крылó — крýлья дéрево — дерéвья звенó — звéнья

Note.— A number of masculine and neuter nouns take the ending -*ья* in the plural.

In the literary language the archaic plural form of the word *друг — дрýги* survives.

Я не хочý, о *дрýги,* умирáть, я жить хочý, чтоб мýслить и страдáть (П.)

The plural forms *сынý* and *мужú* occur only in elevated style and in poetry: Как я люблю, Кавкáз мой величáвый, Твоих *сынóв* войнственные нрáвы... (П.) In Modern Russian, the form *сынý* often occurs in the sense of *сынý Рóдины.*

2*

3. Neuter	Remarks
вре́мя — времена́, стре́мя — стремена́, зна́мя — знамёна, се́мя — семена́, и́мя — имена́, пле́мя — племена́ не́бо — небеса́, чу́до — чудеса́	Some neuter nouns have different stems in the singular and the plural. These include: (a) neuter nouns ending in *-мя;* (b) two neuter nouns ending in *-о:* *не́бо* and *чу́до.*

Note.— 1. The words *вы́мя, пла́мя, бре́мя, те́мя* are never used in the plural.

The plural of the word *вре́мя* has a special meaning (which corresponds to the meaning of the English 'times'):

В тяжёлые *времена́* ца́рского самодержа́вия... В те далёкие *времена́...*

2. The word *небеса́* occurs mostly in poetry:

Синея́ бле́щут *небеса́* (П.)
Яснели холмы́ и леса́,
И просыпа́лись *небеса́* (П.)
Звёзды га́снут в *небеса́х...* (Заг.)

III. A number of masculine nouns have two plural forms, with different meanings.

Singular	Plural	
лист 'leaf' (of a book; of a tree, etc.), 'sheet'	*листы́* 'sheets', 'leaves' (of a book, etc.) Мы приготовили больши́е *листы́* бума́ги для диагра́мм. . . . . До́лго сих *листо́в* заве́тных не каса́лся я перо́м... (П.)	*ли́стья* 'leaves' (of a tree, etc), 'foliage' На дере́вьях жёлтые *ли́стья.* In poetry, however, the form *листы́* also occurs in the meaning of 'leaves' (of a tree, etc.): Уж ро́ща отряха́ет после́дние *листы́* с наги́х свои́х ветве́й... (П.)

Singular	Plural	
ко́рень 'root' (of a living plant)	*ко́рни* 'roots' (of a living plant) *Ко́рни* де́рева глубо́ко ушли́ в зе́млю.	*коре́нья* '(culinary) roots' Мы чи́стили *коре́нья* для су́па.
про́пуск 'non-attendance'; 'pass', 'permit'	*про́пуски* 'non-attendance' У ученика́ есть *про́пуски* заня́тий по боле́зни.	*пропуска́* 'passes', 'permits' Часово́й проверя́л *пропуска́*.
счёт 'account'	*счёты* 'abacus' Я купи́л конто́рские *счёты*.	*счета́* 'accounts' Коми́ссия проверя́ла *счета́*.
по́вод 'pretext'; '(bridle) rein'	*по́воды* 'pretexts' *По́воды* для ссо́ры.	*пово́дья* '(bridle) reins' Он отпусти́л *пово́дья* и пое́хал ша́гом.

Note the following:

1. The plural of *цвето́к* 'flower' is *цветы́* 'flowers' (На лугу́ запестре́ли *цветы́*); the. plural of *цвет* 'colour' is *цвета́* 'colours' (Люблю́ я́ркие *цвета́*).

2. The word *лю́ди* is used as the plural of *челове́к*. The plural form of *челове́к* is used mainly in the genitive with the pronouns *ско́лько, сто́лько (ско́лько челове́к?)* and with numerals *(пять челове́к)*.

3. The plural of *счёт* 'account' is *счета́* (Коми́ссия проверя́ла *счета́*); the word *счёты* 'abacus' has no singular (Я купи́л конто́рские *счёты*).

Table 14

Nouns Used Only in the Singular or Plural

A. The following words are used only in the singular:

1. Nouns denoting various materials and substances:	желе́зо, серебро́, зо́лото, медь, чугу́н, молоко́, вода́, снег, соль, мука́, вино́, etc.

Note.— A number of this type of nouns are used in the plural in the following cases:

(a) when denoting different varieties of a material or substance: *дороги́е, дешёвые ви́на; минера́льные во́ды, лече́бные во́ды, минера́льные со́ли;*

(b) in poetry: Мосты́ нави́сли над *вода́ми* (П.) Гони́мы ве́шними луча́ми с окре́стных гор уже́ *снега́* сбежа́ли му́тными ручья́ми на потоплённые луга́... (П.)

2. Nouns denoting vegetables, cereals, berries, technical crops:	карто́фель, морко́вь, лук; рожь, овёс, лён; мали́на, клубни́ка, земляни́ка
3. Collective nouns:	молодёжь, крестья́нство, студе́нчество; листва́
4. A number of abstract nouns:	эне́ргия, бо́дрость, ра́дость, мо́лодость, белизна́, темнота́, доброта́, внима́ние, чте́ние, социали́зм, материали́зм

Note.— Certain nouns of group 4 are occasionally used in the plural; but in that case the lexical meaning of the plural is somewhat different from that of the singular: Ка́ждый вто́рник устра́ивались литерату́рные *чте́ния.* Ма́ленькие *ра́дости* жи́зни... «Пе́рвые *ра́дости*» — рома́н К. Фе́дина.

5. Nouns denoting the cardinal points and the months of the year:	се́вер, юг, за́пад, восто́к; янва́рь, февра́ль

B. The following words are used only in the plural:

1. Nouns denoting objects consisting of two similar parts:	но́жницы, очки́, брю́ки, са́ни, щипцы́, весы́, воро́та
2. A number of nouns in common use:	бу́дни, де́ньги, дрова́, дро́жжи, духи́, жму́рки, имени́ны, кани́кулы, обо́и, пери́ла, по́хороны, се́ни, сли́вки, су́мерки, счёты, су́тки, часы́, черни́ла

Note.— 1. All the words that agree with the above nouns are also used in the plural: Начали́сь *ле́тние кани́кулы.* Люблю́ *вече́рние су́мерки.* Принесли́ *сухи́х дров.* Купи́л *кра́сные черни́ла.*

2. The word *часы́* in the sense of 'a clock', 'a watch' (стенны́е *часы́*, карма́нные *часы́*, etc.) is used only in the plural; in the sense of 'hour' *часы́* is used in both singular (*час* 'hour') and plural (*часы́* 'hours'): Прошёл до́лгий *час* ожида́ния. Прошли́ до́лгие *часы́* ожида́ния. Приду́ че́рез *час.* Приду́ че́рез пять *часо́в.*

3. The word *очки́* in the sense of 'spectacles' is used only in the plural (потеря́л свои́ но́вые *очки́*); in the sense of 'a point' (in games, etc.) the word *очки́* is used in both singular (*очко́* 'point') and plural (*очки́* 'points'): Това́рищ получи́л на одно́ *очко́* бо́льше, чем я.

THREE TYPES OF DECLENSION OF THE NOUN

I. According to their case inflexions in the singular, Russian nouns fall into three types of declension:

1. *The first declension* includes (a) *masculine* nouns without any ending in the nominative, whose stem ends in a hard or soft consonant (*го́род, день, май*); (b) *neuter* nouns ending in -*o* (-*ё*) (*письмо́, ружьё, по́ле, зда́ние*).

Note.— Masculine nouns with diminutive or augmentative suffixes plus the ending -*o* or -*e* (*городи́шко, доми́шко, доми́ще*) also belong to the first declension.

2. *The second declension* includes *feminine* nouns ending in -*a* (-*я*) (*страна́, земля́, а́рмия*).

Note.— Masculine nouns ending in -*a* (-*я*): *ю́ноша, ста́роста, судья́, дя́дя, Кузьма́* (a masculine name), *Ва́ня* (a diminutive masculine name) and nouns of common gender ending in -*a* (-*я*): *сирота́, у́мница, разя́ня* also belong to the second declension.

3. *The third declension* includes *feminine* nouns without any ending in the nominative, whose stem ends in a soft consonant or a hard or a soft sibilant: *тень, степь, ночь, рожь, мышь.*

The nouns *мать* and *дочь* have some peculiarities in their declension (see Table 22).

II. Some nouns do not belong to any of the above types of declension and are declined in a special way; they are: the masculine noun *путь*, the neuter nouns ending in -*мя: и́мя, вре́мя*, etc., and the neuter noun *дитя́*.

III. There are some nouns which are indeclinable and do not change according to number: *пальто́, кино́, метро́, шоссе́, жюри́, кенгуру́, ко́фе*, etc. These nouns, borrowed from foreign languages, are neuter, except *ко́фе*, which is masculine.

Table 15

FIRST DECLENSION

Declension of Masculine and Neuter Nouns (with the Stem Ending in a Hard or Soft Consonant)

Singular

Cases	Masculine						Neuter		Endings
Nom.	ученик	завод	вождь	огонь	герой	бой	дело	поле	
Gen.	ученика	завода	вождя	огня	героя	боя	дела	поля	*-а, -я*
Dat.	ученику	заводу	вождю	огню	герою	бою	делу	полю	*-у, -ю*
Acc.	ученика	завод	вождя	огонь	героя	бой	дело	поле	as. N. or. G.
Instr.	учеником	заводом	вождём	огнём	героем	боем	делом	полем	*-ом, -ём, -ем*
Prep.	(об) ученике	(о) заводе	(о) вожде	(об) огне	(о) герое	(о) бое	(о) деле (о) поле		*-е*

Cases	Masculine		Neuter
Nom.	пролетарий	санаторий	собрание
Gen.	пролетария	санатория	собрания
Dat.	пролетарию	санаторию	собранию
Acc.	пролетария	санаторий	собрание
Instr.	пролетарием	санаторием	собранием
Prep.	(о) пролетарии	(о) санатории	(о) собрании

Note.— 1. Nouns whose stem ends in a hard consonant take *-а* in the genitive, *-у* in the dative, *-ом* in the instrumental, but when the stem ends in a soft consonant these endings are spelt: *-я* in the genitive, *-ю* in the dative, *-ём* (if the ending is stressed) or *-ем* (if it is unstressed) in the instrumental.

2. The accusative of the following nouns is identical with the nominative: (a) of all neuter nouns, and (b) of all masculine nouns denoting inanimate objects: *завод, бой.*

3. The accusative of masculine nouns denoting living beings is identical with the genitive (*вождя* gen. sing. of *вождь,* *героя* gen. sing. of *герой*), except when they have a collective meaning, in which case their accusative is identical with the nominative (*вижу народ, веду отряд*).

4. Masculine nouns ending in *-ий* and neuter nouns ending in *-ие* take *-ии* in the prepositional (*пролетарий — о пролетарии, собрание — о собрании*).

Note on Spelling. — After sibilants (*ж, ч, ш, щ*) and *ц* the instrumental of masculine and neuter nouns, with the ending stressed, ends in *-ом: ножом* (instr. of *нож*), *плечом* (instr. of *плечо*), *шалашом* (instr. of *шалаш*), *плащом* (instr. of *плащ*), *борцом* (instr. of *борец*), *кольцом* (instr. of *кольцо*); it ends in *-ем* when the ending is unstressed: *сторожем* (instr. of *сторож*), *товарищем* (instr. of *товарищ*), *сердцем* (instr. of *сердце*).

Table 16

**Peculiarities in Some Case-Forms of Masculine
Nouns belonging to the First Declension**

I. Genitive Case ending in *-y (-ю)*

In the genitive singular, a number of masculine nouns end either in *-y (-ю)* or in *-a (-я)*. The ending *-y (-ю)* occurs in the following instances:

1. When the noun denotes a certain quantity or part of some substance or material:	кусóк сáхару; стакáн чáю; килогрáмм мёду; килогрáмм пескý; купúть сáхару, рúсу, шёлку; вы́пить чáю; попрóбовать мёду; набрáть хврóсту.
Note that *хлеб* 'bread' and *овёс* 'oats' never take the ending *-y* in the genitive.	. . . . Я поднёс ему *чáшку чáю* . . . (П.) Ворóне гдé-то бог послáл *кусóчек сы́ру* . . . (Кр.) В нём *виногрáду кúсти* рдéлись. . . (Кр.)

---

2. When the noun indicates: (a) place (after the prepositions *из* 'from', *до* 'to'):	вы́шел *из дому, из лесу;* шёл *дó дому* цéлый час (the stress is generally shifted to the preposition, the noun becoming enclitic). . . . . Волк *из лесу* в дерéвню забежáл. . . (Кр.) Однáжды в студёную зúмнюю пóру Я *из лесу* вы́шел. . . Был сúльный морóз. . . (Некр.) *Дó дому* ещё бы́ло вёрст вóсемь (Т.)
(b) time (after the prepositions *до* 'till', *c* 'from', *óколо* 'about'): (c) cause (after the prepositions *c (co)* 'from', 'for'):	Ждал тебя́ *с чáсу* дня. Ждал тебя́ *до чáсу* дня. Бродúл *пó лесу óколо чáсу*. Побелéл *с испýгу, со стрáху*. . . . . Заболéла *с перепýгу* (Ч.)

---

3. In some special constructions with certain prepositions:	Упустúл *из виду*. Не вúдел егó *óт роду*. Жду егó *с чáсу на час. С бóку нá бок*. . . *Бéз году недéля. Бéз толку.* . . . . *Час óт часу* огóнь слабéе становúлся. . . (Кр.) Вéтер мéжду тем *час óт часу* становúлся сильнéе. . . (П.)

	А бе́дный пруд *год о́т году* всё глох... (Кр.) А се́рдце во мне бьётся, как *о́т роду* не би́лось. . . (Т.) *О́т роду* не встреча́л я счастли́вца столь блиста́тельного. . . (П.)
4. When the noun is used in a negative construction:	*Не пришёл* ко мне *ни ра́зу*. О нём *ни слу́ху, ни ду́ху*. . . . . До са́мого конца́ декабря́ *не вы́пало сне́гу...* (Т.) *Не пока́зывай* да́же *ви́ду*. . . (Т.) Поми́луй, мне и *о́т роду нет го́ду*,— ягнё- нок говори́т. . . (Кр.) Из ко́жи ле́зут вон, а во́зу всё *нет хо́ду...* (Кр.) Так по́тчевал сосе́д Демья́н сосе́да Фо́ку И не дава́л ему́ *ни о́тдыху, ни сро́ку* (Кр.)

Note.— The ending *-y (-ю)* in the genitive generally occurs in colloquial speech and also in fables, proverbs and sayings (*Не спрося́сь бро́ду*, не су́йся в во́ду; cf. 'Look before you leap'.).

II. Prepositional Case ending in *-y (-ю)*

In the prepositional case following the prepositions *в, на* (mostly indicating place), a number of masculine nouns take the stressed ending *-y (-ю)*. They are mostly monosyllabic words: *лес, сад*, etc. In this table, the most frequently used nouns of this type are given (in alphabetic order).

в		*на*	
бор	в бору́	бе́рег	на берегу́
бой	в бою́	бок	на боку́
бред	в бреду́	борт	на борту́
быт	в быту́		
		вал	на валу́
глаз	в глазу́	век	на веку́
год	в году́	воз	на возу́
долг	в долгу́		
дым	в дыму́		
жар	в жару́		

в		на	
край	в краю́	край	на краю́
круг	в кругу́	круг	на кругу́
лоб	во лбу́	лоб	на лбу
лес	в лесу́	луг	на лугу́
лёд	во льду́	лёд	на льду
мёд	в меду́	мёд	на меду́
мех	в меху́	мех	на меху́
мозг	в мозгу́	мост	на мосту́
мох	во мху́	мох	на мху
		мыс	на мысу́
нос	в носу́	нос	на носу́
плен	в плену́	плот	на плоту́
полк	в полку́	пол	на полу́
порт	в порту́	пост	на посту́
пруд	в пруду́	пруд	на пруду́
пух	в пуху́		
ров	во рву́		
род	в роду́	род	на роду́
рот	во рту́		
ряд	в ряду́		
сад	в саду́		
снег	в снегу́	снег	на снегу́
сок	в соку́	сук	на суку́
строй	в строю́		
тыл	в тылу́		
у́гол	в углу́	у́гол	на углу́
ход	в ходу́	ход	на ходу́
цвет	в цвету́		
шкаф	в шкафу́	шкаф	на шкафу́
—	—	—	—
Крым	в Крыму́	Дон	на Дону́

Хорошо́ *в бору́* дыша́ть сухи́м смоли́стым во́здухом.

В порту́ стои́т большо́й кора́бль.

Дере́вья *в по́лном цвету́.*

Больно́й три дня был *в бреду́.*

. . . .

В лесу́ раздава́лся топо́р дровосе́ка... (Некр.)

Маши́на останови́лась *на по́лном ходу́.*

На лугу́ пестре́ли цветы́.

. . . .

На берегу́ пусты́нных волн
Стоя́л он, дум вели́ких полн,
И вдаль гляде́л... (П.)
На краю́ горизо́нта тя́нется сере́бряная цепь снегов́ых верши́н... (Л.)

Крóет уж лист золотóй влáжную зéмлю *в лесý*... (М.)
В *садý* во тьмé лени́во сы́плется тёплый дождь... (Л. Т.)
Что и́щет он в странé далёкой?
Что ки́нул он *в краю́* роднóм? (Л.)
... А сыр *во рту* держáла (Кр.)
От рáдости *в зобý* дыхáнье спёрло... (Кр.)
Ры́льце у тебя́ *в пухý.*

Вчерá я приéхал в Пятигóрск, нáнял кварти́ру *на краю́* гóрода... (Л.)
На пóлном бегý нá бок салáзки — и Сáша в снегý... (Некр.)

Bear in mind that when denoting the year or hour the prepositional case also requires the ending *-у (-ю): В какóм годý? — В 1947 годý. В прóшлом годý. В котóром часý? — В пéрвом часý.* Also: *на своём векý* 'in my day': *Мнóго ви́дел я людéй на своём векý.*

Note. — 1. When preceded by other prepositions, all these nouns take the usual prepositional case ending *-е: о лéсе, о Кры́ме, о гóде, о чáсе,* etc.

2. The archaic form *в лéсе* sometimes occurs in folk songs: *В тёмном лéсе за рекóй стои́т дóмик небольшóй.*

3. When the preposition *в* does not indicate place, the prepositional case ending is *-е,* e.g., *Он знáет толк в лéсе.*

4. When used as names of plays, these nouns take the prepositional case ending *-е: В «Лéсе» Острóвского... в «Вишнёвом сáде» Чéхова...*

5. In Lermontov's poem «Соснá» the noun *край* is used in the prepositional case with the ending *-е: В том крáе, где сóлнца восхóд...*

SECOND DECLENSION

Table 17

Feminine Nouns ending in *-а (-я)*

1. Nouns with the Stem ending in a Hard Consonant

			End- ings	Nouns with the Stem ending in *г, к, х*			End- ing
Nom.	странá	жéнщина	*-а*	рукá	мýха	дорóга	*-а*
Gen.	страны́	жéнщины	*-ы*	руки́	мýхи	дорóги	*-и*
Dat.	странé	жéнщине	*-е*	рукé	мýхе	дорóге	*-е*
Acc.	странý	жéнщину	*-у*	рýку	мýху	дорóгу	*-у*
Instr.	странóй	жéнщиной	*-ой (-ою)*	рукóй	мýхой	дорóгой	*-ой (-ою)*
Prep.	о странé	о жéнщине	*-е*	о рукé	о мýхе	о дорóге	*-е*

44

2. Nouns with the Stem ending in a Soft Consonant

				Endings		End-ings
Nom.	земля́	семья́	ста́я	*-я*	а́рмия	*-я*
Gen.	земли́	семьи́	ста́и	*-и*	а́рмии	*-и*
Dat.	земле́	семье́	ста́е	*-е*	а́рмии	*-и*
Acc.	зе́млю	семью́	ста́ю.	*-ю*	а́рмию	*-ю*
Instr.	землёй (-ёю)	семьёй	ста́ей	*-ёй (-ёю)* *-ей (-ею)*	а́рмией	*-ей*
Prep.	о земле́	о семье́	о ста́е	*-е*	об а́рмии	*-и*

Note. — 1. Nouns with the stem ending in a hard consonant take the ending *-а* in the nominative, *-ы* in the genitive (but *-и* if the stem ends in *г, к* or *х: нога́ — ноги́, рука́ — руки́, му́ха — му́хи*), *-е* in the dative, *-у* in the accusative, and *-ой (-ою)* in the instrumental.
2. Nouns whose stem ends in the hard sibilant *ж* or *ш* (*межа́, крыша*) take *-и* in the genitive singular (*межи́, крыши*), which is pronounced as *-ы*.
3. Nouns whose stem ends in a soft consonant take *-я* in the nominative, *-и* in the genitive, *-е* in the dative, *-ю* in the accusative, and *-ей (-ею), -ёй (-ёю)* in the instrumental; nouns ending in *-ия (а́рмия, ли́ния)* take *-и* in the dative and the prepositional *(а́рмии, ли́нии)*.
4. Masculine nouns and nouns of common gender ending in *-а (-я)* are also declined according to the second declension.
Note on Spelling. — After sibilants (*ж, ч, ш, щ*) and *ц* the instrumental is formed in *-ой (-ою)* if the ending is stressed: *межо́й, свечо́й, овцо́й* and in *-ей* if it is unstressed: *кры́шей, ро́щей, пти́цей, ту́чей, лу́жей.*

THIRD DECLENSION

Table 18

Feminine Nouns without an Ending and with the Stem ending in a Soft Consonant or a Sibilant (Hard or Soft)

Cases	With Stem ending in a Soft Consonant		With Stem ending in a Sibilant (Hard or Soft)			Endings
Nom.	жизнь	пло́щадь	ночь	рожь	мышь	
Gen.	жи́зни	пло́щади	но́чи	ржи	мы́ши	*-и*
Dat.	жи́зни	пло́щади	но́чи	ржи	мы́ши	*-и*
Acc.	жизнь	пло́щадь	ночь	рожь	мышь	as nom.
Instr.	жи́знью	пло́щадью	но́чью	ро́жью	мы́шью	*(-ь)ю*
Prep.	о жи́зни	о пло́щади	о но́чи	о ржи	о мы́ши	*-и*

1. The nominative and the accusative of nouns belonging to the third declension are always identical.
2. The genitive, dative and prepositional end in *-и (жи́зни, но́чи, ржи, мы́ши).*
3. The instrumental case ends in *-(ь)ю (жи́знью,* etc.).
4. The nouns *мать* and *дочь* follow a special pattern of declension (see Table 22).

45

Table 21

Peculiarities in the Declension of Nouns in the Plural

			Remarks
Nom.	гра́ждане	крестья́не	Masculine nouns ending in *-анин,*
Gen.	гра́ждан	крестья́н	*-янин (граждани́н, крестья́нин)* end
Dat.	гра́жданам	крестья́нам	in *-ане, -яне* in the nominative plural
Acc.	гра́ждан	крестья́н	and in *-ан, -ян* in the genitive plural
Instr.	гра́жданами	крестья́нами	*(гра́ждан, крестья́н).* All the other cases are formed from the stem
Prep.	(о) гра́жданах	(о) крестья́нах	by adding the normal case-endings *(гра́жданам, крестья́нам,* etc.).

			Remarks
Nom.	ребя́та	волча́та	Masculine nouns ending in *-ёнок,*
Gen.	ребя́т	волча́т	*-онок (ребёнок, волчо́нок)* and denot-
Dat.	ребя́там	волча́там	ing young living beings end in *-ата,*
Acc.	ребя́т	волча́т	*-ята* in the nominative plural and in the stem-consonant in the genitive
Instr.	ребя́тами	волча́тами	plural *(ребя́т, волча́т).* All the other
Prep.	(о) ребя́тах	(о) волча́тах	cases are formed from the stem by adding the normal case-endings *(ребя́там, волча́там,* etc.)
			But: *бесёнок — бесеня́та, чертё-нок — чертеня́та.*

Nominative	Genitive	Remarks
глаза́	глаз	A number of masculine nouns do not
чулки́	чуло́к	take any ending in the genitive plural,
ва́ленки	ва́ленок	the form of the latter case being iden-
арши́ны	арши́н	tical with that of the nominative sin-
солда́ты	солда́т	gular.
партиза́ны	партиза́н	
грузи́ны	грузи́н	
ту́рки	ту́рок	
башки́ры	башки́р	

		Remarks
Nom.	лю́ди	The plural of the noun *челове́к* is
Gen.	люде́й	used only in the oblique cases in com-
Dat.	лю́дям	bination with numerals, the form of
Acc.	люде́й	the genitive plural being identical with
Instr.	людьми́	that of the nominative singular *(два́д-цать челове́к).*
Prep.	(о) лю́дях	The word *лю́ди* is used in all the cases in the plural.

Table 22

Special Declension of Nouns

Singular

	Neuter		Masculine	Feminine	
Nom.	и́мя	зна́мя	путь	мать	дочь
Gen.	и́мени	зна́мени	пути́	ма́тери	до́чери
Dat.	и́мени	зна́мени	пути́	ма́тери	до́чери
Acc.	и́мя	зна́мя	путь	мать	дочь
Instr.	и́менем	зна́менем	путём	ма́терью	до́черью
Prep.	(об) и́мени	(о) зна́мени	(о) пути́	(о) ма́тери	(о) до́чери

Plural

	Neuter		Masculine	Feminine	
Nom.	имена́	знамёна	пути́	ма́тери	до́чери
Gen.	имён	знамён	путе́й	матере́й	дочере́й
Dat.	имена́м	знамёнам	путя́м	матеря́м	дочеря́м
Acc.	имена́	знамёна	пути́	матере́й	дочере́й
Instr.	имена́ми	знамёнами	путя́ми	матеря́ми	дочерьми́
Prep.	(об) имена́х	(о) знамёнах	(о) путя́х	(о) матеря́х	(о) дочеря́х

Note.— 1. In the singular, all the neuter nouns ending in *-мя (вре́мя зна́мя, пла́мя, се́мя, бре́мя, те́мя, вы́мя, стре́мя, пле́мя)* follow the declension pattern of *и́мя.*

The words *пле́мя, бре́мя, те́мя, вы́мя* are never used in the plural. Unlike *и́мя* and other words in *-мя, зна́мя* has the stress on the suffix *-ён-* in all the cases in the plural. The genitive plural of *се́мя* is *семя́н.*

2. In Modern Russian, the neuter noun *дитя́* 'baby', 'child' is used in the singular only in the nominative and the accusative.

In all the other cases the forms of this word are generally replaced by the corresponding forms of the noun *ребёнок* 'child' *(ребёнку, ребёнком,* etc.) In the plural, both *дитя́* and *ребёнок* are used in all the cases; however, *дитя́* may be considered the more literary of the two, *ребёнок* being used mostly in colloquial speech. In the works of classics the oblique cases of the word *дитя́* occur, e.g., *Ка́шу зава́рит, ня́нчиться с дитя́тей* (П.) Below we give the declension of the word *дитя́:*

Cases	Singular	Plural
Nom.	дитя́	де́ти
Gen.	дитя́ти	дете́й
Dat.	дитя́ти	де́тям
Acc.	дитя́	дете́й
Instr.	дитя́тей	детьми́
Prep.	(о) дитя́ти	(о) де́тях

3. The masculine noun *путь* is declined in the singular and plural as a feminine noun ending in a soft consonant *(кость)*, except the instrumental case *(путём)*.

4. In the declension of the feminine nouns *мать* and *дочь* the stem in all the cases, except the nominative singular, ends in *-ер-*.

Table 23

Declension of Surnames of Persons and Names of Towns

Masculine Surnames and Masculine and Neuter Names of Towns and Settlements ending in *-ын, -ин, -ын(о), -ин(о):*

Nom.	Ильи́н	Пти́цын		Unlike masculine nouns, masculine surnames ending in *-ин, -ын* take *-ым* in the instrumental case.
Gen.	Ильина́	Пти́цына		
Dat.	Ильину́	Пти́цыну		
Acc.	Ильина́	Пти́цына		
Instr.	Ильины́м	Пти́цыным	*-ым*	
Prep.	(об) Ильине́	(о) Пти́цыне		

Nom.	Каля́зин	Цари́цын(о)*		Masculine and neuter names of towns and settlements ending in *-ин(о), -ын(о)* are declined as masculine nouns ending in a hard consonant.
Gen.	Каля́зина	Цари́цына		
Dat.	Каля́зину	Цари́цыну		
Acc.	Каля́зин	Цари́цын(о)		
Instr.	Каля́зином	Цари́цыном	*-ом*	
Prep.	о Каля́зине	(о) Цари́цыне		

Masculine and Neuter Names of Towns and Settlements ending in *-ов, -ев, -ов(о), -ев(о):*

Nom.	Сара́тов	Ку́нцево		Masculine and neuter names of towns, settlements and villages ending in *-ов, -ев* are declined as masculine nouns ending in a hard consonant.
Gen.	Сара́това	Ку́нцева		
Dat.	Сара́тову	Ку́нцеву		
Acc.	Сара́тов	Ку́нцево		
Instr.	Сара́товом	Ку́нцевом	*-ом*	
Prep.	о Сара́тове	о Ку́нцеве		

* After the Revolution *Цари́цын* was renamed; it is now called *Сталингра́д*. *Цари́цыно* is now called *Ле́нино-да́чное*.

Masculine Surnames ending in *-ов, -ев:*

Nom.	Петро́в	Серге́ев		Masculine surnames end-ing in *-ов, -ев* take *-ым* in the instrumental case.
Gen.	Петро́ва	Серге́ева		
Dat.	Петро́ву	Серге́еву		
Acc.	Петро́ва	Серге́ева		
Instr.	Петро́вым	Серге́евым	*-ым*	
Prep.	о Петро́ве	о Серге́еве		

Feminine Surnames ending in *-ин-а, -ов-а:*

Nom.	Ильина́	Петро́ва	Feminine surnames end-ing in *-ин-а, -ов-а* are declined as feminine ad-jectives, but in the accu-sative they take the noun-ending *-у*.
Gen.	Ильино́й	Петро́вой	
Dat.	Ильино́й	Петро́вой	
Acc.	Ильину́	Петро́ву	
Instr.	Ильино́й	Петро́вой	
Prep.	об Ильино́й	о Петро́вой	

Masculine and Feminine Names and Surnames:

Ивани́цкий Бе́льский	Ивани́цкая Бе́льская	Surnames with the end-ings identical with those of adjectives are declined as adjectives.
	Ива́н Ива́нович Мари́я Ива́новна	Names and patronymics are declined separately as nouns with the correspond-ing endings.
	Дурново́ Пушны́х Чутки́х Долги́х	Russian surnames with endings uncommon in the Russian language are in-declinable.

Masculine and Feminine Names and Surnames:

Шевче́нко Короле́нко Максиме́нко Безборо́дко Хво́йко	Ukrainian surnames ending in *-енко* or *-ко* are generally indeclinable *(у Короле́нко, у Хво́йко);* if these surnames are declined, they follow the declension pattern of feminine nouns ending in *-а (у Максиме́нки, писа́л Максиме́нке, ви́дел Макси-ме́нку, говори́л с Максиме́нкой).*
Мицке́вич Богдано́вич Боро́дич	Masculine surnames ending in *-ич* or *-ович* are declined as nouns with the corresponding endings. Feminine surnames with these endings are indeclinable.
Шмидт Мо́царт	Foreign masculine surnames ending in a consonant are declined as nouns with the corresponding endings. Feminine surnames ending in a consonant are indeclinable.
Гариба́льди Баку́ Салье́ри Тбили́си Россе́ти Со́чи Золя́ Ско́пле Джа́мба Чика́го	Foreign surnames ending in a vowel and foreign names of towns ending in *-у, -и, -е, -о* are indeclinable.
Гли́нка	Foreign surnames ending in an unstressed *-а (Гли́нка)* are declinable.

MAIN TYPES OF STRESS IN NOUNS

1. Fixed stress is stress which falls on the same syllable in a given word in all cases, singular and plural: *побе́да, побе́ды, побе́де,* etc.; *студе́нт, студе́нта, студе́нту,* etc., *движе́ние, движе́ния, движе́нию,* etc.

Fixed stress is observed in all feminine and neuter nouns and in most masculine nouns whose nominative singular is not stressed on the first or the last syllable, e.g., *побе́да, пала́тка, боло́то, движе́-*

ние, сапо́жник, переплётчик. Exceptions to this group are masculine nouns whose nominative plural ends in *-a (-я)*, which are stressed on the last syllable in all cases in the plural, e.g., *профе́ссор — профессора́*, gen. pl. *профессоро́в*, etc.; *учи́тель — учителя́*, gen. pl. *учителе́й*, etc. Fixed stress is also observed in nouns whose nominative singular is stressed differently from those of the above group, e.g., *студе́нт* (the nominative singular is stressed on the last syllable), *пло́тник* (the nominative singular is stressed on the first syllable).

2. The stress is shifted to the beginning of the word in the accusative singular: *рука́* — acc. sing. *ру́ку, голова́* — acc. sing. *го́лову.*

3. The stress is shifted to the beginning of the word in the nominative plural: *рука́* — nom. pl. *ру́ки, голова́* — nom. pl. *го́ловы.*

4. The stress is shifted to the beginning of the word in all the cases in the plural: *письмо́* — pl. *пи́сьма, пи́сем, пи́сьмам*, etc.

5. The stress is shifted to the last syllable in all the oblique cases, singular and plural: sing. *конь, коня́, коню́*, etc.; pl. *ко́ни, коне́й*, etc.

6. The stress is shifted to the last syllable in all the oblique cases in the plural: *волк* — pl. *во́лки, волко́в, волка́м*, etc.

7. The stress is shifted to the last syllable in the prepositional singular when in combination with the prepositions *в, на* denoting place or time: *лес — в лесу́, мост — на мосту́, год — в про́шлом году́, печь — на печи́, степь — в степи́.*

Note. — In the masculine gender, the stress is shifted in the prepositional case only if its ending is *-y.*

Table 24

MAIN TYPES OF STRESS-SHIFT IN THE NOUN

A. Feminine nouns ending in a stressed *-a (-я):*

Dissyllabic Nouns	Singular		
1. The stress is shifted to the first syllable in the accusative singular and nominative and accusative plural (in the word *земля́* it is also shifted in the dative plural):	Nom. рука́ земля́		
	Gen. руки́ земли́		
	Dat. руке́ земле́		
	Acc. ————————→	ру́ку, зе́млю
	Instr. руко́й, землёй	
	Prep. о руке́, о земле́	
	Plural	
	Nom. ————————→	ру́ки, зе́мли
	Gen. рук,земе́ль	
	Dat. рука́м	зе́млям
	Acc. ————————→	ру́ки, зе́мли,
	etc.	зе́млями, о зе́млях

51

A. Feminine nouns ending in a stressed -*a* (-*я*):

	Singular	Plural
2. The stress is shifted to the first syllable in all the cases in the plural:	Nom. страна́ Gen. страны́ Dat. стране́ etc.	стра́ны стран стра́нам etc.

	Singular	
3. The stress may remain fixed:	Nom. ру́чка, статья́ Gen. ру́чки, статьи́ etc.	
	Plural	
	Nom. ру́чки, статьи́ Gen. ру́чек, стате́й etc.	

Trisyllabic Nouns	Singular	
1. With the combination -*оро*- or -*оло*- in the root (see Dissyllabic nouns, 1):	Nom. голова́, сторона́ Gen. головы́, стороны́ Dat. голове́, стороне́ Acc. ─────────→ Instr. головой, стороно́й Prep. о голове́, о стороне́	го́лову, сто́рону
	Plural	
	Nom. ─────────→ Gen. голо́в, сторо́н Dat. голова́м, сторона́м Acc. ─────────→ etc.	го́ловы, сто́роны го́ловы, сто́роны

	Singular	
2. Without -*оро*- or -*оло*- in the root. The stress is shifted one syllable nearer to the beginning of the word in all the cases in the plural:	Nom. широта́ Gen. широты́ Dat. широте́ Acc. широту́ etc.	

A. Feminine nouns ending in a stressed *-a (-я):*

	Plural
Nom. ⟶	широ́ты
Gen. ⟶	широ́т
Dat. ⟶	широ́там
	etc.

B. Feminine nouns ending in a soft cosonant or a sibilant:

	Singular	
1. The stress is shifted to the ending in all the oblique cases in the plural:	Nom. о́чередь, пло́щадь, мышь Gen. о́череди, пло́щади, мы́ши etc.	
	Plural	
	Nom. о́череди, пло́щади, мы́ши Gen. ⟶ Dat. ⟶ etc.	очереде́й, площаде́й, мыше́й очередя́м, площа-дя́м, мыша́м, etc.

	Singular	
2. The stress is shifted to the ending in the prepositional singular and in all the oblique cases in the plural:	Nom. печь Gen. пе́чи Dat. пе́чи Acc. печь Instr. пе́чью Prep. { о пе́чи в печи́	In words of this type the stress falls on the ending in the prepositional case only if the latter is used to indicate place: *в печи́*, but: *о сте́пи*.
	Plural	
	Nom. пе́чи Gen. ⟶ Dat. ⟶ etc.	пече́й печа́м etc.

B. Feminine nouns ending in a soft consonant or sibilant:

	Singular	
3. The stress may in some instances remain fixed on the same syllable:	Nom. тетра́дь Gen. тетра́ди Dat. тетра́ди etc. Plural Nom. тетра́ди Gen. тетра́дей etc.	

C. Masculine nouns ending in a consonant:

	Singular	
1. The stress is shifted to the ending in all the oblique cases in the singular, and in all the cases in the plural. The shifting occurs, among other instances, in all nouns with a stressed unstable *o* or *e* in the last syllable if the latter is stressed in the nominative singular, e.g.: *кусо́к*, gen. sing. *куска́*, etc.; *бое́ц*, gen. sing. *бойца́*, etc. (however, if the last syllable of the word is not stressed in the nominative singular, the stress remains fixed, e. g.: *ва́ленок*, gen. sing. *ва́ленка*; *комсомо́лец*, gen. sing. *комсомо́льца*):	Nom. стари́к, дождь Gen. ——→ Dat. ——→ Plural Nom. ——→ Gen. ——→ Dat. ——→ Singular Nom. ого́нь, оте́ц Gen. ——→ Dat. ——→ Plural Nom. ——→ Gen. ——→ Dat. ——→	старика́, дождя́ старику́, дождю́, etc. старики́, дожди́ старико́в, дожде́й старика́м, дождя́м etc. огня́, отца́ огню́, отцу́, etc. огни́, отцы́ огне́й, отцо́в огня́м, отца́м, etc.

54

C. Masculine nouns ending in a consonant:

	Singular	
2. The stress is shifted to the ending in the oblique cases in the singular and plural:	Nom. гвоздь	
	Gen. ──────→	гвоздя́
	Dat. ──────→	гвоздю́, etc.
	Plural	
	Nom. гво́зди	
	Gen. ──────→	гвозде́й
	Dat. ──────→	гвоздя́м, etc.

	Singular	
3. The stress is shifted to the ending in all the cases in the plural:	Nom. сад	
	Gen. са́да	
	Dat. са́ду, etc.	
	Plural	
	Nom. ──────→	сады́
	Gen. ──────→	садо́в
	Dat. ──────→	сада́м, etc.

	Singular	
4. The stress is shifted to the ending in all the oblique cases in the plural:	Nom. волк	
	Gen. во́лка	
	Dat. во́лку, etc.	
	Plural	
	Nom. во́лки	
	Gen. ──────→	волко́в
	Dat. ──────→	волка́м, etc.

	Singular	
5. The stress is shifted to the ending in all the cases in the plural:	Nom. го́род, учи́тель	
	Gen. го́рода, учи́теля	
	Dat. го́роду, учи́телю, etc.	
	Plural	
	Nom. ──────→	города́, учителя́
	Gen. ──────→	городо́в, учителе́й
	Dat. ──────→	города́м, учителя́м etc.

C. Masculine nouns ending in a consonant:

| 6. The stress may remain fixed: | Singular
Nom. студе́нт
Gen. студе́нта
Dat. студе́нту
etc.

Plural
Nom. студе́нты
Gen студе́нтов
Dat. студе́нтам
etc. | |

Note.— 1. In masculine nouns ending in a consonant and taking, in the prepositional singular, the ending *-y (-ю)* the latter is always stressed, e.g.: *в лесу́, в саду́, на краю́.*

2. In masculine nouns ending in a consonant and taking, in the nominative plural, the ending *-a (-я)* the latter is always stressed, e.g., *города́, учителя́.*

D. Neuter nouns ending in *-o, -e (-ё):*

Dissyllabic Words	Singular	
1. Words with the stress on the first syllable. The stress is shifted to the ending in all the cases in the plural:	Nom. ме́сто, по́ле, мо́ре Gen. ме́ста, по́ля, мо́ря Dat. ме́сту, по́лю, мо́рю etc. Plural Nom. ⟶ Gen. ⟶ Dat. ⟶	места́, поля́, моря́ мест, поле́й, море́й места́м, поля́м, моря́м, etc.
2. Words with the stress on the ending. The stress is shifted to the first syllable in all the cases in the plural:	Singular Nom. окно́, лицо́, ружьё Gen. окна́, лица́, ружья́ Dat. окну́, лицу́, ружью́, etc. Plural Nom. ⟶ Gen. ⟶ Dat. ⟶	о́кна, ли́ца, ру́жья о́кон, лиц, ру́жей о́кнам, ли́цам, ру́жьям, etc.

D. Neuter nouns ending in *-o, -e (-ĕ):*

	Singular	
3. The stress may remain fixed:	Nom. жа́ло Gen. жа́ла Dat. жа́лу etc.	
	Plural	
	Nom. жа́ла Gen. жал Dat. жа́лам etc.	

	Singular	
Trisyllabic Words 1. Words with the stress on the first syllable. The stress is shifted to the second syllable in all the cases in the plural:	Nom. о́зеро Gen. о́зера Dat. о́зеру etc.	
	Plural	
	Nom. ⟶ Gen. ⟶ Dat. ⟶	озёра озёр озёрам etc.

	Singular	
2. Words with the stress on the ending. The stress is shifted to the second syllable in all the cases in the plural:	Nom. ремесло́ Gen. ремесла́ Dat. ремеслу́ etc.	
	Plural	
	Nom. ⟶ Gen. ⟶ Dat. ⟶	ремёсла ремёсел ремёслам etc.

	Singular	
3. The stress may also remain fixed:	Nom. боло́то, варе́нье Gen. боло́та, варе́нья Dat. боло́ту, варе́нью etc.	
	Plural	
	Nom. боло́та, варе́нья Gen. боло́т, варе́ний Dat. боло́там, варе́ньям etc.	

Sometimes a noun preceded by a preposition throws its stress back on to the preposition and so loses its own stress. This occurs in the following instances:

1. In the accusative singular and plural of feminine nouns ending in *-a (-я)* with the stress on the last syllable if, in the accusative singular, the latter is shifted to the first syllable, e.g., *рукá — рýку — зá руку — зá руки; головá — гóлову — зá голову.*

Example: Он схватился *зá голову.*

2. In the accusative and, occasionally, in the instrumental singular of masculine nouns which have *-оро-* or *-ере-* in the root and end in a consonant if they are stressed on the first syllable, e.g., *гóрод — зá город, зá городом; бéрег — нá берег.*

Example: Мы поéхали *зá город.* Я живý *зá городом.*

3. In the dative and accusative singular of a number of monosyllabic masculine nouns ending in a consonant and stressed on the first syllable in the oblique cases in the singular, e.g.:

мост, мостá, мóсту, etc. — пó мосту, нá мост;
дом, дóма, дóму, etc. — дó дому.

4. In the dative, accusative, instrumental and prepositional singular of dissyllabic neuter nouns stressed on the first syllable, e.g.:

пóле, пóля, etc. — пó полю, нá поле;
мóре, мóря, etc. — пó морю, нá море, зá морем.

Note. — In Modern Russian, the stress in the above instances is often placed on the noun and not on the preposition. The stress is always placed on the preposition when the combination of the preposition and noun has an adverbial meaning, e.g., я живý *зá городом* (i.e., in the country), but сóлнце садилось *за гóродом* (i.e., behind the town); урóки задали *нá дом,* but смотрéл *на дóм.*

USES OF CASES WITHOUT PREPOSITIONS

Table 25

Uses of the Genitive Case

The genitive case of the noun is used with another noun, an adjective, numeral or verb.

A. With nouns, adjectives or numerals, the genitive case is mainly used:

I. With nouns:	
1. To denote possession (the genitive answers the questions *чей?, чья?, чьё?, чьи?*):	Чей это карандáш? — Это карандáш *брáта.* Чья это тетрáдь? — Это тетрáдь *сестры.* Чьё это перó? — Это перó *учителя.* Чьи это книги? — Это книги *товáрищей.*

2. To denote the subject of an action:	Речь *учи́теля*. Отве́т *ученика́*. Пе́ние *де́вушки*. Выступле́ние *делега́тов*. Бой *часо́в*.
3. To denote the object acted upon (the object to which the action passes):	Чте́ние *кни́ги*. Пе́ние *ги́мна*. Слу́шание *ле́кций*. Убо́рка *урожа́я*. **Note.** — With verbs the accusative case is required: *чита́ть кни́гу, петь гимн, слу́шать ле́кции, убира́ть урожа́й.*
4. To denote: (a) a characteristic feature of an object.	Пра́здник *дру́жбы* и *еди́нства*. Пра́здник *пе́сни*. Вопро́сы *совреме́нности*.
(b) a descriptive attribute of an object: **Note.** — A descriptive attribute generally consists not of a noun alone but of a noun qualified by an adjective.	Ма́льчик *высо́кого ро́ста*. Челове́к *большо́го ума́*. Места́ *порази́тельной красоты́*. Бума́га *пе́рвого со́рта*. **Note.** — In most instances, the attribute consisting of a noun qualified by an adjective can be replaced by an adjective (*высо́кий* ма́льчик, *первосо́ртная* бума́га) or by an adjective qualified by an adverb (*о́чень у́мный* челове́к, *порази́тельно краси́вые* места́).
(c) the possessor of a quality:	Сме́лость *геро́я*. Ум *челове́ка*. Темнота́ *но́чи*. Белизна́ *сне́га*. Теплота́ *во́здуха*. Просто́р *поле́й*.
II. With the comparative degree of an adjective:	Сестра́ приле́жнее *бра́та*. Во́лга ши́ре *Оки́*. **Note.** — There is another way of expressing comparison: Сестра́ *приле́жнее, чем брат*. Во́лга *ши́ре, чем Ока́*. In such constructions the conjunction *чем* is used and the noun denoting the object compared with some other object stands in the nominative case. Утро *ве́чера* мудрене́е. (Proverb; cf. 'Take counsel with your pillow.') Охо́та пу́ще *нево́ли*. (Proverb; cf. 'Where there's a will, there's a way.')
III. With the adjective *по́лон* 'full (of)', *по́лный* 'full (of)', *досто́ин* 'worthy (of)', *досто́йный* 'worthy (of)':	Дом *по́лон люде́й*. Ко́мната *полна́ наро́ду*. Се́ти бы́ли *полны́ ры́бы*. Принёс корзи́ну, *по́лную я́блок*. Глаза́ *полны́ слёз, полны́ ра́дости*. **Note.** — Masculine nouns occurring in such combinations generally take the ending *-у (-ю)* in the singular (*полна́ наро́ду*). With *по́лон* abstract nouns take the genitive ending *-а (-я)* and not *-у (-ю)*: (*по́лон восто́рга*). . . . .

Онó (я́блоко) *сóку* спéлого *полнó*... (П.)

Хлопóт Марты́шке *пóлон* рот... (Кр.)

Пóлный раздýмья, шёл я однáжды по большóй дорóге... (Т.)

На берегý пусты́нных волн

Стоя́л он, *дум* велúких *полн*... (П.)

Там нéкогда в горáх, сердéчной

дýмы пóлный,

Над мóрем я влачúл задýмчивую лень...

(П.)

Note. — 1. Although the genitive case is usual in such combinations, the instrumental case occasionally occurs:

Но *торжествóм* побéды *пóлны*,

Ещё кипéли злóбно вóлны... (*П.*)

Тоскóй и *трéпетом полнá*,

Тамáра чáсто у окнá

Сидúт в раздýмье одинóком... (Л.)

Но, *пóлно дýмою* престýпной,

Тамáры сéрдце недостýпно

Востóргам чúстым... (Л.)

2. With verbs derived from *пóлный* (*наполниться, заполниться*) only the instrumental case of the noun is used: глазá *наполнились слезáми* (but: глазá *полны́ слёз*).

Эта рабóта *достóйна нагрáды*.

IV. With words denoting quantity: (1) With cardinal numerals in the nominative or accusative (which is identical with the nominative):	(a) with *два, две, óба, óбе, три, четы́ре* and compound numerals whose last word is *два, три, четы́ре* (e.g., *двáдцать два, сто трúдцать три*) the genitive singular is used:		(b) with *пять, шесть, семь*, etc. the genitive plural is used:	
	два óба три четы́ре сто два сóрок три сто пятьдеся́т четы́ре	*карандашá* *альбóма* *ученикá*	пять шесть семь двенáдцать тринáдцать трúдцать пять сто пятьдеся́т вóсемь	*карандашéй* *альбóмов* *рýчек* *тетрáдей* *ученикóв* *учениц*

две	
óбе	
три	*рýчки*
четы́ре	*тетрáди*
сто две	*ученйцы*
сóрок три	
сто пятьде-	
ся́т четы́ре	

В э́той грýппе бы́ло двáдцать *три человéка*. В клáссе три́дцать пять *ученикóв:* двáдцать *дéвочек* и пятнáдцать *мáльчиков*. Купи́л три *альбóма*, четы́рнадцать *карандашéй* и сóрок две *тетрáди*.

. . . .

Два дня мы бы́ли в перестрéлке... (Л.)
Шли *два прия́теля* вечéрнею порóй
И дéльный разговóр вели́ мéжду собóй... (Кр.)
Прошли́ *две-три минýты* — та же тишинá...
(Герц.)
Так прошли́ *три недéли*... (Л. Т.)
Три двéри выходи́ли в коридóр... (М. Г.)
В песчáных степя́х аравийской земли́
Три гóрдые *пáльмы* высóко росли́... (Л.)
Три молоды́х *дéрева* растýт пéред двéрью пещéры: ли́па, берёза и клён... (М. Г.)

(For the agreement of the adjective with the noun, see Table 43.)

Человéк пять стáли мы́ться в гóрном холóдном ручьé... (М. Г.)
Человéк семь... направля́лось к нам... (М. Г.)
Вхóдят *семь богатырéй, семь* румя́ных *усачéй*... (П.)

Note. — 1. With the nominative or accusative of a collective numeral (*двóе, трóе, чéтверо,* etc.) the noun takes the genitive plural: В сторонé под кустáми лежáло *трóе* его́ товáрищей... (М. Г.)
2. If a numeral (from *два* on) is neither in the nominative nor in the accusative (identical with the nominative), the numeral and the noun agree in case: Встрéтил *трёх товáрищей.* Бы́ли на экскýрсии с *двумя́ руководи́телями.* Придý *к семи́ часáм.*
3. With the words *ты́сяча* 'thousand', миллиóн 'million', миллиáрд 'milliard' ('billion') the noun always takes the genitive plural: Привезли́ *ты́сячу книг.* Доклáдчик вы́ступил пéред *девятью́ ты́сячами слýшателей.*

(2) With words denoting indefinite quantity: *мно́го, немно́го, ма́ло, нема́ло, не́сколько, большинство́, меньшинство́, ско́лько, сто́лько,* etc.:	Мы постро́или *мно́го фа́брик, заво́дов.* В институ́те *не́сколько библиоте́к.* Прочита́л *не́сколько стате́й.* Пришло́сь приложи́ть *мно́го уси́лий.* Нам ну́жно *мно́го у́гля, желе́за, электроэне́ргии.* **Note.** — When used with the words *мно́го, ма́ло,* etc., nouns which have no plural are used in the singular: *мно́го серебра́ и желе́за, мно́го сча́стья, ма́ло эне́ргии.* Широка́ страна́ моя́ родна́я, *Мно́го* в ней *лесо́в, поле́й* и рек!... (Л. К.) *Мно́го звёзд* в безмо́лвии ночно́м гори́т... (Бар.) Просто́рен мир наш и вели́к, В нём *мно́го сча́стья, мно́го книг*... (С. Ст.) *Мно́жество пчёл, ос* и *шмеле́й* дру́жно гуди́т в густы́х ветвя́х ака́ций... (Т.) *Ско́лько* тут бы́ло кудря́вых *берёз!*... (Некр.)
(3) With words denoting a measure:	*Кило́ хле́ба. Литр молока́. Стака́н воды́. Метр си́тца.*

B. With verbs the genitive case is used:

I. To denote part of a whole quantity (the action involves only part of the whole):	*Вы́пей воды́* means 'drink some water'; *вы́пей во́ду* means 'drink (the whole of) the water'. Наре́жь *хле́ба.* Нале́й *молока́.* Принеси́ *дров.* Пое́шь *я́год.* Купи́л *мя́са, со́ли, овоще́й.* **Note.** — In such constructions: (a) the nouns used are generally the names of some material or substance, (b) the verbs used are generally perfective ones. Набрало́сь *наро́ду.* Нае́лся *я́год,* напи́лся *молока́.* Начита́лся *книг.* Накупи́л *книг.*
II. To denote the object of a transitive verb preceded by the negative particle (the so-called genitive of negation):	Не получи́л сего́дня *газе́т, письма́.* Не ви́дел э́той *карти́ны.* Не люблю́ *ци́рка.* **Note.** — 1. In colloquial speech transitive verbs preceded by the negative particle are sometimes followed by the accusative case (Я не брал *э́ту кни́гу.* Смотри́, не потеря́й *тетра́дь. Зарпла́ту* я ещё не получи́л). The accusative case is generally used when the speaker wants to stress the fact that the object in question is a definite one or when he wants to make his statement more categoric.

2. If the verb is used figuratively and its object is not a noun indicating a concrete thing, the accusative is never used: В рабо́те он не знал уста́лости. Его́ предложе́ние не встре́тило *подде́ржки.*

. . . .

В ко́мнатах ещё *не зажига́ли* огня́... (Ч.)
В нём мра́чный дух *не знал поко́я...* (П.)
Из пе́сни *сло́ва не вы́кинешь* (Proverb).

III. In impersonal sentences with the words *нет, не́ бы́ло, не бу́дет:*

Сего́дня *нет собра́ния.* За́втра *до́ктора не бу́дет.* Вчера́ *не́ было дождя́.*

У меня́ { нет / не́ было / не бу́дет } *бума́ги, карандаша́, вре́мени.*

Бра́та, сестры́, отца́, ма́тери нет до́ма. *Никого́ нет.* Был кто́-нибудь? — *Никого́ не́ было.*

Меня́ / Тебя́ / Его́ / Её / Нас / Вас / Их { нет / не́ было / не бу́дет } до́ма.

Note. — 1. One may say: Вчера́ *мы не́ были* до́ма (*мы* being the subject and *не́ были,* the predicate). However, the impersonal construction with the genitive case is more literary: Вчера́ *нас не́ было* до́ма.

2. Some verbs with the particle *не* can be used in the sense of *нет, не́ было, не бу́дет, е.д., не существу́ет, не оказа́лось, не оста́лось, не встреча́лось, не произошло́,* etc. Nouns used with these verbs also take the genitive case: В э́той рабо́те уже́ *не существу́ет* (or *не встреча́ется*) никаки́х *тру́дностей* (meaning: *нет тру́дностей*). В ка́ссе теа́тра *не оста́лось* ни одного́ *биле́та* (meaning: *нет* ни одного́ *биле́та*). *Не оста́лось* никаки́х *сомне́ний* (meaning: *нет* никаки́х *сомне́ний*). В кио́ске *не оказа́лось* ну́жных нам *книг* (meaning: *не́ было... книг*). По́езд во́время останови́лся, и *круше́ния не произошло́* (meaning: *круше́ния не́ было*).

. . . .

Дождя́ не бу́дет; не́бо я́сно... (Л.)
Когда́ в това́рищах *согла́сья нет,*
На лад их де́ло не пойдёт. (Кр.)

Ве́тра нет, и нет ни со́лнца, ни све́та, ни те́ни, ни движе́ния, ни шу́ма... (Т.)
Печа́лен я: со мно́ю *дру́га нет...* (П.)
В теле́ге е́ду по холма́м —
Поро́й для взо́ра *нет грани́ц,*
И всё поля́ по сторона́м,
И над поля́ми ста́и птиц... (М.)
Я добра́лся, наконе́ц, до угла́ ле́са, но там *не́ было* никако́й *доро́ги* (Т.)
Лицо́ с тоско́й иска́ло ве́тра, да *ве́тра-то не́ было...* (Т.)
Луны́ не́ было на не́бе: она́ в ту по́ру по́здно всходи́ла (Т.)
Това́рищи! — говори́л Па́вел. — Всю жизнь вперёд, — нам *нет ино́й доро́ги!* (М. Г.)
Быва́ли и в други́х зе́млях това́рищи, но таки́х, как в ру́сской земле́..., *не́ было* таки́х *това́рищей...* (Г.)

IV. To denote tne object of verbs indicating attainment, loss, deprivation, etc.:
добива́ться
доби́ться
(чего́?)

достига́ть
дости́гнуть
дости́чь
(чего́?)

тре́бовать
потре́бовать
(чего́?)

Добива́ться (доби́ться) успе́хов, выполне́ния пла́на, разреше́ния вопро́са.

Достига́ть (дости́чь) це́ли, успе́хов. Серьёзных *успе́хов дости́гла* промы́шленность. *Дости́чь бе́рега, верши́ны. Дости́гли верши́ны* горы́. Мы уси́ленно рабо́тали вёслами и бы́стро *дости́гли бе́рега.*

Тре́бовать (потре́бовать) дисципли́ны, выполне́ния пла́на, объясне́ния, внима́ния, тишины́. Тре́бовать бума́ги, кни́г. Мы *тре́буем* от всех *дисципли́ны, чёткости* в рабо́те.
. . . .
Большо́го *напряже́ния* и вели́кой *стра́сти тре́бует* нау́ка от человека (Па́влов).

Note. — When the object of the verb *тре́бовать* denotes part of a certain quantity or number it always takes the genitive (*тре́бовать бума́ги, кни́г);* in other cases, when the object in question is a definite one, the verb *тре́бовать* requires the accusative (*я тре́бую* свою́ *кни́гу*).

Continued

просить *попросить* (чего?)	*Просить (попросить) воды, огня; помощи, пощады, внимания, совета, извинения.* Больной *попросил воды.* . . . . А он, мятежный, *просит бури,* Как будто в бурях есть покой... (Л.) **Note.** — In some instances, the verb *просить* requires the accusative case: Я *попросил* в библиотеке интересную *книгу.* Больной *попросил сестру.*
искать (чего?)	*Искать помощи, поддержки, опоры. Искать совета, случая.* Больной *искал помощи. Я искал помощи. Я искал случая* поговорить с товарищем. Мы *ищем* в искусстве глубокой жизненной *правды, ответа* на волнующие вопросы современности. **Note.** — The accusative case is required in the following instances: *ищу шапку, сестру, книгу,* and also in the question *Что ты ищешь?*
ждать *(ожидать)* *дожидаться* *дождаться* (чего?)	*Ждать боя, помощи, конца, решения, назначения, разрешения вопроса. Ожидать удара. Ждали поезда* двадцать минут. Мы *дождались решения вопроса. Ждали помощи* от товарища. Наконец, *дождались тепла.* Всё в природе *ждало* весеннего *дождика.* **Note.** — 1. The accusative case must be used in the following instances: *ждал сестру, брата.* However, occasionally the genitive case is used, as in Turgenev: Он всё *ждал Лизы.* 2. Following the above verbs (usually in the imperfective aspect), nouns denoting means of conveyance generally take the genitive: *ждал поезда, трамвая, самолёта, парохода,* etc. The word *письмо* also takes the genitive: Ждал с нетерпением *письма.*
хотеть *захотеть* (чего?)	*Хотеть чаю, хлеба, печенья, Хотеть мира, спокойствия, тишины.* Советский Союз *хочет мира.* Простые люди всех стран *хотят мира.* . . . . Мать чувствовала, что от неё *чего-то хотят,* ждут. (М. Г.)

3 Заказ № 3722

65

желáть **пожелáть** (чегó?)	*Желáть счáстья, здорóвья, успéхов. Желáю (пожелáю) вам счáстья, здорóвья, успéхов.* . . . . Отéц *пожелáл* мне дóброго *путú*... (П.) Мы дрýжбою нáшей могýчей сильнá, Мы *счáстья хотúм,* *Не желáем войнá.*
касáться **коснýться** (когó?, чегó?)	*Касáться столá, рукú. Касáться вопрóса.* Доклáдчик *коснýлся* трёх *вопрóсов.* . . . . Чтó-то тёплое *коснýлось* Егóрушкиной *спинá*... (Ч.) Мелькáют лáсточки, почтú *касáясь землú* изóгнутыми крýльями (М. Г.) Дуновéние живóй сúлы *коснýлось сéрдца* мáтери, будя егó... (М. Г.) И скóро *слýха* Кочубéя *коснýлась* роковáя весть... (П.) Я не естéственник, и не моё дéло *касáться* подóбных *вопрóсов*... (Г.)
держáться **(придéрживаться)** (чегó?)	*Держáться мнéния, прáвила.* Он *дéржится (придéрживается)* стрóгих *прáвил.* Больнóй стрóго *придéрживался* диéты. Я *держýсь* тогó *мнéния,* что...
слýшаться **послýшаться** (когó?, чегó?)	*Слýшаться (послýшаться) мáтери, отцá, товáрищей.* *Слýшаться гóлоса сóвести.*
стóить (чегó?) in the sense of 'to be worthy'	*Стóит нагрáды.* Егó рабóта *стóит нагрáды.* **Note.**— The genitive case is also used with the adjectives *достóйный, достóин:* Он *достóин* нагрáды.
лишáться **лишúться** (когó? чегó?) **лишáть** **лишúть** (чегó?)	*Лишúться (лишáться) зрéния, слýха, покóя, сна. Лишúться отцá, мáтери.* Больнóй *лишúлся* сна. *Лишúться покóя, спокóйствия. Лишúться прав. Лишúться капитáла, дéнег.* *Лишúть себя жúзни.* . . . . Бéлый колоссáльный ствол берёзы, *лишённый верхýшки,* поднимáлся из зелёной гýщи... (Т.)

бояться *пугаться* *испугаться* (кого?, (чего?)	*Бояться темноты, грозы, молнии. Испугался грома.* Ребёнок *бойтся собаки.* . . . . Одни поддельные цветы *дождя боятся...* (Кр.) *Волков бояться* — в лес не ходить (Proverb). Дело *мастера боится* (Proverb; cf. 'He works best who knows his trade'.)
избегать *избежать* (кого?, чего?)	*Избегать (избежать) опасности, последствий, неприятностей. Избегать людей, встречи, разговоров, ссоры.* Путешественники *избежали опасности.*
опасаться *остерегаться* (кого?, чего?)	*Опасаться последствий, осложнений. Остерегаться заразы.* Врач *опасался осложнений* после операции. Врачи запретили больному говорить, *опасаясь утомления* больного.
стесняться (кого?, чего?)	*Стесняться людей, общества, чужих.*
стыдиться	*Стыдиться своего вида, своего костюма. Стыдиться незнания.*
сторониться *(чуждаться)* (кого?, чего?)	*Сторониться общества, чуждаться людей*

Note. — The genitive case is used to denote the date: Приехал *двадцать пятого августа 1948 года.* Занятия начнутся *пятнадцатого сентября.* But (a) in cases like Сегодня *двадцать пятое августа. Первое сентября* — день начала занятий the nominative is used; (b) when only the year is given the prepositional case is used: Приехал *в тысяча девятьсот сорок восьмом году.*

(For the use of the genitive case with prepositions, see Table 29.)

Table 26

Uses of the Dative Case

The dative case is used with verbs, nouns or adjectives (mostly with verbs).

. . . . The Dative Case is mainly used:

I. With verbs or nouns to denote the indirect object:	*Написа́л сестре́* (also with a noun: *письмо́ сестре́*). *Помога́ю това́рищу* (also with a noun: *по́мощь това́рищу*). *Отвеча́ю учи́телю* (also with a noun: *отве́т учи́телю*). *Това́рищу поручи́ли* отве́тственную рабо́ту. *(Поруче́ние това́рищу* отве́тственной рабо́ты — *отве́тственной рабо́ты* is the indirect object of the noun *поруче́ние* and is in the genitive case).
	. . . . *Мир наро́дам,* мир *города́м* и *сёлам,* мир *старика́м* и *де́тям!*... Мир *ми́ру!* (Эрен.)
	Note: — Note the use of the dative case in the following combinations: *Па́мятник Пу́шкину. Па́мятник Го́голю.*
уделя́ть внима́ние удели́ть внима́ние (кому́?, чему́?)	Во вре́мя ле́тнего о́тдыха необходи́мо *уделя́ть мно́го внима́ния спо́рту.* Печа́ть и радиовеща́ние *уделя́ют* большо́е *внима́ние* нау́чно-просвети́тельной пропага́нде.
зави́довать (кому́?, чему́?)	*Зави́довать кому́-нибудь, зави́довать успе́хам.* Все *зави́дуют* моему́ *здоро́вью.*
	. . . . *Зави́дуем вну́кам* и *пра́внукам* на́шим, кото́рым суждено́ ви́деть Росси́ю в 1940 году́, стоя́щею во главе́ образо́ванного ми́ра (Бели́нский).
II. With the following frequently used verbs:	
ра́доваться пора́доваться (кому́?, чему́?)	*Ра́доваться письму́, успе́хам,* хоро́шей *пого́де.* Всё *ра́дуется* весе́ннему *со́лнцу.* Дню весёлому всё *улыба́ется* (улыба́ется in the sence of ра́дуется).
Also with the words: *рад, ра́да, ра́до, ра́ды:*	Я о́чень *рад* твоему́ *прие́зду.* . . . . И *ра́ды* мы *прока́зам* ма́тушки-зимы́... (П.)

68

The Dative Case is mainly used:

удивляться *удивиться* *поражаться* *поразиться* (кому?, чему?) *способствовать* (чему?)	*Удивляться работоспособности, спокойствию, силе, мужеству.* *Способствовать успеху* товарища. *Способствовать развитию* дружественных отношений между двумя странами.

III. In impersonal sentences, to denote the person required to perform an action or experiencing a certain state: (1) With the words *надо, необходимо, нужно, можно, нельзя,* etc. followed by the infinitive of a verb: With an infinitive to denote obligation:	*Брату необходимо выехать* сегодня (meaning: Брат должен выехать...). *Вам нужно закончить работу* в срок (meaning: Вы должны закончить...). *Всем сотрудникам надо прийти* на собрание к пяти часам (meaning: Все сотрудники должны прийти...). *Можно мне курить? Тебе нельзя курить* (meaning: Могу я курить? Ты не должен курить). *Всем сотрудникам собраться* в пять часов (meaning: Все сотрудники должны собраться...). *Товарищу ехать* в два часа (meaning: Товарищ должен ехать...). *Куда тебе ехать* завтра? (meaning: Куда ты должен ехать...). . . . . *Быть грозе* великой! (П.) (meaning: Будет гроза or должна быть гроза...). *Быть вам к вечеру!* (Фурм.) (meaning: Вы должны прибыть к вечеру). *Свадьбе не бывать!* (Г.) *Не сносить ему* головы!... (Л.) Ворон к ворону летит, Ворон ворону кричит: «Ворон, где б *нам отобедать?* Как бы *нам* о том *проведать?*» (П.)

The Dative Case is mainly used:

(2) With impersonal verbs ending in the reflexive particle -ся:

Мне не спится. Мне сегодня что́-то *не поётся. Бра́ту нездоро́вится. Мне* сегодня *не рабо́талось: не чита́лось, не писа́лось* (meaning: Я не мог рабо́тать, чита́ть, писа́ть). *Мне* здесь *нра́вится.*

In the same construction but with an infinitive used as part of a complex predicate:

Слу́шателям не хоте́лось уходи́ть. Мне хо́чется пое́хать в го́ры. *Това́рищу прихо́дится* ча́сто *е́здить в командиро́вки. Сестре́ удало́сь ле́том хорошо́ отдохну́ть. Мне нра́вится броди́ть* по гора́м.

. . . .

Тёмной осе́нней но́чью пришло́сь мне е́хать по незнако́мой доро́ге... (Т.)
Взгрустну́лось как-то *мне* в степи́ однообра́зной (К.)
О, как глубоко́ и ра́достно *вздохну́лось* Са́нину, как то́лько он очути́лся у себя́ в ко́мнате (Т.)
Не писа́лось ему́ на э́тот раз (Ч.)
Литви́нов взя́лся за кни́гу, но *ему́ не чита́лось...* (Т.)

(3) With adverbs used as part of a compound predicate:

(a) with adverbs ending in -о (formed from qualitative adjectives):

Това́рищу
Сестре́   *ве́село, хорошо́, гру́стно,*
Мне   *ску́чно, сты́дно, хо́лодно,*
Нам   etc.

Note the expressions: *Мне жаль* 'I am sorry'. *Мне жаль това́рища* 'I am sorry for my friend', *жаль сестру́* 'I am sorry for my sister', *жаль вре́мени* 'I grudge the time'. *Мне жаль расста́ться* с това́рищем 'I am sorry to part with my friend'. *Мне лень...* 'I don't feel like...'. (*Мне лень занима́ться* 'I don't feel like studying'). *Мне пора́...* 'It is time for me...' (*Мне пора́ идти́* 'It is time for me to go').

(b) with negative adverbs:

Мне не́куда сегодня *идти́. Мне не́когда гуля́ть. Нам не́куда спря́таться* от дождя́. *Тебе́ не́зачем* э́то *знать. Ему́ не́откуда ждать* пи́сем.

The Dative Case is mainly used:

IV. With some adjectives (in both long and short forms): благодáрный, благодáрен вéрный, вéрен подóбный, подóбен свóйственный, свóйственен	Я *вам* óчень *благодáрен.* Врач, *вéрный* своемý *дóлгу*, не жалéя сил борóлся с эпидéмией. Я не встречáл людéй, *подóбных* éтому *человéку.* Он рабóтал со *свóйственной* емý энéргией.

(For the dative case used with prepositions, see Table 30.)

Uses of the Accusative Case
Table 27

The accusative case is used with verbs:

The Accusative Case is mainly used:

I. With a transitive verb to denote the direct object (provided the verb is not in the negative form):	*Читáю газéту. Получúл письмó. Стрóим фáбрики, завóды...* Беззавéтно *любим свою Рóдину.* . . . . Вы *читáйте, читáйте рýсскую литератýру* как мóжно бóльше, всё читáйте!... Лýчшая литератýра в мúре... (М. Г.) *Любúте кнúгу...* (М. Г.) Он *рóщи полюбúл* густýе, *Усдинéнье, тишинý,* И *ночь, и звёзды, и лунý...* (П.) *Люблю тебя,* Петрá творéнье, *Люблю* твой стрóгий, стрóйный *вид...* (П.)
Below are a number of frequently used verbs which require the accusative case: *благодарúть поблагодарúть* (когó?, чтó?)	*Благодарю вас, благодарю тебя, благодарю товáрищей, сестрý,* etc.

The Accusative Case is mainly used:

	Note. — With the words *благодарен, благодарны* the dative case is used: Я *благодарен вам, тебе, товарищам, сестре.*
поздравля́ть *поздра́вить* (кого́?) *вспомина́ть* *вспо́мнить* (кого́?, что?)	*Поздравля́ю вас, тебя́, това́рищей, сестру́,* etc. Ча́сто *вспомина́ю* на́шу *дру́жбу*... . . . . Бойцы́ *вспомина́ют* мину́вшие *дни* И *би́твы*, где вме́сте руби́лись они́ (П.)
II. With verbs: (a) to denote a period of time or a distance:	Всю *зи́му* стоя́ла тёплая пого́да. *Рабо́тал весь день. Бу́ду ме́сяц* на пра́ктике. *Всё ле́то проживу́* в дере́вне. *Провёл неде́лю* на ю́ге. Шли *бой всю о́сень и всю зи́му.* Всю *доро́гу* шли мо́лча.
(b) to denote the price of an object:	Кни́га *сто́ит рубль.* Почто́вый бланк *сто́ит копе́йку.* Пода́рок *сто́ит со́тню.*

(For the accusative case used with prepositions, see Table 31.)

(For the accusative case used with prepositions, see Table 31.)

Table 28

Uses of the Instrumental Case

The instrumental case is used with verbs and nouns (mainly verbal nouns):

The Instrumental Case is mainly used:

I. To denote the instrument of action:	Пишу́ *ме́лом, карандашо́м;* вытира́ю, стира́ю *тря́пкой;* ре́жу *ножо́м, но́жницами;* рублю́ *топоро́м;* разма́хиваю *рука́ми.* (The instrumental case is also used after verbal nouns: *ру́бка топоро́м, разма́хивание рука́ми,* etc.) . . . . Стари́к лови́л *не́водом* ры́бу, Стару́ха пря́ла свою́ пря́жу (П.) Он ушёл неохо́тно, тяжело́ ша́ркая *нога́ми* (М. Г.) Паха́ть — не *рука́ми* маха́ть (Proverb).

The Instrumental Case is mainly used:

II. To denote the circumstances of action:

(1) to denote the place through, along or over which a movement occurs:

Éхать пóлем, лéсом, мóрем (meaning: пó полю, пó лесу, пó морю). *Идтú бéрегом* (meaning: по бéрегу).
Какóй *дорóгой* мне *идтú?*
Зáяц вы́скочил *úз лесу* и *побежáл пóлем.*

. . . .

По нúве *прохожý* я *ýзкою межóй,*
Порóсшей кáшкою и цéпкой лебедóй (М.)
Вы бы *лéсом шли, лéсом идтú* прохлáдно...
(М. Г.)
Я *возвращáлся* домóй пусты́ми *переýлками* станúц... (Л.)

(2) to denote time:

Рабóтать ночáми (meaning: по ночáм).

Note. — Some Russian speakers say *рабóтать вечерáми, рабóтать утрáми.* However, the expressions *рабóтать по вечерáм, рабóтать по утрáм* should be preferred. One cannot say *рабóтать днями* or *рабóтать по дням;* however, it is possible to say *рабóтать цéлыми днями* or *рабóтать по цéлым дням,* though the meaning of these expressions is somewhat different.

Рáнним ýтром уходúть в пóле. *Возвращáться пóздней нóчью.*

. . . .

Тёмной осéнней нóчью пришлóсь мне *éхать* по незнакóмой дорóге (Т.)

(3) to denote a difference in time (with a comparative):

Двумя́ днями рáньше, пóзже.
Я приéхал *двумя́ днями* рáньше товáрища (meaning: Я приéхал на двá дня рáньше).

(4) to denote manner (the instrumental case then answers the questions как?, какúм óбразом?):

Говорúть шёпотом... Говорúть грóмким гóлосом, тúхим гóлосом.
Широкóй полосóй тя́нутся поля́.

. . . .

Лýчше умерéть герóем, чем *жить рабóм!* (Горб.)

Дождь *полúл ручья́ми...* (Т.)

Утренняя заря́ не пылáет пожáром: онá *разливáется крóтким румя́нцем...* (Т.)

The Instrumental Case is mainly used:

(5) to denote a means of conveyance:	*Горúт* восток *зарёю новой...* (П.) *Снега горёли румяным блёском...* (Л.) *Мошки толклúсь столбом* (Т.) *Солнце садúлось: широкими багровыми полосами разбегáлись* его послéдние лучú (Т.) *Амфитеáтром громоздятся* горы... (Л.) *Ехать пароходом, поездом* (meaning: на пароходе, на поезде). *Прилетéть самолётом* (meaning: на самолёте). **Note.** — In the literary language the expressions *прилетéл на самолёте, приéхал на поезде* are preferred.
III. To denote the agent in passive constructions:	Газéта *прочúтывается учениками* каждый день. Дома *строятся рабочими.* Поля *обрабатываются колхозниками.* Граныцы *охраняются пограничниками.*
IV. To denote the agent in impersonal constructions:	a) *Водой залило* лугá (meaning: Вода залилá лугá). *Грáдом побúло* хлеб (meaning: Град побúл хлеб). *Вéтром сорвáло* крышу (meaning: Вéтер сорвáл крышу). b) *Пáхнет цветáми.*
V. The instrumental case is used as part of a compound predicate with the verbs: *быть* *становúться* *стать* *оказáться* *являться* *казáться* *называться* *назвáться* *оставáться* *остáться* *дéлаться* *сдéлаться* *считáться*	Он *был студéнтом.* (One may also say: Он был студéнт). *Стал инженéром. Оказáлся прекрáсным работником.* Наýка в СССР *является достоянием* всех трудящихся. (One may also say: Наýка в СССР — достояние всех трудящихся). Этот человéк *кáжется* очень *опытным и знáющим. Бором называется* лес, в котором растýт хвойные дерéвья. Он *считáется прекрáсным работником* (его считáют прекрáсным работником). Онá всегдá *остаётся спокойной* в минýты опáсности. Он *сдéлался взрослым человéком.* (Стал взрослым). . . . .

The Instrumental Case is mainly used:

	Пьер *казался растерянным и смущённым* (Л. Т.) Она в семье своей родной *Казалась девочкой чужой* (П.) Через пять минут он перестал *быть гостем*, а *сделался своим человеком* для всех нас.., (Л. Т.) Слепой мальчик *оказался прекрасным музыкантом...* (Кор.)
VI. With the following frequently used verbs: *руководить* *управлять* *командовать* *заведовать* *распорядиться* *распоряжаться* *обладать* *владеть* *овладеть* *пользоваться* *заниматься* *заняться* *интересоваться* *заинтересоваться* *увлекаться* *увлечься* *гордиться* *любоваться* *хвалиться* *восхищаться* *наслаждаться* *злоупотреблять* *болеть* *заболеть*	*Нашим кружком руководит* преподаватель. Шофёр *управляет машиной.* Товарищ *командует (ротой, батальоном, полком, дивизией...).* Он *заведует учебной частью, хозяйством; распоряжается имуществом...* Ученик хорошо *владеет русским языком.* Мы *овладели техникой.* Лётчики должны *обладать большим спокойствием.* Товарищ *пользуется доверием, влиянием, любовью, авторитетом.* Он *занимается спортом.* Надо *заняться этим вопросом.* Ученики *интересуются русской литературой.* Они *увлекаются своей работой, увлекаются интересными лекциями.* Мы *гордимся достижениями науки. Любуемся природой.* Мальчик *хвалится своей силой.* Мы *восхищаемся нашими героями. Наслаждаемся весенним солнцем, летним отдыхом.* Нельзя *злоупотреблять доверием, хорошим отношением. Заболел гриппом, тифом, тяжёлой болезнью.* Note that the instrumental case is also used with nouns denoting an action and formed from the verbs *руководить, управлять, овладеть,* etc.: *руководство массами* (but: руководитель масс), *управление государством, овладение техникой, увлечение математикой, заинтересованность математикой* (but: интерес к математике), *наслаждение отдыхом, злоупотребление солнечными ваннами.*

The Instrumental Case is mainly used:

	Мы шли ме́дленно, *наслажда́ясь ти́хим осе́нним днём.*
	. . . .
	Я *наслажда́юсь дунове́ньем* В лицо́ мне ве́ющей весны́ (П.)
	Нева́ обра́тно повлекла́сь, Свои́м *любу́ясь возмуще́ньем...* (П.)
	Душо́й овладева́ет споко́йствие, о про́шлом не хо́чется ду́мать... (Ч.) Лев *не нахва́лится усе́рдием* друзе́й... (Кр.)
VII. With the words: *дово́лен* *дово́льна* *дово́льны*	Я *дово́лен рабо́той.* Она́ *дово́льна свои́ми успе́хами.* Мы *дово́льны результа́тами* рабо́ты. Учи́лась Кашта́нка о́чень охо́тно и *была́ дово́льна свои́ми успе́хами...* (Ч.) Ску́чна мне о́ттепель; вонь, грязь — весно́й я бо́лен... *Суро́вою зимо́й я* бо́лее *дово́лен...* (П.) **Note.** — The long form of the adjective *(дово́льный)* is also used with the instrumental case: *дово́льный свои́ми успе́хами.*
VIII. With verbs to denote occupation, profession, position:	Она́ *рабо́тает библиоте́карем, машини́сткой...* Собра́ние *вы́брало* това́рища Ивано́ва *председа́телем.* Меня́ *назна́чили руководи́телем* гру́ппы. **Note.**— *Рабо́тает библиоте́карем* can also be expressed by the construction with the words *в ка́честве:* Она́ *рабо́тает в ка́честве библио́те́каря.*

(For the instrumental case used with prepositions, see Table 32.)

The Genitive Case

I. Prepositions followed exclusively by the genitive case: *без* 'without'	Пришёл *без шáпки*. Написáл рабóту *без ошúбок*. Зимá простоя́ла *без морóзов*. Путешéственники éхали *без приключéний*. Провёл ночь *без сна*. . . . . Избýшка там на кýрьих нóжках Стоúт *без óкон, без дверéй*... (П.) Всю ночь у пýшек пролежáли Мы *без палáток, без огнéй*... (Л.) Зáяц хóдит нóчью по поля́м и лесáм *без стрáха* и проклáдывает прямы́е следы́... (Л. Т.) Кто живёт *без печáли и гнéва*, Тот не лю́бит отчúзны своéй... (Некр.) *Без трудá* не вы́нешь ры́бку из прудá (Proverb). Ды́ма *без огня́* не бывáет (Proverb). Expressions in frequent use: *без сомнéния* 'without doubt', *без исключéния* 'without exception', *бéз толку* 'to no purpose'.
близ 'near', 'close to'	Я живý *близ бульвáра*. *Близ рóщи* на пригóрке стоúт стáрый дом.
вдоль 'along'	*Вдоль стены́* посáжены дерéвья. Шли *вдоль реки́, вдоль опýшки* лéса. *Вдоль дорóги* тянýлась молодáя пóросль орéшника. . . . . Вы́учусь, начитáюсь — пойдý *вдоль всех рек* и бýду всё понимáть! (М. Г.) Брожý ли я *вдоль ýлиц* шýмных, Вхожý ль во многолю́дный храм, Сижý ль меж ю́ношей безýмных, Я предаю́сь моúм мечтáм... (П.)
вмéсто 'instead of'	*Вмéсто математики* бýдет урóк рýсского языкá. Дáйте мне, пожáлуйста, бумáги *вмéсто тетрáдей*. . . . . Так ты бы с своегó гнездá слетéла Да *вмéсто мáтери* к малю́ткам сéла... (Кр.)

вне 'outside of'

Вне до́ма. Вне страны́. Вне зако́на. Вне вре́мени и простра́нства. Вы́полнить рабо́ту вне пла́на.

Жизнь больно́го *вне опа́сности.* Этот челове́к *вне вся́ких подозре́ний.*

внутри́ 'inside of'

Внутри́ помеще́ния. Внутри́ страны́.

во́зле 'near', 'close to', (synonymous to the prepositions **близ, о́коло**)

Живу́ *во́зле реки́. Во́зле ле́са,* на горе́, стоя́л ста́рый деревя́нный дом.

. . . .

Случа́лось ли вам сиде́ть в тёплую, тёмную, ти́хую ночь *во́зле ле́са?..* (Т.)

Во́зле де́вочки-малю́тки собрался кружо́к... (М.)

вокру́г '(a)round'

Се́ли *вокру́г стола́.* Пионе́ры стоя́ли *вокру́г костра́. Вокру́г расска́зчика* собра́лось мно́го наро́ду.

Земля́ враща́ется *вокру́г свое́й оси́.*

Постоя́нно возника́л спор *вокру́г одни́х и тех же вопро́сов.*

. . . .

В то вре́мя сто́рож полуно́чный
Оди́н *вокру́г стены́ круто́й,*
Сверша́я ти́хо путь уро́чный,
Броди́л с чугу́нною доско́й... (Л.)

Челове́к два́дцать партиза́н лежа́ло *вокру́г костра́...* (Фад.)

Молодёжь собрала́сь *вокру́г чи́стенького, аккура́тного пло́тника Серафи́ма...* (М. Г.)

Вокру́г меня́ всё бы́ло так уны́ло... (Тютч.)

для 'for'

Principal meanings:

(1) the person or object for whose benefit the action is performed:

Купи́л кни́гу *для това́рища.* У меня́ есть все возмо́жности *для рабо́ты.*

. . . .

Страна́ цветёт *для вас,* ребя́та, в стране́ *для вас* встаёт рассве́т, *для ва́ших у́мных* глаз, ребя́та... (С. Ст.)

Чудеса́ мо́жет де́лать наро́д, когда́ он тру́дится *для себя́, для свое́й Ро́дины, для* всего́ о́бщества.

(2) purpose:

Останови́лись в пути́ *для о́тдыха.*

Помеще́ние *для библиоте́ки.* Посу́да *для молока́.*

до 'till'; 'up to', 'as far as': Principal meaning: limit in space or time:	От Ленингра́да *до Москвы́* 649 киломе́тров. Дошли́ *до ста́нции* в де́сять мину́т. *До отхо́да по́езда* оста́лось две мину́ты. Рабо́тал *до утра́*. Жара́ ле́том доходи́ла *до тридцати́ пяти́ гра́дусов*. Во́лосы *до по́яса*. . . . . С трудо́м добра́лись мы *до избы́* (Т.) Язы́к *до Ки́ева* доведёт (Proverb; cf. 'A clever tongue will take you anywhere'.) От Москвы́ *до са́мых до окра́ин*, С ю́жных гор *до се́верных море́й* Челове́к прохо́дит как хозя́ин Необъя́тной Ро́дины свое́й (Л.-К.) Я рад. Оста́нься *до утра́* Под се́нью на́шего шатра́... (П.)
из (изо) 'from', 'of', 'out of' Principal meanings: (1) the starting point of a movement: (2) the source of information, the origin: (3) the material of which an object is made: (4) the whole from which some part is singled out: (5) the cause of an action:	Прие́хал *из го́рода, из дере́вни*. Узна́л *из газе́т*. Слова́ *из стихотворе́ния* Пу́шкина. Това́рищ *из рабо́чей семьи́, из крестья́н*. *Из рядо́в* сове́тской молодёжи вы́шли кру́пные учёные. Посу́да *из гли́ны, из стекла́*. Костю́м *из сукна́*. Не́которые *из рабо́чих* вы́полнили зада́ние досро́чно. Соверши́ть по́двиг *из любви́* к Ро́дине. . . . . Родни́к ме́жду ни́ми из *по́чвы бесплодной*, Журча́ пробива́лся волно́ю холо́дной... (Л.) Прошло́ сто лет, и ю́ный град, Полно́щных стран краса́ и ди́во, *Из тьмы лесо́в, из то́пи блат* Вознёсся пы́шно, горделиво... (П.) Мете́ли, снега́ и тума́ны Поко́рны моро́зу всегда́. Пойду́ на моря́-окия́ны — Постро́ю мосты́ *изо льда́*... (Некр.)

Был один *из тех ненастных студёных дней,* какие часто встречаются к концу осени... (Т.)

Одна из главных аллей была усажена *липовыми деревьями* (Т.)

Expressions in common use: *из года в год* 'year in, year out', *изо дня в день* 'day in, day out'.

из-за 'from (a)round', 'from behind'; 'because of'
Principal meanings:
(1) the place whence the movement proceeds (in this instance **из-за** combines the meanings of the prepositions *из* and *за*):

Из-за угла вышел человек. *Из-за леса* всходит солнце. *Из-за деревьев* пробивается луч солнца.

(2) cause:

Из-за дождя отложили экскурсию. *Из-за тумана* не видно пути. *Из-за тебя* я опоздал.

. . . .

Он достал *из-за пояса* топор, присел на пол и начал колоть лучину (Т.)

Из-за речки послышалась кукушка... (Ю.)
Из-за туч луна катится... (П.)

Над Москвой великой, златоглавою,
Над стеной кремлёвской белокаменной
Из-за дальних лесов, из-за синих гор
Заря алая подымается... (Л.)

Из-за шума падающего ливня ничего не было слышно (Т.)

из-под 'from under'
Principal meanings:
(1) the starting point of a movement (indicating a movement from below; in this instance **из-под** combines the meanings of the prepositions *из* and *под*):

Мальчик вылез *из-под стола.*
Заяц выскочил *из-под куста. Из-под большого плоского* камня тоненькой струйкой лилась вода. Голубые цветы показались *из-под снега.*
Idiomatic expression: приехал *из-под Ленинграда* '(he) came from near Leningrad'; *из-под Москвы* 'from near Moscow'.

| (2) the purpose of an object: | Бáнка *из-под варéнья.* Кувшúн *из-под молокá.* |

. . . .
Нет слóва, котóрое бы́ло бы так замáшисто, бóйко, так вы́рвалось бы *из-под сéрдца,* так кипéло и животрепетáло, как мéтко скáзанное рýсское слóво! (Г.)

Две большúе чёрные собáки поднялúсь *из-под крыльцá...* (Л. Т.)

Из-под кустá мне лáндыш серебрúстый Привéтливо кивáет головóй... (Л.)

Из-под шáпки ширóкого пáпоротника скрóмно улыбáлась спéлая землянúка, а *из-под опáвшей листвы́* гóрдо тянýлся вверх чумáзый гриб... (Нев.)

На мáленькой тéсной полянe валялись бóчки *из-под дёгтя* (М. Г.)

Note.— Whereas the preposition *под* is used answering the questions *где?* 'where?', *кудá?* 'where to?' (*Где сидéл зáяц? — под кустóм. Кудá спрятался зáяц? — под куст*), the preposition *из-под* is used answering the question *откýда?* 'whence?', 'from where?' (*Откýда* вы́скочил зáяц? — *Из-под кустá*).

| *крóме* 'except', 'besides' | По состоянию здорóвья я могý жить вездé, *крóме Ленингра́да* (meaning: исключáя Ленингра́д). |

На собрáние пришлú все, *крóме больны́х* (meaning: исключáя больны́х).

Я никогó, *крóме тебя́,* здесь не знáю (meaning: знáю тóлько тебя́).

Крóме лáсточки, здесь поселúлся и скворéц (meaning: поселúлись и лáсточка, и скворéц).

. . . .
Я ничегó не вúжу, *крóме бéлой стéпи* да ясного нéба (П.)

Порá, товáрищи, понять, что никтó, *крóме нас самúх,* не помóжет нам!.. (М. Г.)

| *мúмо* 'past', 'by' | Пóезд промчáлся *мúмо стáнции.* Он прошёл *мúмо меня́* и не замéтил меня́. *Мúмо этого фáкта* пройтú нельзя́. |

. . . .

Вы прохо́дите *ми́мо де́рева* — оно́ не шелохнётся: оно́ не́жится (Т.)

Мне почти́ всегда́ случа́лось проходи́ть *ми́мо уса́дьбы* в са́мый разга́р вече́рней зари́ (Т.)

Вдруг она́ пробежа́ла *ми́мо меня́*, напева́я что́-то друго́е... (Л.)

накану́не 'on the eve of'

Meaning: 'on the day preceding the one on which some event takes place'; in a broader sense *накану́не* means 'shortly before', 'not long before':

Накану́не Октя́брьского пра́здника (meaning: в день, предше́ствующий пра́зднику).

Накану́не уче́бного го́да (meaning: незадо́лго до...).

Мы *накану́не вели́ких собы́тий* (meaning: в ожида́нии вели́ких собы́тий).

о́коло 'by', 'near', 'around'; 'about'

Principal meanings:

(1) by, near, close to somebody or something:

(2) approximation of quantity, distance or time (usually in the sense of 'almost', 'about'):

Самолёт опусти́лся *о́коло ле́са*. Ле́том я жил *о́коло мо́ря*. Тропи́нка вила́сь *о́коло доро́ги*.

Мы прошли́ *о́коло пяти́ киломе́тров* (meaning: почти́ пять киломе́тров).

Бу́ду до́ма *о́коло двух часо́в*.

Я ждал тебя́ *о́коло ме́сяца* (meaning: почти́ ме́сяц).

. . . .

Я сиде́л в берёзовой ро́ще о́сенью, *о́коло полови́ны сентября́*... (Т.)

от (ото) '(away) from'

Principal meanings:

(1) the starting point in time or space; the person (or object) from whom (or which) the action proceeds:

(2) cause:

От до́ма до шко́лы че́тверть киломе́тра. *От де́рева* ложи́тся дли́нная тень. Приём у врача́ *от оди́ннадцати* до трёх.

Получи́л письмо́ *от бра́та*. Пришёл *от това́рища*. Приве́т *от сестры́*.

Ребёнок запры́гал *от ра́дости*. Запла́кал *от оби́ды*. Не мог говори́ть *от волне́ния*. Дере́вья побеле́ли *от и́нея*. Трава́ вы́горела *от со́лнца*. Челове́к, сму́глый *от зага́ра*.

| (3) the purpose of cure or protection ('for', 'against'): | Лека́рство *от ревмати́зма, от головно́й бо́ли.*
Раски́дистая ель защища́ла *от со́лнца.*
В кре́пости мы бы́ли защищены́ *от враго́в.*

Note.— The preposition *от* may be used to introduce the date (generally in official papers):
Резолю́ция *от пя́того сентября́.* Прика́з дире́ктора *от 1-го а́вгуста.* Протоко́л собра́ния *от 3 ма́я.* Письмо́ *от 10 а́вгуста.*

. . . .
Дли́нная тень ложи́лась *от гор* на степи́... (Л. Т.)

От дере́вьев, от кусто́в, от высо́ких стого́в сéна — *ото всего́* побежа́ли дли́нные тéни... (Т.)

Дубо́вый листо́к оторва́лся *от вéтки родимо́й*
И в степь укати́лся, жесто́кою бу́рей гони́мый... (Л.)

Засо́х и увя́л он *от хо́лода, зно́я и го́ря*
И вот, наконéц, докати́лся до Чёрного мо́ря... (Л.)

Его́рушка лежа́л на тюкé и дрожа́л *от хо́лода* (Ч.)

Волчи́ха вздра́гивала от малéйшего шу́ма... (Ч.)

От ра́дости Кашта́нка пры́гала... Кашта́нка взви́згнула от восто́рга... (Ч.)

Но́ги подка́шивались подо мно́й *от уста́лости* (Т.)

Когда́ со́лнце поднима́ется над луга́ми, я нево́льно улыба́юсь *от ра́дости...* (М. Г.)

Ми́лый друг! *От преступлéнья,*
От сердéчных но́вых ран,
От измéны, от забвéнья
Сохрани́т мой талисма́н! (П.) |
| *по́сле* 'after' | *По́сле уро́ка* пойду́ к това́рищу. *По́сле рабо́ты* поéду отдыха́ть. Всё зазеленéло *по́сле дождя́.* |

посреди́ 'in the middle of'

Посреди́ пло́щади стои́т па́мятник.

. . . .

Посреди́ ко́мнаты стоя́л самова́р, шумя́ и испуска́я клуба́ми пар... (М. Г.)
Всё жи́во *посреди́ степе́й*... (П.) (meaning: в степя́х)

про́тив 'opposite', 'against'
Principal meanings:
(1) relations between objects in space:

Про́тив моего́ окна́ растёт берёза. *Про́тив теа́тра* стои́т па́мятник.

. . . .

Ты, Ми́шенька, сади́сь *про́тив альта́,* Я, при́ма, ся́ду *про́тив вто́ры*... (Кр.)

(2) movement in the opposite direction:
Мы плы́ли *про́тив тече́ния.* Шёл *про́тив ве́тра.*

(3) opposition to someone or something:
Выступа́ть *про́тив предложе́ния.* Голосова́ть *про́тив резолю́ции.*

ра́ди 'for the sake of'
Ра́ди сча́стья свои́х дете́й ма́тери объединя́ются в борьбе́ за мир.

среди́ (средь) 'in the midst of'
Principal meanings:
(1) relations between objects in space:

Среди́ по́ля сиротли́во стоя́ла берёза (here *среди́* is synonymous with the preposition *посреди́*). Доро́га тяну́лась *среди́ бесконе́чных поле́й.* Лю́ди вози́лись *среди́ камне́й* и *утёсов.*

(2) relations of time:
Ребёнок проснулся *среди́ но́чи* и запла́кал.

(3) among other persons, things or events:
Среди́ на́ших ученико́в не́сколько отли́чников. *Среди́ делега́тов* на конфере́нции мно́го же́нщин.

(4) the surrounding people, objects, media, etc.:
Ма́ссово-полити́ческая рабо́та *среди́ строи́телей.*

. . . .

Я уже́ реши́лся ночева́ть *среди́ сте́пи*... (П.)
Кру́то сверну́л на тропу́, почти́ незаме́тную под хвое́й и *среди́ каки́х-то ма́леньких ёлочек*... (М. Г.)
Не сты́дно ль, — говори́т, — *средь бе́ла дня попа́лся!*

Не провели́ бы так меня́:
За э́то я руча́юсь сме́ло (Кр.)
Ве́село бы́ло слы́шать *среди́ мёртвого сна приро́ды* фы́рканье уста́лой тро́йки и нера́вное побря́кивание ру́сского колоко́льчика (Л.)

у 'by', 'at', 'near'
Principal meanings:
(1) position by, at or near some object:

а) Стол стои́т *у окна́.* Сиде́ли *у костра́.* Жить ле́том *у мо́ря.* Маши́на останови́лась *у са́мого до́ма* (synonyms: *во́зле, вблизи́, о́коло*).

б) Был *у до́ктора.* Был на прие́ме *у дире́ктора.* Жил ле́том *у бра́та.*
Note the expressions: *стоя́ть у вла́сти* 'to be in power', *стоя́ть у руля́* 'to be at the helm'.

(2) possession, ownership, etc.:

а) *У орла́* могу́чие кры́лья. *У лисы́* пуши́стый хвост. *У бра́та* краси́вый го́лос. *У меня́* интере́сная кни́га.

б) *У това́рища* мно́го рабо́ты. *У меня́* боли́т зуб.

(3) the origin or the source from which something has been acquired or appropriated:

Взял *у това́рища* кни́гу. За́нял *у бра́та* немно́го де́нег.
. . . .
Жил стари́к со свое́ю стару́хой
У са́мого си́него мо́ря... (П.)

Ути́х ау́л: на со́лнце спят
У са́клей псы сторожевы́е... (П.)

У ме́льника вода́ плоти́ну прососа́ла... (Кр.)

Кавка́з подо мно́ю. Оди́н в вышине́
Стою́ над снега́ми *у кра́я стремни́ны...* (П.)

И пусть *у гробово́го вхо́да*
Млада́я бу́дет жизнь игра́ть
И равноду́шная приро́да
Красо́ю ве́чною сия́ть (П.)

У стра́ха глаза́ велики́ (Proverb.)

II. Propositions followed by the genitive case and also by other cases (for the latter, see Notes):

c (co) 'from', 'from off'; 'with'
Used to denote:

(1) relations of space (generally indicating the starting point of motion; the genitive case answers the question *откуда?* 'from where?')

Взял книгу *со стола.* Снял пальто *с вешалки.* Прыгнул *с самолёта.* С *озера* повеяло прохладой. Пришёл *с собрания, с работы, с урока.* Получил письмо *с Родины.* Пришёл *с фронта.*

(2) relations of time (the genitive answers the question *с какого времени?* 'from what time?'):

Занимаюсь *с утра.* К экскурсии надо приготовиться *с вечера.* Врач принимает *с десяти.* Занятия в школе начнутся *с сентября.* С *осени* запишусь в библиотеку. Любовь к книге *с детства, с юности.*

(3) cause:

Заплакал *с горя* (in this instance one can also say: от горя). Сказал *со злости.* Рассердился *ни с того, ни с сего.*

(4) permission or consent:

С разрешения, с позволения, с согласия, с одобрения.

Ушёл *с разрешения преподавателя.*

(5) the unit employed in calculation:

Было решено отчислить по копейке *с каждого рубля.* Собрали прекрасный урожай пшеницы: 32 центнера *с гектара.*

(6) *c* followed by the genitive may also have various other meanings:

Перевести *с русского языка* на родной Взять город *с бою.*

Expressions in common use: *с часу на час* 'every moment'; *со дня на день* 'any day'; *с минуты на минуту* 'every minute' (Жду его *с минуты на минуту.* Он может приехать *со дня на день*); *с точки зрения* 'from one's point of view'.

. . . .

С реки доносится шум и плеск воды... (М. Г.)

С горы бежит поток проворный... (Тютч.)

Уж меркнет солнце за горами;
Вдали раздался шумный гул
С полей народ идёт в аул... (П.)

Октя́брь уж наступи́л — уж ро́ща отряха́ет
После́дние листы́ *с наги́х свои́х вет-*
ве́й... (П.)

Уж *с утра́* пого́да зли́тся... (П.)
Марты́шка тут *с доса́ды и печа́ли*
О ка́мень так хвати́ла их,
Что то́лько бры́зги засверка́ли (Кр.)
Вы́пьем *с го́ря*, где же кру́жка?
Се́рдцу бу́дет веселе́й... (П.)

Note.— The preposition *с* is also used with the
accusative (see Table 31) and with the instrumental
(see Table 32).

ме́жду (меж) 'be- | Отто́ль сорва́лся раз обва́л
tween', 'among': | И с тя́жким гро́хотом упа́л,
И всю тесни́ну *ме́жду скал*
Загороди́л,
И Те́река могу́чий вал
Останови́л... (П.)

Брожу́ ли я вдоль у́лиц шу́мных,
Вхожу́ ль во многолю́дный храм,
Сижу́ ль *меж ю́ношей безу́мных,*
Я предаю́сь мои́м мечта́м... (П.)

Меж круты́х бережко́в Во́лга-ре́чка течёт (From a Russian folk song).

Note.— The preposition *ме́жду (меж)* followed by the genitive case is mainly used in folk
songs, proverbs and sayings and in some set
expressions *(заблуди́лся ме́жду двух со́сен; сиди́т
ме́жду двух сту́льев)*; occasionally it is used in
fiction. In colloquial speech and in fiction the preposition *ме́жду (меж)* is usually followed by the
instrumental case (see Table 32).

Table 30

The Dative Case

I. Prepositions followed exclusively by the dative case:
к (ко) 'to', 'towards'; 'by'

Principal meanings:

(1) indicates direction, approaching in time or space; also used in the sense of 'to belong' (to an organization, party, school, etc.):

Подошёл *к доске.* Подъехал *к школе.* Лодка пристала *к берегу.* Лётчик ведёт самолёт *к городу.* Иду *к доктору.* Сад спускается *к реке.* Подготовка *к весеннему севу.*

Готовиться *к...* (подготовка *к...*).

Мы готовимся *к экзаменам.* Стремиться *к...* (стремление *к...*). Он стремится *к знанию.* Относиться *к...* (отношение *к...*). Он серьёзно относится *к своим обязанностям.* Обращаться *к...* (обращение *к...*). Обращаюсь *к организации* за помощью. Обращение *ко всем трудящимся.* Присоединяться *к...* (присоединение *к...*) Присоединяюсь *к вашему мнению.* Привыкать *к...* (привычка *к...*) Привык *к здешнему климату.*

Принадлежать *к...* (принадлежность *к...*) Товарищ принадлежит *к юннатской организации* (meaning: член организации). Он принадлежит *к лучшим ученикам* школы.

Note. — When possession of some object is indicated the verb *принадлежать* is used without the preposition *к:* Эта книга *принадлежит брату.*

(2) denotes time and has various other meanings:

Приду *к трём часам.* К *вечеру* закончу работу. К *июлю* мы должны вернуться.

К чаю, к завтраку. (К завтраку нам дали какао).

Expressions in common use:

а) *к сожалению* 'to one's regret', *к счастью* 'fortunately', 'luckily', *к несчастью* 'unfortunately', 'unluckily';

б) *Это вам не к лицу* 'It does not become you';

в) *К вопросу о...* 'Concerning...' ('Оп...') (often used in newspaper headlines).

. . . .

Ночью мы подъехали *к маленькой станции* (Л.)

Кто-то спускался *к источнику.* (Л.)

	Плутóвка *к дéреву* на цы́почках подхó-дит... (Кр.) Ягнёнок в жáркий день зашёл *к ручью́* напи́ться... (Кр.) Гусéй крикли́вых каравáн тянýлся *к ю́гу...* (П.) Вóрон *к вóрону* лети́т, Вóрон вóрону кричи́т... (П.) *К крáсну сóлнцу*, наконéц, Обрати́лся молодéц (П.) Рéки стремя́тся *к мóрю*, желéзо стреми́т-ся *к магни́ту*, трáвы стремя́тся *к сóлнцу*. Пти́цы стремя́тся на юг. А лю́ди стремя́тся *к счáстью*. Они́ стремя́тся *к прáвде*, сердцá их стремя́тся *к дрýжбе...* (Дж.)
благодаря́ 'thanks to', 'owing to'	*Благодаря́ пóмощи* товáрища я закóнчил рабóту в срок. *Благодаря́ хорóшей погóде* экскýрсия былá óченъ удáчной. *Благодаря́ весéнним* дождя́м урожáй был прекрáсный.
соглáсно 'according to', 'in accordance with'	*Соглáсно постановлéнию* прави́тельства... *Соглáсно статьé* Конститýции... *Соглáсно распоряжéнию* дирéктора... *Соглáсно решéнию* судá... *Соглáсно директи́вам...* **Note.** — In formal correspondence the preposition *соглáсно* is quite often followed by the genitive case *(соглáсно распоряжéния...)*. The literary standard, however, requires that *соглáсно* should be followed by the dative case.
навстрéчу 'to meet'	Члéны экспеди́ции шли навстрéчу всем опáсностям. . . . . Уж на равни́не, по холмáм Грохóчут пýшки. Дым багрóвый Клубáми всхóдит к небесáм *Навстрéчу ýтренним лучáм...* (П.)
наперекóр 'in defiance of', 'against the will of', *вопреки́* 'contrary to'	Он всё дéлает *наперекóр мне*. *Вопреки́ совéту* врачá, он встал с постéли. *Вопреки́ всем трýдностям*, экспеди́ция вы́полнила задáние. *Вопреки́ закóну...* . . . . *Вопреки́ предсказáнию* моегó спýтника, погóда проясни́лась... (Л.) *Рассýдку вопреки́*, наперекóр стихи́ям... (Гриб.)

Герóй — э́то тот, кто творúт жизнь *вопрекú смéрти*, кто побеждáет смерть! (М. Г.)

Note. — One cannot say: *Вопрéки дождю́*, я пошёл гуля́ть. One should say: *Несмотря́ на дождь*, я пошёл гуля́ть. *Вопрекú* is mainly used when something has to be done against the will of some person or in spite of difficulties.

II. Prepositions followed by the dative case or by other cases (for the latter, see Notes).

по 'along', 'at', 'due to', 'in', 'according to', 'on', 'by'

Principal meanings and uses:

(1) the surface along which a movement proceeds:

Шёл *по у́лице, по бульвáру, по бéрегу рекú.* Бродúл *пó лесу.* Ехал *по равнúне.* Слёзы теку́т *по щекáм.* Золоты́е пóлосы протяну́лись *пó небу.*

. . . .

Ту́ча *пó небу* идёт. Бóчка *пó морю* плывёт... (П.)

По нúве прохожу́ я у́зкою межóй... (М.)

Цыгáне шу́мною толпóй *по Бессарáбии* кочу́ют... (П.)

По дорóге зúмней, ску́чной Трóйка бóрзая бежúт... (П.)

Дождя́ отшумéвшего кáпли Тихóнько *по лúстьям* теклú (А. Т.)

Note. — In classics, one may find examples of archaic use of *по* with the prepositional case of a pronoun to denote the surface along which a movement proceeds: Лжец ни одúн у нас *по нём* пройтú не смéет... (Кр.)

(2) the object struck:

Удáрил *по столу́, по рукé.* Удáрил вожжóй по лóшади. Дождь барабáнит *по кры́ше.*

. . . .

Когдá я впустúл егó в избу́, он хлóпнул меня́ *по плечу́...* (М. Г.)

Кот сильне́е вы́гнул спи́ну, зашипе́л и уда́рил Кашта́нку ла́пой *по голове́*... (Ч.)

Путеводи́тель наш... постуча́л па́лкой *по стволу́* де́рева и мо́лча кру́то сверну́л на тропу́ (М. Г.)
Глу́хо бьют по воде́ спи́цы колёс парохо́дов..., где́-то бьёт мо́лот *по железу*, зауны́вно тя́нется пе́сня... (М. Г.)
Кру́пные ка́пли дождя́ ре́зко застуча́ли и зашлёпали по *ли́стьям*... (Т.)

(3) the place to which an action refers:
(a) when the whole of a place is involved:
(b) when several or many places are involved:

(c) when several or many places are involved consecutively:

(4) the time when a repeated action takes place:

(5) the reason for an action:

(6) one's occupation, speciality:

Прика́з *по шко́ле, по институ́ту.*
По фа́брикам, по заво́дам, по всем учрежде́ниям устра́ивались ми́тинги.
(But one can also say: *На фа́бриках, на заво́дах, во всех учрежде́ниях* устра́ивались ми́тинги).
Хожу́ *по магази́нам*, покупа́ю кни́ги.
Коми́ссия ходи́ла *по фа́брикам и заво́дам* (In this instance one cannot say: *на фа́бриках*, etc.)
До́ктор принима́ет *по вто́рникам и суббо́там.*
Рабо́таю *по вечера́м*, иногда́ *по ноча́м.* (One cannot say: *по дням.* One may say: *по це́лым дням*, but this phrase has a different meaning.)
Пропусти́ть заня́тия *по боле́зни, по уважи́тельной причи́не.* Сде́лал э́то *по глу́пости, по неосторо́жности, по небре́жности.*
Специали́ст *по матема́тике, по фи́зике, по исто́рии.* Прекра́сная рабо́та *по геогра́фии.* Он то́карь *по мета́ллу.* Чемпио́н *по лы́жам.* Общество *по распростране́нию* полити́ческих и нау́чных зна́ний.
Нам нужны́ тепе́рь специали́сты *по мета́ллу, по тексти́лю, по то́пливу, по хи́мии, по се́льскому хозя́йству, по тра́нспорту, по торго́вле, по бухгалте́рии*, etc.

(7) used in the sense of 'according to', 'in accordance with','after', 'on the grounds (of)':	Рабо́таем *по пла́ну*. По́езд отхо́дит *по расписа́нию*. Фильм «Пётр I» сде́лан *по рома́ну* А. Толсто́го.

· · · · · · · · · · · · · · · · ·

Мы избира́ли себе́ труд *по призва́нию*, профе́ссию *по душе́*, подру́гу *по се́рдцу*... (Горб.)

По оде́жде встреча́ют, *по уму́* провожа́ют (Proverb.)

Expressions in common use: *по прика́зу* 'by order of', *по сообще́нию*, *по све́дениям* 'according to reports', *по мне́нию* 'in the opinion of', *по преда́нию* 'according to the legend', *по слу́хам* 'from hearsay'.

(8) the object which determines the direction of a movement:	Мы плы́ли *по тече́нию*. Охо́тник шёл *по следа́м* зве́ря.

· · · · · · · · · · · · · · · · ·

По но́вому социалисти́ческому пути́ пошло́ разви́тие се́льского хозя́йства.

Все наро́ды СССР плечо́ к плечу́ уве́ренно и твёрдо иду́т *по пути́* к коммуни́зму.

(9) kinds of relationship:	Ро́дственники *по ма́тери*, *по отцу́*. Това́рищ *по шко́ле*. Челове́к, бли́зкий мне *по убежде́ниям*.

(10) objects distributed singly:	Да́йте нам, пожа́луйста, *по карандашу́* и *по тетра́ди*.

На пра́зднике ка́ждый из ученико́в получи́л *по кни́ге*.

(11) also used in the following preposition + noun combinations:	*По по́чте* 'by post', *по телегра́фу* 'by telegraph', *по телефо́ну* 'by telephone'.

Пошлю́ де́ньги *по по́чте* и́ли *по телегра́фу*. Говори́л *по телефо́ну*.

Note. — The preposition *по* is also used with the accusative case (see Table 31) and with the prepositional case (see Table 33).

Table 31

The Accusative Case

I. Prepositions followed exclusively by the accusative case:

про 'about', 'concerning' (the meaning of this preposition is close to that of *o*):

Ох ты гой еси́, царь Ива́н Васи́льевич!
Про тебя́ на́шу пе́сню сложи́ли мы,
Про твово́ люби́мого опри́чника,
Да про сме́лого купца́, про Кала́ш-
*   никова...* (Л.)

Я смотрю́ на его́ весёлое лицо́ и вспоми-на́ю ба́бушкины ска́зки *про Ива́на-царе́вича, про Ива́нушку-дурачка́* (М. Г.)

Кто бы нам сказа́л *про ста́рое, про ста́-рое — про быва́лое, про того́ ли Илью́ Му́-ромца.* (From a Russian epic.)

А кто *про доброту́* лишь в у́ши всем
          жужжи́т,
Тот ча́сто то́лько добр на счёт дру-
          го́го... (Кр.)

Note. — In the above meaning the preposition *o (об)* followed by the prepositional case may be used instead of the preposition *про* followed by the accusative: Расскажу́ *об экску́рсии.* Расскажу́ *про экску́рсию.*

сквозь 'through' used to denote the object through which someone (or something) passes or forces his (its) way:

Сквозь тума́н и ту́чи самолёты насто́й-чиво пробива́ются вперёд. *Сквозь сыру́ю мглу* ту́скло свети́ли огни́. *Сквозь кры́шу* протека́ла вода́.

. . . .

Все мы неда́ром *сквозь бу́рю и пла́мя*
Шли за еди́нство и мир (Фр.)
Сквозь волни́стые тума́ны пробира́ется
          луна́... (П.)
И ба́шни за́мков на скала́х
Смотре́ли гро́зно *сквозь тума́ны...* (Л.)

Я бы́стро отдёрнул занесённую но́гу и *сквозь* едва́ *прозра́чный су́мрак* но́чи увида́л далеко́ под собо́ю огро́мную равни́ну... (Т.)

А́лый полусве́т ложи́лся *сквозь у́зкие о́кна* в потемне́вшую ко́мнату (Т.)

Ме́сяц смо́трит *сквозь се́тку* ветве́й...
          (Ник.)
Сквозь кусты́ гляде́л вече́рний луч... (Л.)
Он уви́дел её голо́вку *сквозь золоту́ю се́тку* коло́сьев... (Т.)

Сквозь стеклянную дверь видна была комната... (Ч.)

В недавно раскалённом воздухе *сквозь ночную свежесть* чувствовалась ещё теплота... (Т.)

Expressions in common use:

Прошёл *сквозь огонь и воду* '(He) went through fire and water', 'through thick and thin', *смотреть сквозь пальцы* 'to look through the fingers' ('to close one's eyes to something'), *смех сквозь слёзы* 'laughing with one eye and weeping with the other'.

через (чрез) 'across', 'through'

Principal meanings:

(1) used to mean 'crossing some place', 'across some place', 'through some place':

Прошёл *через улицу.* Построили мост *через реку. Через ручей* нужно было переправляться вброд. *Через дорогу* был протянут провод. Войска прошли *через Краснодон.*

Еле заметная тропинка вела *через* почти *непроходимую чащу.* Партизаны бесшумно прошли *через лес.* Кровь просочилась *через марлю (сквозь марлю).*

(2) synonymous with the preposition *сквозь* 'through':

(3) used to denote time, in the sense of the English 'in':

Приду *через час.* Урок кончится *через пять минут. Через год* уеду на практику.

(4) used to denote the means by which something is achieved, in the sense of the English 'through', 'by means of', 'with the help of':

Он передал мне письмо *через сестру.* Беседу вели *через переводчика.* Объявления были сделаны *через газету.*

. . . .

Вон, видишь ли *через реку тот мост,* Куда нам путь лежит? (Кр.)

Там в облаках перед народом
Через леса, через моря
Колдун несёт богатыря... (П.)

Через непроходимые леса и болота, через скалы и горы был проложен канал.

Услышал он удары топора и *через минуту* треск повалившегося дерева... (Т.)

И перевозчик беззаботный
Его за гривенник охотно
Чрез волны страшные везёт... (П.)

Expressions in common use:

Надо пройти *через всё, через все трудности.* 'You must see it through'.

II. With prepositions followed by the accusative case or other cases (for the latter, see Notes).

в 'to', 'into', *на* 'to', 'on to', *за* 'behind', *под (подо)* 'under' (answering the question *куда?* 'where?');

Иду́ *в теа́тр.* Иду́ *на собра́ние.* Éду *в дере́вню.* Ле́том пое́ду *или на Кавка́з,* и́ли *в Крым.* Се́ли *под де́рево.* Ста́ли *под наве́с.* Положи́ли письмо́ *под кни́гу.* Со́лнце спря́талось *за ту́чи.*

. . . .

Я стал почти́ ка́ждый день проси́ть ба́бушку: «Пойдём *в лес!*» (М. Г.)
Голо́дная кума́-лиса́ зале́зла *в сад...* (Кр.)
...Ле́бедь рвётся *в облака́,*
Рак пя́тится наза́д, а Щу́ка тя́нет
в во́ду... (Кр.)
Мы зары́лись *в се́но* и засну́ли...(П.)
Со́лнце скры́лось *за небольшу́ю оси́новую ро́щу...* (Т.)
Прогля́нет день как бу́дто понево́ле
И скро́ется *за край* окру́жных гор... (П.)
Журча́ ещё бежи́т *за ме́льницу* ручéй,
Но пруд уже́ засты́л... (П.)
Пти́чка *в да́льние стра́ны,*
В тёплый край за си́не мо́ре
Улета́ет до весны́... (П.)
Я прилёг *под обглó́данный ку́стик* и стал гляде́ть круго́м (Т.)

Собра́ние бу́дет *в сре́ду, в семь часо́в* вéчера. *В э́ту мину́ту* он вошёл в ко́мнату. *В день* 1-го ма́я бу́дет больша́я демонстра́ция.

Охо́та была́ *в се́рый, па́смурный день.* Уны́ло во́ет ве́тер *в дождли́вую холо́дную о́сень.*

в 'on', 'at' used to denote:

(1) time (question *когда?* 'when?');

. . . .

В тот год осе́нняя пого́да
Стоя́ла до́лго на дворе́... (П.)
Одна́жды, *в студёную зи́мнюю по́ру,*
Я и́з лесу вы́шел... (Некр.)

Note.— To indicate the year or month, the prepositional case is used: Снег вы́пал тóлько *в янва́ре* (П.) *В ты́сяча девятьсо́т сóрок седьмо́м году́* ... (see Table 33).

(2) a period of time during which the action is accomplished:

Сделал работу *в день, в неделю, в месяц, в год.*
В одну минуту сбежались все.

на 'for', 'on'

(1) used to indicate a period of time (question: *на какое время?* 'for how long?'):

Уеду в деревню *на неделю.* Взял работу *на лето.*

(2) used in the sense of *для* 'for':

На эту работу нужно 10 дней. *На постройку* дома истрачено полмиллиона. *На подготовку* к экспедиции ушло два месяца.

(3) used in comparisons to indicate the extent of difference between the objects compared:

Товарищ *на голову* выше меня. Они приехали *на неделю* раньше. Моя комната больше вашей *на один квадратный метр.*

(4) used after the words *походить, похож* to denote resemblance:

Ребёнок *похож на отца.*
. . . .
Мы побежали наверх одеваться так, чтобы как можно более *походить на охотников...*
(Л. Т.)

Note.— The prepositions *в* and *на* are also used with the prepositional case (see Table 33).

за 'for'
Used to indicate:

(1) purpose with verbs (or verbal nouns) implying struggle or denoting an action done in favour of somebody or something:

Боремся *за выполнение* плана, *за дисциплину* (борьба *за выполнение* плана, *за дисциплину*). Бороться *за свободу и независимость* своей страны. Голосовать *за резолюцию, за предложение...* Высказаться *за предложение.*

Note.— To indicate purpose after verbs of motion, the instrumental case (and not the accusative) is used: Я ходил *за хлебом* (see Table 32.)
. . . .

Уж постоим мы головою
За родину свою! (Л.)
Смелей, вперёд *за мир!* (Жар.)

Мы зна́ем, что у нас о́чень мно́го друзе́й, и, голосу́я *за ми́р*, голосу́ем *за бра́тство* наро́дов, *за сча́стье* всех тру́жеников, где бы они́ ни жи́ли (Эрен.)
Мы все *за ми́р!*
Кля́тву даю́т наро́ды.
Мы все *за ми́р!*
Пусть зелене́ют всхо́ды.
Мы все *за ми́р!*
Ре́ют знамёна свобо́ды.
Мо́лодость цветёт.
Мо́лодость зовёт.
Мо́лодость идёт вперёд! (Долма́т.)

(2) reason:

Това́рищ получи́л пре́мию *за хоро́шую рабо́ту.*

Мно́гие ты́сячи сове́тских слу́жащих *за самоотве́рженный труд* на бла́го Ро́дины награждены́ ордена́ми и меда́лями Сове́тского Сою́за.

(3) used in the sense of 'instead of', '(in exchange) for':

(4) a definite period of time:

Сде́лай э́то *за меня́.* Купи́л кни́гу *за рубль.*

За э́ту зи́му я мно́го раз быва́л в теа́тре. *За э́тот год* я ни ра́зу не́ был в дере́вне. *За го́ды* пятиле́ток широко́ развила́сь тяжёлая промы́шленность. *За го́ды* социалисти́ческого строи́тельства вы́росли ка́дры специали́стов из рабо́чих. *За после́днее вре́мя* я прочита́л мно́го книг.

(5) *за* is used with certain verbs meaning 'to begin (doing something)':

Приня́ться *за рабо́ту.* Взя́ться *за де́ло.* Сесть *за кни́гу.*

. . . .

Прими́сь *за про́мысел любо́й:*
Желе́зо куй иль пе́сни пой
И сёла обходи́ с медве́дем (П.)

Зуба́стой Щу́ке в мысль пришло́
За ко́шачье приня́ться *ремесло́...* (Кр.)

(6) used in expressions of gratitude:

Спаси́бо *за кни́гу, за письмо́, за приве́т.* Благодарю́ *за внима́ние.*

. . . .

Но так и быть: простимся дружно,
О юность лёгкая моя!
Благодарю *за наслажденья,*
За грусть, за милые мученья,
За шум, за бури, за пиры,
За все, за все твой дары... (П.)

под '(intended) for', '(occupied) by'; 'on the eve of';

(1) used to denote the purpose for which something is intended:

Эту комнату отвели *под библиотеку,* а ту — *под читальный зал.* Эту землю отвели *под огороды,* а ту — *под пашню.*

(2) used in the sense of 'on the eve of':

Под Новый год мы устроили ёлку.
Под выходной день я всегда уезжаю за город.

(3) used to denote an attendant action:

Мы шли *под музыку.* Товарищ закончил свою речь *под аплодисменты. Под весёлые раскаты* грома зашумел ливень. Приятно засыпать *под шум* дождя. Я задремал *под тихое журчанье ручейка.*

Idiomatic construction: *отдать под суд* 'to bring to trial'. (Преступника *отдали под. суд.*)
Note.— The prepositions *за* and *под* are also used with the instrumental case (see Table 32).

по

(1) used to indicate distribution of objects (from two on) into even groups:

Дайте всем *по три карандаша* и *по пять тетрадей.* 'Give them three pencils and five copy-books each.' Каждый получил *по два яблока.* 'They got two apples each.'
Note.— 1. To denote distribution of objects by one, the dative case is used: Каждый *получил по яблоку.* 'They all got an apple each' (see Table 30).
2. To denote distribution of objects by two and on, the dative case can also be used for numerals ending in *-ь* (i.e., *пять, шесть, семь,* etc.): Дайте всем *по пяти, (шести,* etc.) *тетрадей* (but one cannot say *по трём, четырём тетрадям,* etc.).

(2) used to indicate price:

Прошу четыре билета *по двадцать копеек* (but: один билет *за двадцать копеек* where the accusative is used.)

(3) used to denote a time limit in the sense of 'up to and including':	Получи́л о́тпуск *по деся́тое ию́ля* (meaning: *включи́тельно*). Отчёт *по пя́тое а́вгуста.*
(4) used to denote some limit:	Вошёл в во́ду *по ше́ю.*

Idiomatic expressions: *Рабо́ты по го́рло* '(to have) work enough and to spare'; *за́нят по го́рло* '(to be) up to the eyes in work', *влюблён по́ уши* '(to be) over head and ears in love'.

. . . .

Шелкови́стая, с выспева́ющими семена́ми трава́ была́ почти́ *по по́яс* на заливно́м ме́сте... (Л. Т.)
Сосе́душка, я сыт *по го́рло* (Кр.)
Жура́вль свой нос *по ше́ю*
Засу́нул Во́лку в пасть... (Кр.)
Че́рез мгнове́нье мы стоя́ли в воде́ *по го́рло...* (Т.)

(5) In folklore *по* is used to denote the purpose of an action as an equivalent of *за* followed by the instrumental case:	Пошёл *по́ воду, по грибы́, по я́годы* (meaning: пошёл *за водо́й, за гриба́ми, за я́годами*).

Спустя́ ле́то *по мали́ну* не хо́дят (Proverb).

Note.— The preposition *по* is also used with the dative (see Table 30) and the prepositional (see Table 33).

с (со) '(the size) of' (1) used to denote approximate size:	Я́блоко *с кула́к.* Вы́пал град *с кури́ное* яйцо́.

. . . .

Пове́ришь ли? Ну, пра́во, был он *с го́ру...* (Кр.)

Бесспо́рно, огуре́ц и *с дом* величино́й Дико́винка, коль э́то справедли́во... (Кр.)
Ма́льчик *с па́льчик* 'Tom Thumb'.

(2) used to denote approximate space or time:	Пробыл в дере́вне *с ме́сяц* (it is also possible to say: *почти́ ме́сяц* or *о́коло ме́сяца*). **Note.**— The preposition *с* is used both with the genitive (see Table 29) and with the instrumental (see Table 32).
о (об) 'against' used with a noun denoting an object against which something strikes or with which something collides:	Уда́рился *об стол.* Ло́дка уда́рилась *о ка́мень.* Парохо́д разби́лся *о ска́лы.* Во́лны плеска́лись *о борта́* ло́дки. Льди́ны тру́тся *о борта́* парохо́да. Как горо́х *об сте́ну* (an idiomatic expression meaning 'like being up against a stone wall'). Что ему́ ни объясня́й — ничего́ не понима́ет: как горо́х *об сте́ну.*

. . . .

Марты́шка тут с доса́ды и с печа́ли
О ка́мень так хвати́ла их,
Что то́лько бры́зги засверка́ли (Кр.)

Дробя́сь *о мра́чные ска́лы,*
Шумя́т и пе́нятся валы́... (П.)

Мо́ре глу́хо рокота́ло, и во́лны би́лись *о бе́рег* бе́шено и гне́вно... (М. Г.)

Со скре́жетом ударя́ли *о ка́мень* мостово́й ко́ваные копы́та... (Н. Остр.)

Note.— The preposition *с* is also used with the prepositional case (see Table 33).

Table 32

The Instrumental Case

I. Prepositions followed exclusively by the instrumental case: **над (надо)** 'over', 'above'	*Над Москвóй* во .врéмя демонстрáции летáли самолёты. Сóлнце поднимáлось *над гóродом*. *Над рекóй* тумáн сгустúлся. Лúстья шумéли *над моéй головóй*. . . . . Облакá бегýт *над мóрем*... (Яз.) Вéсело сийет мéсяц *над селóм*... (Ник.) Пáхнет сéном *над лугáми*... (М.) Ястреб пролетéл высóко *над дáльним лéсом* (Л. Т.) Не вéтер бушýет *над бóром*, Не с гор побежáли ручьú: Морóз-воевóда дозóром Обхóдит владéнья свои (Некр.) *Над Невóю* рéзво вьются Флáги пёстрые судóв... (П.) Летят *над мрáчными лесáми*, Летят *над дúкими горáми*, Летят *над бéздною морскóй*... (П.) Утки летéли *над сжáтыми полями, над пожелтéвшими лесáми* и *над дерéвнями*... (Гáрш.)
пéред (пéредо), пред (прéдо) 'in front of', 'before' Principal meanings and uses: (1) used to indicate relations between objects in space:	*Пéред шкóлой* тенúстый мáленький сад. *Пéред óкнами* цветы́.
(2) used to indicate relations between objects in time:	*Пéред заседáнием* зайдý к тебé. *Пéред рассвéтом* началáсь грозá.
(3) various other meanings:	*Пéред нáми* стоят большúе задáчи. Отвéтственность *пéред нарóдом*. Обязанность

пе́ред о́бществом. Долг *пе́ред наро́дом.* Не отступа́ть *пе́ред тру́дностями.* Сохраня́ть споко́йствие *пе́ред лицо́м* опа́сности.

Пе́ред молоды́ми сове́тскими специали́стами широко́ откры́та доро́га к свобо́дному труду́ и тво́рчеству.

. . . .

Киби́тка останови́лась *пе́ред деревя́нным до́миком...* (П.)

На хо́лмах Гру́зии лежи́т ночна́я мгла́, Шуми́т Ара́гва *предо мно́ю* (П.)

Ста́рый Тара́с ду́мал о да́внем: *пе́ред ним* проходи́ла его́ мо́лодость (Г.)

II. With prepositions followed by the instrumental case and also by other cases (for the latter, see Notes):

c 'with', 'to'

Principal meanings and uses:

(1) used in denoting association or joint action:

Разгова́риваю *с преподава́телем.* Спо́рю *с това́рищем.* Отправля́юсь *с бра́том* на охо́ту.

(2) used to denote possession or presence of something:

Отпра́вился на охо́ту *с ружьём.* Он челове́к *с прекра́сным хара́ктером.*

Тепе́рь в каре́льских леса́х вы́росли благоустро́енные лесны́е посёлки *с прекра́сными дома́ми, клу́бами, шко́лами, больни́цами, столо́выми, магази́нами.*

(3) used in the sense of 'with', 'against':

Боро́ться *с враго́м.* Боро́ться *с тру́дностями.*

(4) used in expressions denoting manner or accompanying actions:

Он сказа́л э́то *с улы́бкой.* Чита́ю газе́ту *с больши́м внима́нием. С удово́льствием* сде́лаю э́то. Грачи́ *с кри́ком* кружи́ли над дере́вней. Соба́ки *с ла́ем* вы́бежали нам навстре́чу.

(5) used to denote time or simultaneousness:

Пти́цы просыпа́ются *с зарёю.* Встаю́ *с восхо́дом со́лнца.*

102

(6) used to denote the relation between contents and container:

Бутылка *с молоком*, банка *с вареньем*.

(7) used in certain formulas of congratulation:

Поздравляю *с Новым годом!*
С Новым годом!
С новым счастьем!
Поздравляю *с сыном, с дочкой!* Поздравляю *с окончанием* школы! Поздравляю *с блестящими успехами!*

. . . .
С своей волчихою голодной
Выходит на дорогу волк... (П.)
    Бегут: иной с дубьём,
    Иной с ружьём...
    «Огня!» — кричат: *«Огня!»* —
    Пришли с огнём... (Кр.)
Пришёл невод с травою морскою... (П.)
Пришёл невод с одною рыбкой,
С не простою рыбкой, золотою... (П.)
Лесов таинственная сень
С печальным шумом обнажалась... (П.)
С зарёю утки с лягушкой снова пусти-
лись в путь... (Гарш.)

Note. — The preposition *с* is also used with the genitive (see Table 29) and with the accusative (see Table 31).

за 'behind', 'beyond'

(1) used to denote place (answering the question *где?* 'where?'):

Пальто *за дверью*. Сад *за домом*. Солнце скрылось *за лесом*. Песня раздаётся *за рекой*. Живу *за городом*.

. . . .
В селе *за рекою* потух огонёк... (П.)
Спой мне песню, как синица
Тихо *за морем* жила... (П.)
За домом лежали два огромных пруда...
За прудами вверх по склону подымалась роща... *За рощей* начинались поляны, заросшие по пояс цветами... (Пауст.)

(2) when following verbs of motion *за* + noun indicates purpose:

Иду *за хлебом*. Побежал *за доктором*. Пришёл *за шахматами*. Пошёл в магазин *за книгой*. Тигр охотился *за оленем*.

. . . .

(3) *за* can be used in the sense of 'following' someone (or something), 'after':

(4) used in the sense of 'at', 'in the time of'; 'throughout the course of':

(5) used in the sense of 'occupied with', 'engaged in':

(6) used to indicate cause:

под 'under', '(occupied) by', 'for'
Principal meanings:

(1) used to denote place (question: *где?* 'where?'):

(2) used in indicating the object (or objects) occupied by some other object (or objects):

Покры́та бе́лою чадро́й,
Княжна́ Тама́ра молода́я
К Ара́гве хо́дит *за водо́й*... (Л.)
Так *за слоно́м* толпы́ зева́к ходи́ли... (Кр.)

Note, — Only the context enables the reader (or the listener) to tell in which sense, (2) or (3), the preposition *за* is used. Thus, побежа́л *за това́рищем* may mean: (1) 'went running to bring a friend', (2) 'went running after a friend', i. e., 'following a friend'.

Прочита́л газе́ту *за за́втраком*. *За рабо́той* не замеча́ешь вре́мени. *За ча́ем* говори́ли о литерату́ре.

Сиди́т *за уро́ками* це́лыми дня́ми. Провожу́ вечера́ *за чте́нием*. Сиди́т *за кни́гой*. Я его́ всегда́ застаю́ *за рабо́той*.

Usually used in formal speech: *за неиме́нием*... (lit. 'owing to the unavailability of...'), *за отсу́тствием*... (lit. 'owing to the absence of...'), *за по́здним вре́менем*... (lit. 'because of the late hour...'), etc.

Мяч *под столо́м*. За́яц *под кусто́м*. Самолёты *под облака́ми*. Река́ оверка́ет *под горо́й*.

Живу́ *под Москво́й*. Упо́рные, жесто́кие бой происходи́ли *под Москво́й* и *Ленингра́дом* (means: *поблизости, недалеко́ от Москвы́, от Ленингра́да*).

Note. — In the sense of 'in the environs of', 'near' *под* is generally followed by a proper name or by the word *го́род: Под са́мым го́родом* бы́ло село́ Торгу́ево. (Ч.)

. . . .

Захрусте́ли *под нога́ми* сухи́е сосно́вые ши́шки, наруша́я ва́жную тишину́ (М. Г.)
И пря́чется в саду́ мали́новая сли́ва
Под се́нью сла́достной зелёного листка́... (Л.)

По́ле *под пшени́цей, под ро́жью* (meaning: *по́ле, засе́янное пшени́цей, ро́жью*). Амба́р *под хле́бом* (meaning: *амба́р, за́нятый хле́бом* 'a granary stored with grain').

Note. — In such expressions as ба́нка *из-под варе́нья* 'jam jar', the preposition **из-под** requires the genitive case (see Table 29).

(3) used in the following combinations:

Под дождём 'in the rain', *под со́лнцем* 'in the sun', *под я́сным не́бом* 'under the clear sky'.

. . . .

Па́шка шёл с ма́терью *под дождём...* (Ч.)
Ты знал ли ди́кий край *под зно́йными лучами?...* (Л.)
Под обстре́лом 'under fire':
Мы до́лго находи́лись *под обстре́лом.* (Вы́брались *из-под обстре́ла*).
Под руково́дством, под води́тельством, под зна́менем.

Под зна́менем социалисти́ческого соревнова́ния сове́тский наро́д соверша́л беспри́мерные трудовы́е по́двиги в го́ды Вели́кой Оте́чественной войны́.

(4) used in the following expressions (meaning 'under the leadership of', 'under the guidance of', 'under the banner of'):

ме́жду (меж) 'between', 'among'
Principal meanings and uses:

(1) indicates a relation between objects in space:

Стол стои́т *ме́жду окно́м и две́рью.* Река́ течёт *ме́жду гора́ми.*
Пряма́я ли́ния — кратча́йшее расстоя́ние *ме́жду двумя́ то́чками.*
Ме́жду Ленингра́дом и Москво́й 649 киломе́тров.

(2) indicates a relation between objects in time:

Ме́жду 1941 и 1946 года́ми во всём ми́ре происходи́ли вели́кие собы́тия.
Я пойду́ к дире́ктору *ме́жду уро́ками — ме́жду пе́рвым и вторы́м.*

(3) used to indicate distribution between or among certain persons or objects. Also used to denote location among or between things or persons:

Карандаши́, тетра́ди раздели́ли *ме́жду ученика́ми.*

. . . .

Он *ме́жду на́ми* жил... (П.)

(4) used to indicate relations between or among certain parties or persons:

Догово́р *ме́жду двумя́ стра́нами.*
Дру́жба *ме́жду наро́дами* СССР. Хоро́шие отноше́ния *ме́жду това́рищами.*

| (5) used to indicate a difference between or among: | *Между сестрой и братом* большáя рáзница в харáктерах.
Между всéми тремя брáтьями большáя рáзница.
Idiomatic expressions: *Пусть это остáнется между нáми* 'Let it remain between you and me (us)'. *Я сдéлаю это между дéлом* 'I shall do it at odd moments'.
. . . .
Сначáла шли по дорóге *между стволáми* мóщных сóсен... (М. Г.)
По травé *между чёрными тéнями* протянýлись яркие пóлосы свéта (Ч.)
Лишь кое-гдé *между кустáми* выдавáлись крóхотные полянки... (Т.)
Чуть ветерóк там дышит *меж листáми*... (Жук.)
Роднúк *между нúми* из пóчвы бесплóдной, Журчá пробивáлся волнóю холóдной... (Л.)
Между колёсами телéг,
Полузавéшенных коврáми,
Горúт огóнь... (П.)
Note. — The preposition *между (меж)* is also used with the genitive case (see Table 29). |

Table 33

The Prepositional Case

| I. Prepositions used exclusively with the prepositional case:
при 'in the time of', 'under', 'near', 'attached to'
Principal meanings:
Used to indicate:
(1) time: | *При царúзме... При капиталúзме... При жúзни...*
Эти стихú бýли напечáтаны *при жúзни* поэта. |

(2) place (proximity to something else):	Жил *при стáнции.* Огорóд *при дóме.*
(3) possession:	*При завóде* хорóший клуб. 'The factory has a good club of its own'.
(4) necessary or attendant condition:	*При желáнии, при старáнии, при учáстии, при пóмощи.*

. . . .

При свидáнии пóсле дóлгой разлýки, как э́то всегдá бывáет, разговóр дóлго не мог установи́ться (Л. Т.)

При кáждом шáге вперёд мéстность изменя́лась (Л. Т.)

Чýден Днéпр *при ти́хой погóде!* . . . (Г.)

Кто *при звездáх* и *при лунé*
Так пóздно éдет на конé? . . . (П.)

При свéте сóлнца далекó и я́сно становили́сь видны́ предмéты, тóчно покры́тые лáком (Л. Т.)

Спой, свéтик, не стыди́сь! Что éжели, сестри́ца,
При красотé такóй и пéть ты мастери́ца,
Ведь ты б у нас былá царь-пти́ца! (Кр.)

II. Prepositions used with the prepositional or other cases (for the latter, see Notes):

в 'in', *на* 'at', 'on'
Used to indicate place (question *где?* 'where?'):

Брат рабóтает *на завóде.* Лéтом я был *в дерéвне.*

. . . .

В степи́ бы́ло ти́хо, пáсмурно (Ч.)
На нéбе гáснут облакá (Тютч.)
В рóще щёлкал соловéй . . . (Т.)
Вездé рабóта: *на горáх, в доли́нах, рóщах и лугáх* . . . (Жук.)

в 'in'
Used to indicate:

(1) the month or year (question *когдá?* 'when?'):

В áвгусте я уéду на прáктику. Товáрищ приéхал *в 1947 годý.*

(2) age or period of life:

В дéтстве, в ю́ности, в мóлодости, в стáрости.

(3) emotional state:	*В печа́ли, в го́ре, в гне́ве, в восто́рге.* *Я в восто́рге от карти́ны. Он был в большо́м го́ре.* **Note.** — The prepositions *в* and *на* are also used with the accusative case (see Table 31).
о (об, о́бо) 'about', 'of', 'on', 'concerning': Used to indicate the theme or content of a speech, document, book, etc.:	*Слу́шали докла́ды о Пу́шкине и Го́голе. Говори́ли о литерату́ре.* «*Ска́зка о рыбаке́ и ры́бке*» *Пу́шкина. Прочита́л кни́гу об Аркти́ке. Во всех газе́тах пи́шут о на́шем строи́тельстве. Спо́рю о*... *Ду́маю о*... *Мечта́ю о*... *Подписа́ние догово́ра о дру́жбе, о сотру́дничестве и о взаи́мной по́мощи.* . . . . Слух *обо мне́* пройдёт по всей Руси́ вели́кой... (П.) *О счастли́вой на́шей жи́зни* Во́лга с До́ном говори́т (Руд.) **Note.** — The preposition *о* is also used with the accusative case (see Table 31).
по 'on' (1) used in the sense of 'after', '(up)on':	*По оконча́нии* шко́лы поступлю́ в университе́т. *По прие́зде* в дере́вню... *По возвраще́нии* на ро́дину. **Note.** — The preposition *по* in the sense of *по́сле* 'after', '(up)on' is used only when following verbal nouns and generally in formal speech: *по истече́нии* сро́ка 'on the expiry of the period', *по рассмотре́нии* де́ла 'on considering the matter', etc.
(2) used with pronouns after the verbs *скуча́ть, тоскова́ть:*	*Я скуча́ю по вас. Тоску́ю по вас.* (With pronouns the prepositional case is used, while with nouns both the prepositional and the dative cases are possible: тоскова́ть *по това́рищу* or *по това́рище,* скуча́ть *по до́му* or *по до́ме;* in the literary language the dative case is preferred.) **Note.** — The preposition *по* is also used with the dative (see Table 30) and the accusative (see Table 31).

Table 34 (Summary)

Prepositions and Some of the Most Common Prepositional Words Used with Cases

Cases	Prepositions		
	Used only with one case	Used with two cases	Used with three cases
Genitive	без, близ, вдоль, вме́сто, вне, внутри́, во́зле, вокру́г, для, до, из, из-за, из-под, кро́ме, ми́мо, накану́не, о́коло, от, по́сле, посреди́, про́тив, ра́ди, среди́, у	ме́жду (меж) (rarely used with the genitive case)	с
Dative	к, благодаря́, вопреки́, подо́бно, согла́сно, напереко́р, навстре́чу		по
Accusative	про, сквозь, че́рез	в, на, за, под, о (об)	с, по
Instrumental	над, пе́ред	за, под, ме́жду (меж)	с
Prepositional	при	в, на, о (об)	по

Note. — A number of other words can be used as prepositions: (a) *во вре́мя (во вре́мя уро́ка, во вре́мя кани́кул, во вре́мя войны́); в тече́ние, в продолже́ние (в продолже́ние всего́ уче́бного го́да); всле́дствие (всле́дствие недоста́точной организо́ванности); ввиду́ (ввиду́ необходи́мости, ввиду́ осложне́ний); в си́лу (в си́лу необходи́мости); по ме́ре (по ме́ре на́добности, по ме́ре разви́тия)*, etc. used with the genitive case; (b) *несмотря́ на (несмотря́ на тру́дности, несмотря́ на запреще́ние, несмотря́ на дождь)*, etc. used with the accusative case. Most of the above prepositional words are used in formal speech.

Table 35

Prepositions Used with Several Cases (Main Uses)

Preposition	Genitive Case	Dative Case	Accusative Case	Instrumental Case	Prepositional Case
в			1. Indicating place (question: *куда?*): *Идý в теáтр.* 2. Indicating time (question: *когдá?*): *Собрáние в семь часóв. Уéду в эту ночь.* 3. Indicating the period of time in which something is fulfilled: *Сдéлаю в один год.*		1. Indicating place (question: *где?*): *Был в теáтре.* 2. Indicating time: month or year (question: *когдá?*): *Уéду в áвгусте. Уéду в этом годý.*
на			1. Indicating place (question: *куда?*): *Идý на фáбрику.* 2. Indicating time limit (question: *на какóе врéмя?*): *Взяли рабóту на всё лéто.* 3. *На* is used in the sense of *для*: *На эту рабóту нýжно 5 дней.*		Indicating place (question: *где?*): *Рабóтаю на фáб-брике.*

4. Indicating difference in a comparison: Моя ко́мната бо́льше твое́й на метр.

1. Indicating place (question: куда́?): Пове́сьте пальто́ за дверь.

2. Indicating a period of time (question: за како́е вре́мя?): За э́тот год я мно́гое сде́лал.

3. Indicating the purpose of an action: Мы бо́ремся за мир.

4. Indicating reason (questions: почему́?, за что?): Получи́л пре́мию за хоро́шую рабо́ту.

5. Used in the sense of 'instead of', 'in exchange of'; Сего́дня рабо́таю за това́рища Ивано́ва. Купи́л кни́гу за три рубля́.

1. Indicating place (question: где?): Пальто́ за две́рью.

2. Indicating purpose (when following verbs of motion): Иду́ за хле́бом.

за

111

Preposition	Genitive Case	Dative Case	Accusative Case	Instrumental Case	Prepositional Case
под			1. Indicating place (question: *куда?*): Брóсил мяч *под стол.* 2. Indicating time (in the sense of 'on the eve of'): *Под выходнóй день* я уезжáю на дáчу. 3. Indicating what an object is intended for: Эту кóмнату отвелú *под библиотéку.*	Indicating place (question: *где?*): Мяч *под столóм.*	
с (со)	1. Indicating place (question: *от-кýда?*): Взял кнúгу *со стол-á.* 2. Indicating a starting point in time (question: *с какóго врéмени?*): Нáчал рабóту *с óсени.*		1. Indicating approximate space of time: Прóбыл в деревне *с мéсяц.* 2. Indicating approximate size: Град *с яйцó.*	1. Indicating association: Рабóтал *с то-вáрищем.* 2. Used in the sense of 'against', 'with': Бóрем-ся *с трýдно-стями.*	

по			
3. Indicating cause: Он заболе́л с го́ря.	1. Indicating that the action occurs simultaneously in several places (question: где?): По фа́брикам, по заво́дам, по всем учрежде́ниям шли собра́ния.	1. Indicating time limit (in the sense of 'up to and including'): Пробу́ду в дере́вне по 5 сентября́.	Used in the sense of 'after', '(up) on': По оконча́нии шко́лы пое́ду в дере́вню.
	2. Indicating movement along, across, through or over: Шёл по у́лице.	2. Indicating some limit: Вошёл в во́ду по по́яс.	
	3. Indicating time: По утра́м, по вечера́м, по ноча́м.	3. Indicating distribution of objects but not singly: по́ две, по́ три, etc.: Да́йте нам по́ два я́блока.	

Preposition	Genitive Case	Dative Case	Accusative Case	Instrumental Case	Prepositional Case
по		4. Indicating occupation: Он работает *по механике.* 5. Indicating distribution of objects singly: Дайте нам *по яблоку.* 6. Used in the sense of 'according (to)': Работаем *по плану.*			
о, об			Indicating collision of objects: Я ударился *об стол.* Пароход разбился *о скалы.*		Indicating the subject spoken about: Мы говорили *о литературе.*

Table 36

Use of the Prepositions *на* and *в* and the Prepositions *с* and *из* corresponding to them

Рабо́таю			**Пришёл**		
в музе́е	but:	на фа́брике	из музе́я	but:	с фа́брики
в конто́ре		на заво́де	из конто́ры		с заво́да
в амбулато́рии		на по́чте	из амбулато́рии		с по́чты
в мастерско́й		на телегра́фе	из мастерско́й		с телегра́фа
в магази́не		на вокза́ле	из магази́на		с вокза́ла

Был	**Пришёл**
на собра́нии	с собра́ния
на заседа́нии	с заседа́ния
на уро́ке	с уро́ка
на фро́нте	с фро́нта

Учу́сь			**Пришёл**		
в шко́ле	but:	на матема-	из шко́лы		
в институ́те, на		ти́ческом	**Перешёл**		
пе́рвом ку́рсе		факуль-	из институ́та	but:	с пе́рвого на
		те́те	в университе́т		второ́й курс

Жил			**Прие́хал**		
в Крыму́	but:	на Кавка́зе	из Кры́ма	but:	с Кавка́за
в Белору́ссии		на Украйне	из Белору́ссии		с Украйны
в Сиби́ри		на Ура́ле	из Сиби́ри		с Ура́ла
		на Да́льнем			с Да́льнего
		Восто́ке			Восто́ка

Еду	**Верну́лся**
в о́тпуск	из о́тпуска

Иду́			**Пришёл**		
в теа́тр	but:	на конце́рт	из теа́тра	but:	с конце́рта

Живу́		**Пришёл**		
в переу́лке	but: на пло́щади Вос-	из переу́лка	but:	с пло́щади
	ста́ния, на у́ли-			с у́лицы
	це Го́рького			

Note.— 1. In indicating a means of conveyance, the preposition *на* is generally used: *е́ду на по́езде, на трамва́е, на авто́бусе, на метро́, лечу́ на самолёте*, but one may also say: *в по́езде, в трамва́е, в метро́*, etc.
2. *Вы́шел из трамва́я*, but: *сошёл с трамва́я*.
3. *По́езд идёт на Москву́* — here the direction is indicated.
Note the use of the corresponding prepositions *из — в, с — на* in the set expressions: *изо дня в де́нь, из ме́сяца в ме́сяц, из го́да в год; со дня на́ день, с ча́су на час, с мину́ты на мину́ту.*

Table 37

Most Common Uses of Prepositions to Express Relations of Space, Time, Cause and Purpose

---

I. Place and Direction

---

1. Prepositions *в, на, из, с; за, под, из-за, из-под*

где?	куда?	откуда?
Propositional Case	Accusative Case	Genitive Case
в (Учу́сь *в школе.*) *на* (Сижу́ *на сту́ле.*)	*в* (Иду́ *в школу.*) *на* (Сел *на стул.*)	*из* (Иду́ *из школы.*) *с (со)* (Встал *со стула.*)
Instrumental Case	Accusative Case	Genitive Case
за (*За ле́сом* поле.) *под* (Заяц сиде́л *под кусто́м.*)	*за* (Со́лнце зашло́ *за ту́чу.*) *под* (Заяц бро́сился *под куст.*)	*из-за* (Со́лнце показа́лось *из-за ту́чи.*) *из-под* (Заяц вы́скочил *из-под куста́.*)

2. Prepositions *у, от, о́коло, во́зле, среди́, вдоль, про́тив, вокру́г, по, к; че́рез; над, пе́ред, ме́жду; при:*

Genitive Case	*у*	(Учени́к стои́т *у доски́.*)	где?
	от	(Учени́к отошёл *от доски́.*)	от чего?
	о́коло	(*О́коло ле́са* протека́ла река́.)	где?
	во́зле	(*Во́зле ле́са* протека́ла река́.)	где?
	вдоль	(*Вдоль у́лицы* поса́жены дере́вья.)	где?
	среди́	(*Среди́ ле́са* стоя́л до́мик лесника́.)	где?
	про́тив	(*Про́тив теа́тра* стои́т па́мятник.)	где?
	вокру́г	(Охо́тники сиде́ли *вокру́г костра́.*)	где?
Dative Case	*к*	(Ма́льчик бежи́т *к реке́.*)	куда?
	по	(Мы гуля́ли *по у́лицам* большо́го го́рода.)	где?
Accusative Case	*че́рез*	(Мы е́хали *че́рез мост.*)	

Instrumental Case	над перед	(Карти́на виси́т *над дива́ном.*) (*перед до́мом* останови́лась ма- ши́на.)	*где?* *где?*
	ме́жду	(*Ме́жду со́снами* растёт берёзка.)	*где?*
Prepositional Case	при	(*При шко́ле* есть огоро́д и сад.)	*где?*

Ме́лкие пти́цы щебета́ли и и́зредка перелета́ли *с де́-
рева на де́рево.*

. . . .

В степи́ за реко́й, по доро́гам — везде́ бы́ло пу́сто...
(Л. Т.)

Мы вы́шли *из ро́щи,* спусти́лись с хо́лма... (Т.)

Я взгляну́л *в окно́; на безо́блачном не́бе* разгора́лись
звёзды... (М. Г.)

Во ржи крича́т перепела́, *в мали́нниках над ручья́ми*
сви́щут соловьи́; *че́рез доро́гу* перебежи́т куропа́тка,
за́яц метнётся *из-под куста́;* глухо́й те́терев шара́хнется
в сыро́м бору́... (Т.)

II. Time

Genitive Case	по́сле до накану́- не среди́ с	(*По́сле обе́да* де́ти пошли́ гуля́ть.) (*До у́жина* они́ сде́лали уро́ки.) (Я встре́тился с ним *накану́не пра́здника.*) (Ребёнок просну́лся *среди́ но́чи.*) (Я занима́лся *с утра́, с 9-ти ча- со́в.*)	*когда́?*
		(Заня́тия начали́сь *с сентября́.*) (Он люби́л му́зыку *с де́тства.*) (Изуча́ю ру́сский язы́к *с 1951 го́да.*)	*с како́го вре́мени? с каки́х пор?*
	до	(Занима́лся *до ве́чера, до 10-ти часо́в.*)	*до како́го вре́мени?*
		(Заня́тия продолжа́лись *до ию́ля.*) (Он не потеря́л бо́дрости *до глубо́- кой ста́рости.*)	*до каки́х пор?*
		(Бу́ду жить в Москве́ *до 1961 го́да.*)	
Dative Case	по к	(Люблю́ рабо́тать *по утра́м.*) (*К ве́черу* он верну́лся домо́й.) (Приду́ *к двум часа́м* дня.)	*когда́?* *к како́му вре́мени?*

Accusative Case	*в*	(Приду́ *в суббо́ту в 2 часа́.*) (Он помо́г мне *в тру́дную мину́ту.*) (*В э́ту ночь* был си́льный до́ждь.)	*когда?*
	на	(Приходи́ ко мне *на сле́дующий день* по́сле экза́мена.)	
	че́рез	(*Че́рез неде́лю* я е́ду в Ленингра́д.) (*Че́рез 5 мину́т* ко́нчится уро́к.)	
	за... до	(Мы прие́хали из дере́вни *за неде́лю до заня́тий.*)	
	под	(Мы встре́тимся *под Но́вый год.*)	
	в	(Я сде́лаю э́ту рабо́ту *в неде́лю.*) (Он собра́лся *в одну́ мину́ту* и уе́хал.)	*в како́й срок?*
	за	(Прочита́л кни́гу *за оди́н ве́чер.*) (Но́вый дом постро́или *за оди́н год.*)	*за како́й срок?*
	на	(Уе́хал в командиро́вку *на неде́лю.*) (Дай мне, пожа́луйста, кни́гу *на оди́н ве́чер.*)	*на како́й срок?*
	по	(Получи́л о́тпуск *по 20-е а́вгуста.*)	*по како́й срок?*
Instrumental Case	*пе́ред*	(*Пе́ред ле́кцией* я зашёл в библиоте́ку за кни́гами.)	*когда?*
	ме́жду	(Мы обе́даем *ме́жду двумя́ и тремя́* часа́ми.)	
	за	(Обы́чно чита́ю газе́ту *за за́втраком.*)	
	с	(Люблю́ встава́ть ле́том *с восхо́дом со́лнца.*)	
Prepositional Case	*в*	(Мы на́чали заня́тия *в сентябре́.*) (Я прие́хал в Москву́ *в 1956 году́.*) (*В мо́лодости* он мно́го занима́лся спо́ртом.)	*когда?*
	на	(*На про́шлой неде́ле* я был в теа́тре.)	
	по	(*По оконча́нии* университе́та уе́ду на пра́ктику.)	
	при	(*При наступле́нии* темноты́...)	

Note. — To indicate a time interval in minutes, hours, weeks, years, etc., the preposition *че́рез* 'in' is used: *че́рез четы́ре го́да, че́рез пять лет, че́рез пять мину́т, че́рез два часа́,* etc. In this sense one cannot say: *приду́*

пóсле двух часóв, since the meaning of such an expression would be 'I shall come after two o'clock'. But one can say: Я увидел егó *пóсле двух лет раз-лýки,* 'I met him after we had not seen each other for two years.'

III. Purpose

Accusative Case	*за*	(Бóремся за мир... Голосýем *за резолю́цию. Выступáем за...*)
Instrumental Case		(Идём *за кнúгами, за пúсьмами.*)

IV. Cause

Genitive Case	*из-за*	(*Из-за дождя́* не состоя́лась экскýрсия.)
		(*Из-за тебя́* у меня́ неприя́тности.)
	от	(*От волнéния* не мог говорúть.)
		(Урожáй погúб *от зáсухи.*)
	из	(Он спрáшивает *из любопы́тства.*)
		(*Из скрóмности* он молчúт о своúх успéхах.)
	с	(*С похвáл* вскружúлась головá.)
Dative Case	*благо- даря́*	(Рабóта шла хорошó *благодаря́ умéлому руковóдству.*)
	по	(Ученúк сдéлал ошúбку *по небрéжности.*)

Note.—1. To indicate an external cause, the following prepositions are used: (1) *из-за* (*из-за дождя́* не состоя́лась экскýрсия; *из-за шýма* не мог заснýть; *из-за тебя́* у меня́ неприя́тности); (2) *от* (всё вы́сохло *от сóлнца;* погúбло *от пожáра;* заболéл *от потрясéния;* растрепáлись вóлосы *от вéтра; от жары́* разболéлась головá); (3) *с* (*с похвáл* вскружúлась головá, *с похмéлья...*).

Some prepositions can be replaced by others: *от похвáл* вскружúлась головá (instead of *с похвáл*), or *от шýма* не мог заснýть (instead of *из-за шýма*).

The prepositions *из-за* and *благодаря́* have different shades of meaning, viz., the cause expressed by a noun preceded by the preposition *из-за* produces an undesirable action while the cause expressed by a noun preceded by the preposition *благодаря́* gives a positive effect: *Из-за зáсухи* погúб урожáй. *Благодаря́ дождя́м* бýдет хорóший урожáй. *Из-за твоегó* опоздáния мы не успéли закóнчить рáботу в срок. *Благодаря́ твоéй пóмощи* я ужé закóнчил рабóту.

2. To indicate a cause expressing the state of a person, certain emotions or feelings, the prepositions *от, с, из* are generally used.

The preposition *от* is usually employed to denote the state of a person: Мáльчик запры́гал *от рáдости. От возмущéния* и *обúды* у негó вы́ступили

119

на глаза́х слёзы. Ребёнок дрожа́л *от стра́ха*. Он побледне́л *от испу́га*. Де́вочка пла́кала *от го́ря*.

The meaning of the preposition *c (co)* is identical with that of the preposition *om,* but the former preposition is less frequently used (it usually occurs in colloquial speech).

The cause indicated by the preposition *из* is generally a feeling or inclination impelling the agent to act in a certain manner: Он соверши́л уби́йство *из ре́вности*. Она́ э́то сде́лала *из любви́* к де́тям.

3. To indicate a cause rising from some internal quality of a person the preposition *по* is generally used: Сде́лал э́то *по рассе́янности, по небре́жности, по глу́пости, по невнима́тельности*. Besides *по* is used in the expressions: *пропусти́ть заня́тия по боле́зни* 'to miss lessons through illness', *по уважи́тельной причи́не* 'for good reasons'.

. . . .

Челове́ка, кото́рый риску́ет жи́знью *из тщесла́вия* и́ли *из любопы́тства*, и́ли из *а́лчности*, нельзя́ назва́ть хра́брым.

. . . .

Из-за шу́ма па́дающего ли́вня ничего́ не́ было слы́шно (Т.)

Кашта́нка взви́згнула *от восто́рга* (Ч.)

Когда́ со́лнце поднима́ется над луга́ми, я нево́льно улыба́юсь *от ра́дости* (М. Г.)

Мать задыха́лась *от волне́ния* и чу́вствовала — надвига́ется что́-то но́вое (М. Г.)

Лицо́ его́ ста́ло гру́стным *от пережива́емых воспомина́ний* (Арс.)

Всё мне показа́лось молоды́м и чи́стым *благодаря́ прису́тствию* Ли́ды и Мисю́сь (Ч.)

Вещу́ньина *с похва́л* вскружи́лась голова́,
От ра́дости в зобу́ дыха́нье спёрло (Кр.)

Я удави́лась бы *с тоски́*,
Когда́ бы на неё хоть чуть была́ похо́жа (Кр.)

Марты́шка тут с *доса́ды* и *печа́ли*
О ка́мень та́к хвати́ла их,
Что то́лько бры́зги засверка́ли (Кр.)

Вы́пьем, до́брая подру́жка
Бе́дной ю́ности мое́й,
Вы́пьем *с го́ря*. Где же кру́жка?
Се́рдцу ста́нет веселе́й (П.)

Не зна́я, что нача́ть *со стра́ха*,
Предчу́вствий го́рестных полна́,
Ждала́ несча́стья уж она́ (П.)

Table 38

List of Common Russian Verbs with the Cases they Require

(The Verbs are given in Alphabetic Order)

благодари́ть	*кого́?*	*что?*	(Acc.)
боя́ться	*кого́?*	*чего́?*	(Gen.)
владе́ть, овладева́ть	*кем?*	*чем?*	(Instr.)
восхища́ться	*кем?*	*чем?*	(Instr.)
вспо́мнить	*кого́?*	*что?*	(Acc.)
встреча́ть	*кого́?*	*что?*	(Acc.)
горди́ться	*кем?*	*чем?*	(Instr.)
добива́ться		*чего́?*	(Gen.)
дорожи́ть	*кем?*	*чем?*	(Instr.)
достига́ть		*чего́?*	(Gen.)
жа́ждать		*чего́?*	(Gen.)
жела́ть		*чего́?*	(Gen.)
же́ртвовать	*кем?*	*чем?*	(Instr.)
заболе́ть		*чем?*	(Instr.)
заве́довать		*чем?*	(Instr.)
зави́довать	*кому́?*	*чему́?*	(Dat.)
занима́ться	*кем?*	*чем?*	(Instr.)
заража́ть		*чем?*	(Instr.)
злоупотребля́ть		*чем?*	(Instr.)
избега́ть	*кого́?*	*чего́?*	(Gen.)
изумля́ться	*кому́?*	*чему́?*	(Dat.)
интересова́ться	*кем?*	*чем?*	(Instr.)
каза́ться	*кем?*	*чем?*	(Instr.)
каса́ться	*кого́?*	*чего́?*	(Gen.)
кля́сться		*чем?*	(Instr.)
кома́ндовать	*кем?*	*чем?*	(Instr.)
лиша́ться	*кого́?*	*чего́?*	(Gen.)
меша́ть (препя́тствовать)	*кому́?*	*чему́?*	(Dat.)

называ́ться	*кем?*	*чем?*	(Instr.)
облада́ть		*чем?*	(Instr.)
отста́ивать	*кого́?*	*что?*	(Acc.)
подража́ть	*кому́?*	*чему́?*	(Dat.)
по́льзоваться		*чем?*	(Instr.)
посвяща́ть	*кому́?*	*чему́?*	(Dat.)
пренебрега́ть	*кем?*	*чем?*	(Instr.)
преодолева́ть		*что?*	(Acc.)
препя́тствовать	*кому́?*	*чему́?*	(Dat.)
проти́виться	*кому́?*	*чему́?*	(Dat.)
пуга́ться	*кого́?*	*чего́?*	(Gen.)
ра́доваться	*кому́?*	*чему́?*	(Dat.)
руководи́ть	*кем?*	*чем?*	(Instr.)
соде́йствовать	*кому́?*	*чему́?*	(Dat.)
сочу́вствовать	*кому́?*	*чему́?*	(Dat.)
спосо́бствовать		*чему́?*	(Dat.)
станови́ться	*кем?*	*чем?*	(Instr.)
стесня́ться	*кого́?*	*чего́?*	(Gen.)
стыди́ться	*кого́?*	*чего́?*	(Gen.)
тре́бовать		*чего́?*	(Gen.)
увлека́ться	*кем?*	*чем?*	(Instr.)
уделя́ть внима́ние	*кому́?*	*чему́?*	(Dat.)
удивля́ться	*кому́?*	*чему́?*	(Dat.)
управля́ть	*кем?*	*чем?*	(Instr.)
хвали́ться	*кем?*	*чем?*	(Instr.)
хоте́ть		*чего́?*	(Gen.)
явля́ться	*кем?*	*чем?*	(Instr.)

(For examples, see tables on use of corresponding cases.)

Table 39

Verbs Requiring the Prepositions *на, в*
(indicating relations other than relations of space)

Verb plus the preposition *на* followed by the accusative case:

---

1. Влия́ть 'to influence' *на кого́? на что?*
   Повлия́ть (perfective) 'to influence' *на кого́? на что?*
   Ока́зывать влия́ние 'to exert influence on' *на кого́? на что?*

   на това́рища, на аудито́рию, на здоро́вье, на настрое́ние

2. Возлага́ть отве́тственность 'to hold (someone) responsible' *на кого́?*
   Возложи́ть (perfective) отве́тственность 'to hold (someone) responsible' *на кого́?*

   на руководи́теля

3. Возлага́ть наде́жды 'to place hope in' *на кого́? на что?*
   Возложи́ть (perfective) наде́жды 'to place hope in' *на кого́? на что?*

   на молодёжь, на пое́здку

4. Ворча́ть 'to grumble at' *на кого́? на что?*
   Поворча́ть (perfective) 'to grumble for a short while' *на кого́? на что?*

   на дете́й

5. Дари́ть на па́мять (an idiomatic construction meaning 'to give as a keepsake') *кому́?*

   Брат подари́л мне на па́мять кни́гу.

6. Жа́ловаться 'to complain of' *на кого́? на что?*
   Пожа́ловаться (perfective) 'to complain of' *на кого́? на что?*

   на челове́ка, на боль, на непра́вильные де́йствия

7. Клевета́ть 'to slander' *на кого́?*
   (but: оклевета́ть (perfective) *кого́?* used without the preposition *на*)
   Наклевета́ть (perfective) 'to slander' *на кого́?*

8. Крича́ть 'to shout at' *на кого́?*
   Накрича́ть (perfective) 'to shout at' *на кого́?*

   Нельзя́ крича́ть на дете́й.

9. Наде́яться 'to rely on', 'to hope for' *на кого́? на что?*
   Понаде́яться (perfective) 'to rely on', 'to hope for' *на кого́? на что?*

   на това́рища, на по́мощь, на успе́х, на улучше́ние

10. Обраща́ть внима́ние 'to pay attention to' *на кого́? на что?*
    Обрати́ть (perfective) внима́ние 'to pay attention to' *на кого́? на что?*

    обрати́ть внима́ние на поведе́ние кого́-нибу́дь

11. Опира́ться 'to lean upon', 'to rely upon' *на кого? на что?* Опере́ться (perfective) 'to lean upon', 'to rely upon' *на кого? на что?*	*на ма́ссы, на фа́кты*
12. Покуша́ться 'to attempt on' *на кого? на что?* Сде́лать (perfective) покуше́ние 'to make an attempt on' *на кого? на что?*	*на челове́ка, на жизнь*
13. Полага́ться 'to rely on' *на кого? на что?* Положи́ться (perfective) 'to rely on' *на кого? на что?*	*на това́рища, на пого́ду*
14. Посяга́ть 'to encroach on' *на что?* Посягну́ть (perfective) 'to encroach on' *на что?*	*на права́, на чужо́е иму́щество*
15. Походи́ть 'to resemble' *на кого? на что?* Быть похо́жим 'to look like' *на кого? на что?*	*на отца́, на сестру́* Это ни на что не похо́же.
16. Производи́ть впечатле́ние 'to make an impression on' *на кого?* Произвести́ (perfective) впечатле́ние 'to make an impression on' *на кого?*	*на слу́шателей, на зри́телей, на аудито́рию*
17. Реша́ться 'to make up one's mind as to' *на что?* Реши́ться (perfective) 'to make up one's mind as to' *на что?*	*на разгово́р, на пое́здку*
18. Рассчи́тывать 'to count on' *на кого? на что?*	*на подде́ржку, на свобо́дное вре́мя*

Note the following: — When used in the above sense, the verb *рассчи́тывать* has no perfective aspect. The verb *рассчита́ть* is a perfective verb, but its meaning is 'to calculate' and it is used without the preposition *на*: Я пло́хо *рассчита́л свое́ вре́мя.*

19. Соглаша́ться 'to agree to' *на что?* Согласи́ться (perfective) 'to agree to' *на что?* but: соглаша́ться, согласи́ться 'to agree with' *с кем? с чем?*	*на рабо́ту, на определённые усло́вия*
20. Серди́ться 'to be angry with' *на кого? на что?*	*на бра́та, на това́рища*

124

Verb plus the preposition *на* followed by the prepositional case:

1. Игра́ть 'to play' *на чём?*	*на скри́пке, на рояле,* but: *игра́ть в ку́клы, в ша́хматы, в футбо́л*
2. Наста́ивать 'to insist on' *на чём?* Настоя́ть (perfective) 'to insist on' *на чём?*	*на реше́нии, на въезде, на своём*
3. Осно́вываться 'to base on' *на чём?* (In this meaning the verb has no perfective aspect.)	*на прове́ренных да́нных, на фа́ктах*

Verb plus the preposition *в* followed by the accusative case:

1. Ве́рить 'to believe in' *в кого? во что?* Пове́рить (perfective) 'to believe in' *в кого? во что?*	*в него́, в неё; в побе́ду, в бу́дущее, в свои́ си́лы*	**Note.** — When used in the sense of 'to trust', 'to rely (on)' this verb is followed by the dative case without any preposition: *ве́рить кому?* (*това́рищу, врачу́,* etc.); but note the use of the preposition *в* followed by the prepositional case in *уве́рен в нём, в побе́де.*
2. Игра́ть 'to play' *во что?*	*в ша́хматы, в мяч, в футбо́л*	
3. Обраща́ться 'to turn into', 'to become' *во что?* Обрати́ться (perfective) 'to turn into', 'to become' *во что?*	Он весь *обрати́лся в слух* 'He became all ears'	
	. . . . Облачко *обрати́лось в бе́лую ту́чу* (П.)	*Обрати́ться в бе́гство* means: *бро́ситься бежа́ть* 'to take to one's heels'.
4. Превраща́ться 'to turn into', 'to become' *в кого? во что?*		

Превратиться (perfective) 'to turn into', 'to become' *в кого? во что?*	Советский Союз *превратился в индустриáльную держáву.*

Verb plus the preposition *в* followed by the prepositional case:

1. Нуждáться 'to be in need of' *в ком? в чём?*	*в рабóтниках, в пóмощи, в поддéржке, в ухóде, в сáмом необходúмом,*	
2. Обмáнываться 'to be disappointed in' *в ком? в чём?* Обманýться (perfective) 'to be disappointed in' *в ком? в чём?*	*в человéке, в своúх надéждах*	
3. Одержáть (perfective) побéду 'to gain a victory in' *в чём?*	*в борьбé, в спóре, в соревновáнии*	but: *одержáть* побéду 'to gain a victory over' *над кем? над чем?*
4. Отдавáть (себé) отчёт 'to realize', 'to be aware of' *в чём?*	*в своúх постýпках, в своúх словáх*	
5. Отчúтываться 'to give an account of' *в чём?* Отчитáться (perfective) 'to give an account of' *в чём?*	*в своéй рабóте, в расхóдах, в выполнéнии плáна*	
6. Признавáться 'to make a declaration of', 'to admit' *в чём?* Признáться (perfective) 'to make a declaration of', 'to admit' *в чём?*	*в любвú, в своúх ошúбках*	
7. Разочарóвываться 'to be disappointed' *в ком? в чём?* Разочаровáться (perfective) 'to be disappointed in' *в ком? в чём?*	*в человéке, в рабóте, в надéждах, в жúзни, в дрýге*	But: *очарóвываться* 'to be charmed with' *кем? чем?* *очаровáться* 'to be charmed with' (perfective) *кем? чем?*

8. Сознава́ться 'to confess' *в чём?* Созна́ться (perfective) 'to confess' *в чём?*	*в свое́й вине́*	
9. Соревнова́ться 'to compete in' *в чём?*	*в рабо́те, в игре́, в бе́ге, в прыжка́х*	
10. Сомнева́ться 'to doubt' *в чём?*	*в зна́ниях, в спосо́бностях, в че́стности челове́ка*	
11. Упрека́ть 'to reproach with' *в чём?* Упрекну́ть (perfective) 'to reproach with' *в чём?*	*в бесхозя́йственности, в отста́лости, в жа́дности*	
12. Убежда́ться 'to make sure of' *в чём?* Убеди́ться (perfective) 'to make sure of' *в чём?*	*в необходи́мости, в неизбе́жности, в правоте́ де́ла*	
13. Уча́ствовать 'to participate in' *в чём?* (принима́ть уча́стие, приня́ть уча́стие 'to take part in' *в чём?*)	*в вы́борах, в голосова́нии, в рабо́те*	Idiomatic expression: *принима́ть уча́стие* (в ком?) meaning *соде́йствовать кому́-нибу́дь, помога́ть* 'to further someone's interests, plans', 'to help someone'.

III. THE ADJECTIVE

GENERAL REMARKS

1. The functions of an adjective in the sentence may be *attributive* or *predicative*. When used attributively the adjective agrees with the noun it qualifies in gender, number and case (Взял в библиотéке *интерéсную кнúгу*). An exception to this rule is the adjective preceded by a numeral (*два, три* or *четы́ре*) and followed by a noun, e.g., *два крáсных карандашá* (see Table 43). When used predicatively the adjective agrees with its noun only in gender and number (*кнúга óчень интерéсна, доклáд интерéсен*).

2. Russian adjectives are divided into *qualitative* (*крáсный, большóй, красúвый*) and *relative* adjectives (*деревя́нный, желéзный, отцóвский, сéстрин, ýтренний, апрéльский*).

3. Russian qualitative adjectives may be *long* in form (*красúвый* мáльчик, *красúвая* дéвочка, *красúвое* дитя́) or *short* (мáльчик *красúв*, дéвочка *красúва*, дитя́ *красúво*).

4. Long form adjectives are generally attributive (Налéво чернéло *глубóкое ущéлье*), but they may also be used predicatively (Сегóдня день *я́сный, тúхий*). Short form adjectives can only be used predicatively (Как *вóздух чист!* Как *я́сен небосклóн!*)

5. As a rule, an attributive adjective precedes the noun it qualifies (*Прекрáсное апрéльское* сóлнце сúльно грéло), while a predicative adjective follows its noun (Шоссé *бы́ло сýхо*).

If an adjective occupies any other place in the sentence, it always bears logical stress and is given emphatic intonation: *Зимá, злáя, тёмная, длúнная*, былá ещё так недáвно, веснá пришлá вдруг. This exceptional word-order is most frequently observed in poetry: *Эльбрýс, огрóмный, величáвый, белéл на нéбе голубóм.*

6. In Modern Russian only those short form adjectives are declined which end in *-ов, -ин* and express possession (*отцóв, бáбушкин, Вáнин);* they have certain peculiar forms different from those of long form adjectives (see Table 46). Case-forms of the short form qualitative adjective occur in Modern Russian in a few isolated instances (see Table 45).

7. Long form adjectives may be substantivized, i. e., used as nouns: *больнóй пошёл к дóктору* (cf.: *больнóй ребёнок*).

A number of adjectives have become completely substantivized: *рабóчий, портнóй, столóвая*, etc.; these words do not change according to gender, but are declined as adjectives.

Table 40

Gender Endings of Adjectives

Singular

Masculine	Feminine	Neuter
-ый, -ий, -ой	**-ая, -яя**	**-ое, -ее**
кра́сный (флаг)	кра́сная (ткань)	кра́сное (зна́мя)
после́дний (бой)	после́дняя (борьба́)	после́днее (уси́лие)
хоро́ший (план)	хоро́шая (земля́)	хоро́шее (реше́ние)
ру́сский (язы́к)	ру́сская (кни́га)	ру́сское (сло́во)
большо́й (сдвиг)	больша́я (рабо́та)	большо́е (достиже́ние)

Plural (for all genders)

-ые, -ие

кра́сные (фла́ги), кра́сные (тка́ни), кра́сные (знамёна)
после́дние (бой), после́дние (мину́ты), после́дние (уси́лия)
больши́е (сдви́ги), больши́е (рабо́ты), больши́е (достиже́ния)

Note. — Adjectives with the stem ending in a hard consonant take the endings *-ый, -ой, -ая, -ое, -ые;* those with the stem ending in a soft consonant, *-ий, -яя, -ее, -ие.*

The ending *-ой* of masculine adjectives is always stressed: *молодо́й, боево́й, выходно́й, большо́й.*

Note on Spelling. — In masculine adjectives the ending is spelt *-ий* after *г, к, х (убо́гий, глубо́кий, ти́хий)* and after sibilants *(хоро́ший, похо́жий);* in neuter adjectives the ending after *ш, ж* is spelt *-ое* when stressed *(большо́е, чужо́е)* and *-ее* when unstressed *(хоро́шее, све́жее).*

Singular

-ий	-ья	-ье
медве́жий (у́гол)	медве́жья (ла́па)	медве́жье (у́хо)
во́лчий (аппети́т)	во́лчья (я́ма)	во́лчье (се́рдце)

Plural (for all genders)

-ьи

медве́жьи (углы́, берло́ги, у́ши); во́лчьи (зу́бы, тро́пы, у́ши)

Note. — A number of relative adjectives, mainly those derived from nouns denoting persons or animals *(каза́чий, поме́щичий, во́лчий, медве́жий, ли́сий, собо́лий,* etc.), have the ending *-ий, -ья, -ье* in the singular and *-ьи* in the plural.

Table 41

Declension of Adjectives

Singular

Masculine and Neuter	Endings	Feminine	Endings
Adjectives whose Stem ends in a Hard Consonant			
Nom. кра́сный (флаг), кра́сное (зна́мя), интере́сный (докла́дчик) *	*-ый,* *-ое*	кра́сная (доска́)	*-ая*
Gen. кра́сного (фла́га, зна́мени)	*-ого*	кра́сной (доски́)	*-ой*
Dat. кра́сному (фла́гу, зна́мени)	*-ому*	кра́сной (доске́)	*-ой*
Acc. кра́сный (флаг, зна́мя) интере́сного докла́дчика	as Nom. as Gen.	кра́сную (до́ску)	*-ую*
Instr. кра́сным (фла́гом, зна́менем)	*-ым*	кра́сной (доско́й)	*-ой* *-ою*
Prep. о кра́сном (фла́ге, зна́мени)	*-ом*	о кра́сной (доске́)	*-ой*
Adjectives whose Stem ends in a Soft Consonant			
Nom. после́дний (день), после́днее (собра́ние), после́дний (докла́дчик)	*-ий,* *-ее*	после́дняя (ле́кция)	*-яя*
Gen. после́днего (дня, собра́ния)	*-его*	после́дней (ле́кции)	*-ей*
Dat. после́днему (дню, собра́нию)	*-ему*	после́дней (ле́кции)	*-ей*
Acc. после́дний (день), после́днее (собра́ние) после́днего (докла́дчика)	as Nom. as Gen.	после́днюю (ле́кцию)	*-юю*
Instr. после́дним (днём, собра́нием)	*-им*	после́дней (ле́кцией)	*-ей*
Prep. о после́днем (дне, собра́нии)	*-ем*	о после́дней (ле́кции)	*(-ею)* *-ей*

Plural (for all genders)

Nom.	кра́сные (до́ски)	после́дние (дни)	*-ые, -ие*
Gen.	кра́сных (досо́к)	после́дних (дней)	*-ых, -их*
Dat.	кра́сным (до́скам)	после́дним (дням)	*-ым, -им*
Acc.	кра́сные (до́ски) отли́чных (учени́ц)	после́дние (дни) после́дних (докла́дчиков, докла́дчиц)	as Nom. as Gen.
Instr.	кра́сными (до́сками)	после́дними (дня́ми)	*-ыми, -ими*
Prep.	о кра́сных (до́сках)	о после́дних (днях)	*-ых, -их*

* See Note (1).

Table 42

Declension of Adjectives of the Type *во́лчий, ли́сий*

Singular

Masculine and Neuter		Endings	Feminine		Endings
Nom. во́лчий ли́сий	во́лчье ли́сье		во́лчья	ли́сья	
Gen. во́лчьего	ли́сьего	*-его*	во́лчьей	ли́сьей	*-ей*
Dat. во́лчьему	ли́сьему	*-ему*	во́лчьей	ли́сьей	*-ей*
Acc. во́лчий во́лчье во́лчьего	ли́сий ли́сье ли́сьего	as Nom. as Gen.	во́лчью	ли́сью	*-ю*
Instr. во́лчьим	ли́сьим	*-им*	во́лчьей	ли́сьей	*-ей* (*-ею*)
Prep. о во́лчьем	о ли́сьем	*-ем*	о во́лчьей	о ли́сьей	*-ей*

Plural (for all genders)

			Endings
Nom.	во́лчьи	ли́сьи	
Gen.	во́лчьих	ли́сьих	*-их*
Dat.	во́лчьим	ли́сьим	*-им*
Acc.	as Nom. or Gen.		
Instr.	во́лчьими	ли́сьими	*-ими*
Prep.	о во́лчьих	о ли́сьих	*-их*

Note — 1. Adjectives qualifying nouns denoting animate beings are declined in the same manner as adjectives qualifying nouns denoting inanimate objects, except for the accusative, which is identical with the genitive when referring to animate beings.

2. Adjectives whose stem ends in a hard consonant take in the oblique cases the endings *-ого,-ому,-ым,-ом; -ой, -ую; -ых, -ым,-ыми.* Adjectives whose stem ends in a soft consonant take in the oblique cases the endings *-его, -ему, -им, -ем; -ей, -юю, -их, -им, -ими.*

3. Adjectives of the type *во́лчий, во́лчья, во́лчье; ли́сий, ли́сья, ли́сье* invariably take the soft mark *ь* before the endings *(во́лчьего, во́лчьему,* etc.) except in the nominative singular of the masculine gender *(во́лчий).* The accusative singular of the feminine gender has the final *-ью (во́лчью).* (The *-я, -ей, -ю* at the end of the corresponding case-forms of the above adjectives are sounded [йа], [йэй], [йу], the sound [й] belonging to the stem of the adjective.)

4. After the sibilants *ж, ч, ш, щ,* the adjective ending takes *o* when it is stressed *(большо́й, чужо́й, большо́го, чужо́го, большо́му, чужо́му,* etc.) and *e* when unstressed *(хоро́шего, хоро́шему, похо́жего, похо́жему,* etc.), except for the nominative, where it takes *и (хоро́ший).*

5. In the ending of the genitive of the masculine and neuter genders *г* is spelt *(-ого, -его)* which is pronounced [в].

6. The instrumental singular of the feminine gender generally ends in *-ой, -ей;* however, alongside this form an obsolescent form ending in *-ою, -ею* is occasionally used, e.g., *кра́сною, си́нею, во́лчьею.*

Table 43

Agreement of the Adjective with the Noun

I.

	Singular		Plural
	Masculine and Neuter	Feminine	
Nom.	Холо́дный ве́тер. Ни́зкое тёмное не́бо.	Гру́стная о́сень.	Па́смурные печа́льные дни.
Gen.	На поля́х идёт рабо́та *с ра́ннего утра́ до по́зднего ве́чера*.	По́сле *дождли́вой пого́ды* наступи́ли я́сные дни.	Ле́том бы́ло мно́го *жа́рких дней*.
Dat.	Все ра́дуются *тёплому осе́ннему со́лнцу*.	Маши́ны е́дут *по ро́вной доро́ге*.	Урожа́й благодаря́ *ча́стым тёплым дождя́м* хоро́ший.
Acc.	Брига́ды соревну́ются *за отли́чное ка́чество* рабо́ты.	Через *широ́кую реку́* постро́или но́вый мост.	На *колхо́зные поля́* вы́шли тра́кторы.
Instr.	Весна́. *Я́ркое со́лнце*. Мы отдыха́ем *под тени́стым де́ревом*.	Пе́ред *берёзовой ро́щей* расстила́ется широ́кий луг с цвета́ми.	Молодёжь возвраща́ется с рабо́ты *с весёлыми пе́снями*.
Prep.	*На зелёном лугу́* расцвели́ цветы́.	Ка́пли дождя́ блестя́т *на све́жей зе́лени*.	*На колхо́зных поля́х* зре́ет пшени́ца.

II.

А. Как *лес хоро́ш по́здней о́сенью*... Ве́тра нет, и нет ни со́лнца, ни све́та, ни те́ни, ни движе́ния, ни шу́ма; *в мя́гком во́здухе* разли́т *осе́нний за́пах*, подо́бный за́паху вина́; *то́нкий тума́н* стои́т вдали́ *над жёлтыми поля́ми*. Сквозь обнажённые бу́рые су́чья дере́вьев ми́рно беле́ет *неподви́жное не́бо;* кой-где на ли́пах вися́т *после́дние золоты́е ли́стья*. *Сыра́я земля́ упру́га* под нога́ми; *высо́кие сухи́е были́нки* не шеве́лятся; *дли́нные ни́ти* блестя́т *на побледне́вшей траве́*... (Т.)

В. *В скро́мных путеше́ствиях* меня́ не соблазня́ют *головокружи́тельные реко́рды*. Забы́в о це́ли похо́да, часа́ми гото́в я любова́ться внеза́пно *раскры́вшейся* пе́ред глаза́ми *прекра́сной пано-*

рámой. Подблгу засйживаюсь в лесý. С чýвством востóрга любýюсь *спокóйным течéнием леснóй рúбной рéчки, полётом дúких птиц.*

Я слýшаю пéние птиц и рáдуюсь встрéчам *с людьмú,* поэтúчески *чýвствующими прирóду. В отдалённых и глухúх окрáинах* нáшей странú, кудá завлекáла меня охóтничья *скитáльческая страсть,* находúл я *такúх блúзких* моемý сéрдцу людéй. Я встречáл их на островáх *ледянóй Арктики* и на берегáх *úжного сúнего мóря.* Всегдá волновáли и рáдовали меня э́ти встрéчи. *В охóтничьих скитáниях, в далёких и рáдостных путешéствиях* обретáл я себé *нóвых и вéрных друзéй,* связь с котóрыми никогдá не обрывáлась (С.-М.)

Note. — 1. The adjective used attributively always agrees with the noun it qualifies in gender, number, and case. In the plural, the adjective ending does not change for gender. Long form participles, some pronouns and ordinal numerals agree in the same way with the noun they qualify.

2. The adjective does not agree in number with the noun in the following combinations: the numeral *два, три* or *четúре* plus adjective plus noun, e.g., *два крáсных* (plural) *карандашá* (singular), *три молодúх* (plural) *дéрева* (singular), *четúре мáленьких* (plural) *мáльчика* (singular).

Table 44

Short Form Qualitative Adjectives

Long form Adjective		Short form Adjective		
Singular	Plural (for all genders)	Singular		Plural (for all genders)
Masculine		Masculine		
стáрый спокóйный плохóй корóткий могýчий		стар спокóен плох корóток могýч	no endings	
Feminine		Feminine		
стáрая спокóйная плохáя корóткая могýчая	стáрые спокóйные плохúе корóткие могýчие	старá спокóйна плохá короткá могýча	*-а*	старú (стáры) спокóйны плóхи корóтки (короткú) могýчи	*-ы* *-и*
Neuter		Neuter		
стáрое спокóйное плохóе корóткое могýчее		старó спокóйно плóхо корóтко могýче	*-о* *-е*	

133

Note.— 1. Qualitative adjectives have both the long and the short forms *(ста́рый, стар)*. Relative adjectives have only the long form *(деревя́нный, во́лчий)*.

2. Only those short form adjectives are commonly used which are formed from adjectives whose stem ends in a hard consonant or a sibilant *(широ́к, могу́ч, хоро́ш);* short form adjectives formed from adjectives whose stem ends in a soft consonant are very rarely used *(синь, си́ня, си́не, си́ни)*.

3. In the stem of a masculine short form adjective there may occasionally appear an unstable *o* or *e: больно́й — бо́лен, споко́йный — споко́ен, интере́сный — интере́сен, коро́ткий — ко́роток.*

Table 45

Uses of Short Form Qualitative Adjectives

1. In modern literary Russian the short form adjective is used only predicatively. The link-verb in the compound predicate *(был, бу́дет, будь, был бы)* is used in the past and future, in the imperative and in the conditional-subjunctive mood; in the present the link-verb *(есть)* is omitted.	Докла́д *интере́сен;* докла́д *был интере́сен;* докла́д *бу́дет интере́сен;* докла́д *был бы интере́сен.* . . . . Весна́, весна́! Как во́здух *чист!* Как *я́сен* небоскло́н! (Бар.) *Хоро́ши* ле́тние тума́нные дни (Т.) Уж и впрямь была́ цари́ца: *Высока́, стройна́, бела́,* И умо́м, и всем взяла́: Но зато́ *горда́, ломли́ва,* *Своенра́вна* и *ревни́ва...* (П.) ...Оно́ Со́ку спе́лого полно́, Так *свежо́* и так *души́сто,* Так *румя́но, золоти́сто,* Бу́дто мёдом налило́сь! (П.) **Note.** — The short form adjectives *согла́сен, рад, до́лжен* have no long form counterparts (with the same meaning). The usual forms of polite address are: *будь добр, будь добра́, бу́дьте до́бры* or *добры́* 'would you be so kind as': *Бу́дьте до́бры,* переда́йте това́рищу кни́гу; *будь любе́зен, будь любе́зна, бу́дьте любе́зны* 'will you please': *Бу́дьте так любе́зны,* позвони́те мне по телефо́ну.
2. In modern colloquial Russian the short form adjective is never used attributively; however, this use (considered archaic) occurs in folk songs, epics, in poetry and also in certain set expressions.	*Кра́сно со́лнышко, кра́сну со́лнышку; кра́сна де́вица, кра́сну де́вицу; уда́л добр мо́лодец, уда́лу до́бру мо́лодцу.* . . . . Пти́чка в да́льние страны́, В тёплый край, за *си́не мо́ре* Улета́ет до весны́ (П.) У воро́т стоя́т у тесо́вых *Кра́сны де́вушки,* да молоду́шки (Л.)

Не встреча́ет его́ *молода́ жена́,*
Не накры́т дубо́вый стол бе́лой ска́тертью (Л.)

Госуда́рь ты мой, *кра́сно со́лнышко,*
Иль убе́й меня́, и́ли вы́слушай (Л.)

Я скажу́ вам, бра́тцы любе́зные,
Что *лиха́ беда́* со мно́ю приключи́лася... (Л.)

Idiomatic expressions: *По бе́лу све́ту* 'into the wide world', *от ма́ла до вели́ка* 'great and small', *на бо́су* но́гу 'on one's bare feet'.

Table 46

Declension of Adjectives Ending in -*ин*, -*ов* and Denoting Possession

Singular

	Masculine	Neuter	Feminine
Nom.	Ма́шин (брат, каранда́ш)	Ма́шино (письмо́)	Ма́шина (сестра́)
Gen.	Ма́шина (бра́та)	Ма́шина (письма́)	Ма́шиной (сестры́)
Dat.	Ма́шину (бра́ту) or: Ма́шиному (бра́ту)	Ма́шину (письму́) or: Ма́шиному (письму́)	Ма́шиной (сестре́)
Acc.	Ма́шина (бра́та) Ма́шин (каранда́ш)	Ма́шино (письмо́)	Ма́шину (сестру́)
Instr.	Ма́шиным (бра́том)	Ма́шиным (письмо́м)	Ма́шиной (сестро́й)
Prep.	о Ма́шином бра́те	о Ма́шином (письме́)	о Ма́шиной (сестре́)

Plural

Nom.	Ма́шины (бра́тья, пи́сьма, кни́ги)
Gen.	Ма́шиных (бра́тьев, пи́сем, кни́г)
Dat.	Ма́шиным (бра́тьям, пи́сьмам, кни́гам)
Acc.	Ма́шиных (бра́тьев) Ма́шины (пи́сьма, кни́ги)
Instr.	Ма́шиными (бра́тьями, пи́сьмами, кни́гами)
Prep.	о Ма́шиных (бра́тьях, пи́сьмах, кни́гах)

Note — 1. In modern colloquial Russian, the only short form adjectives declined are those which end in the suffixes *-ин (дя́дин, Ма́шин), -ов (отцо́в)* and denote possession. The most common of these adjectives are formed from proper names: *Ма́ша — Ма́шин, Ва́ня — Ва́нин, Са́ша — Са́шин,* etc.

2. These adjectives are declined partly as adjectives and partly as nouns (viz., as surnames ending in *-ов, -ин*).

3. They take noun endings: (1) in the nominative, genitive and dative singular of the masculine and neuter genders *(Ма́шин брат, Ма́шино письмо́, Ма́шина бра́та, Ма́шину бра́ту; отцо́в брат, отцо́во письмо́, отцо́ва бра́та, отцо́ву бра́ту);* (2) in the nominative and accusative singular of the feminine gender *(Ма́шина сестра́, Ма́шину сестру́; отцо́ва сестра́, отцо́ву сестру́);* (3) in the nominative and accusative (similar to the nominative) plural of all genders *(Ма́шины пи́сьма, отцо́вы кни́ги).*

In the rest of the cases these adjectives take adjective endings (Мы говори́ли *о Ма́шином бра́те, о Ма́шиной сестре́).*

FORMATION AND USES OF THE COMPARATIVE AND SUPERLATIVE DEGREES

Only qualitative adjectives can be used in the comparative and the superlative degrees.

The comparative and the superlative degrees are formed from the adjective stem.

The comparative form is not declined, while the superlative form is declined in the same way as the long form adjective.

THE COMPARATIVE DEGREE

1. Formation of the Comparative Degree.— The comparative degree generally takes the suffix *-ее (ста́рый — старе́е);* in cases where alternation of consonants occurs in the adjective stem *(сухо́й — су́ше, дорого́й — доро́же)* it takes the suffix *-е*. Note the formation of the comparative degree with the suffix *-ше (то́нкий — то́ньше)* (the suffix *-к-* is dropped).

A number of adjectives do not form the comparative degree with the suffix *-ее* or *-е* but by the addition of the word *бо́лее* 'more' or *ме́нее* 'less' *(бо́лее го́рький, ме́нее го́рький).* This way of forming the comparative may be used for qualitative adjectives in general.

2. Use of the Comparative Degree.— Comparatives formed by inflexion, e.g., *сильне́е, вы́ше,* do not change according to gender, number or case and are used either predicatively *(э́тот дом краси́вее, э́та ко́мната бо́льше)* or attributively *(Он получи́л ко́мнату бо́льше мое́й).* In such cases the comparative degree always follows the word it qualifies.

3. The Case Following the Comparative Degree.— The comparative degree may be used both with the conjunction **чем** and without it. When a comparative degree is used without the conjunction **чем,**

the noun to which the other is compared takes the genitive: *Москва больше Ленинграда.* But: *Москва больше, чем Ленинград.*

If the comparison is expressed by an adjective with the word *более* or *менее*, the conjunction *чем* is required: *Это более красивый дом, чем тот.*

THE SUPERLATIVE DEGREE

1. Formation of the Superlative Degree.— The superlative degree is formed:

(a) by means of the suffix *-айш-* following sibilants *(высочайший)* or *-ейш-* following other sounds.

Note.— A number of adjectives cannot form their superlative degree by means of the above suffixes.

(b) by adding to the adjective the prefix *наи- (наилучший, наихудший).*

Note.— A number of adjectives cannot form their superlative degree by adding the above prefix.

(c) by placing before the adjective the pronoun *самый* 'most', the adjective being in the positive or the superlative degree *(самый красивый, самый лучший).*

2. Use of the Superlative Degree.—

(a) The most usual superlative form is that of the type *самый красивый, самый лучший.* On this pattern the superlative degree of any adjective can be formed.

(b) Only few adjectives form their superlative degree with the help of the suffixes *-ейш-, -айш- (важнейший вопрос нашей современности, старейший член общества, широчайшие народные массы).*

(c) The superlative degree with the prefix *наи-* does not occur in modern colloquial Russian very often. This form is used when the speaker wants to express the utmost degree of a quality *(наилучший, наикрасивейший).*

(d) In Modern Russian the adjectives *лучший, худший* and *низший* can be used in the sense of both the comparative and the superlative degree, cf.: *Иванов — лучший ученик в классе* 'Ivanov is the top pupil in his form' (the superlative degree) and *Они живут в лучших условиях, чем раньше* 'They live under better conditions now than they lived before' (the comparative degree). In Old Russian the adjectives with the suffixes *-ейш-, -айш-, -ш-* were used in the sense of both the superlative and the comparative degree.

Note.— 1. In certain instances, the superlative degree loses the sense of comparison, e.g., *дальнейшая работа* 'further work', *в ближайшем времени* 'in the immediate future'.

2. The use of a particular superlative form is determined by the sense; compare the use of the two comparative forms of the adjective *высокий: высочайшее дерево* 'a very tall tree', but *высшая степень* 'the highest degree'.

137

Positive			Comparative	
Long form Adjective	Short form Adjective		Suf-fixes	Remarks
краси́вый кра́сный до́брый тени́стый ста́рый	краси́в кра́сен добр тени́ст стар	краси́вее красне́е добре́е тени́стее старе́е	*-ее*	*-ее* in words where no alternation of consonants occurs.
высо́кий ни́зкий у́зкий ти́хий сухо́й кре́пкий гро́мкий дорого́й круто́й молодо́й густо́й просто́й то́лстый	высо́к ни́зок у́зок тих сух кре́пок гро́мок до́рог крут мо́лод густ прост толст	вы́ше ни́же у́же ти́ше су́ше кре́пче гро́мче доро́же кру́че моло́же гу́ще про́ще то́лще	*-e*	*с — ш* (the suffix *-ок* is dropped) *з — ж* *-e* in words where alternation of consonants occurs (the suffix *-e* is always unstressed) *х — ш* *к — ч* *г — ж* *т — ч* *д — ж* *ст — щ* (for alternation of consonants, see Table 8).
хоро́ший плохо́й большо́й ма́ленький ма́лый	хоро́ш плох мал	лу́чше ху́же бо́льше ме́ньше		Special cases of formation.

Superlative		
Suffixes	Prefix	
красивейший краснейший добрейший старейший (член общества)		самый красивый самый красный самый добрый самый тенистый самый старый
высочайший высший (совет) низший	наивысший	самый высокий самый низкий самый узкий
крепчайший	-ейш- -айш- -ш-	самый тихий самый сухой самый крепкий самый громкий самый дорогой самый крутой самый молодой
густейший простейший		самый густой самый простой самый толстый
лучший худший величайший (учёный, гений)	наилучший наихудший	самый хороший самый лучший самый плохой самый большой самый маленький

IV. THE PRONOUN

GENERAL REMARKS

1. Some Russian pronouns change according to gender, while others remain unchanged.

2. The following pronouns do not change according to gender: the personal pronouns of the 1st and 2nd persons *(я, ты)*, the reflexive pronoun *себя*, the interrogative pronouns *кто? что?* and also pronouns compounded with *кто, что (кто́-то, что́-то, кто́-нибудь, что́-нибудь, не́кто, не́что,* etc.).

3. According to the gender of the noun which the personal pronoun *я* or *ты* replaces, the words depending on this personal pronoun (adjectives, participles, pronouns, numerals, past tense verbs) take the form of either the masculine or the feminine gender: *я сказа́л, я сказа́ла; со мной пе́рвым, со мной пе́рвой; обрати́лись к тебе́ самому́, обрати́лись к тебе́ само́й.*

4. All words in the sentence which depend on the pronoun *кто* and also on pronouns compounded with *кто* take the form of the masculine gender: *Кто прие́хал? Кто́-то пришёл* (even when the person in question is a woman).

All words in the sentence which depend on the pronoun *что?* and also on pronouns compounded with *что?* take the form of the neuter gender: *Что́-то видне́лось вдали́. Что дви́галось по доро́ге?*

5. Pronouns changing according to gender may be used in the sentence either attributively or predicatively (in the same manner as adjectives).

Table 48

PRONOUNS: DECLENSION AND USES

Personal Pronouns

Singular

	1st Person	2nd Person	Masculine	Neuter	Feminine
			3rd Person		
Nom.	я	ты	он	онó	онá
Gen.	меня	тебя	егó (у негó)	егó (у негó)	её (у неё)
Dat.	мне	тебé	емý (к немý)	емý (к немý)	ей (к ней)
Acc.	меня	тебя	егó (на негó)	егó (на негó)	её (на неё)
Instr.	мнóй (-óю)	тобóй (-óю)	им (с ним)	им (с ним)	ей, éю (с ней, с нéю)
Prep.	обо мне	о тебé	о нём	о нём	о ней

Plural

	1st Person	2nd Person	3rd Person
Nom.	мы	вы	они́
Gen.	нас	вас	их (у них)
Dat.	нам	вам	им (к ним)
Acc.	нас	вас	их (на них)
Instr.	нáми	вáми	и́ми (с ни́ми)
Prep.	о нас	о вас	о них

Note.— 1. The personal pronouns *он, онá, онó, они́* take an *н-* at the beginning when preceded by a preposition (e.g., *Я пошёл к немý, я надéюсь на негó*), while the possessive pronouns *егó, её, их* do not.
2. The personal pronoun of the second person plural *вы* is also used as a form of polite address for one person.

Table 49

Use of the Reflexive Pronoun *себя*

Когдá я вернýлся домóй, *я* нашёл *у себя* на столé запи́ску.
Я купи́л *себé* кни́гу.
Захвати́ *с собóй* докумéнты.
Он недовóлен *собóй*.
Мы взя́ли *с собóй* в дорóгу всё необхо-
ди́мое.
Мы купи́ли *себé* всё необходи́мое.
Они́ рассказáли *о себé* мнóго интерéсного.

In all the cases the pronoun *себя* always refers to the agent of the clause in which it stands.

Note.— In the oblique cases the reflexive pronoun *себя́* is declined as the pronoun *ты*, i. e., *себя́, себе́,* etc. (*себя́* has no nominative).

The Possessive Pronouns

	Singular				Plural
	Masculine and Neuter	Femi-nine	Masculine and Neuter	Femi-nine	(for all genders)
Nom.	мой, моё	моя́	наш на́ше	на́ша	мой на́ши
Gen.	моего́	мое́й	на́шего	на́шей	мои́х на́ших
Dat.	моему́	мое́й	на́шему	на́шей	мои́м на́шим
Acc.	as Nom. моё or Gen.	мою́	as Nom. на́ше or Gen.	на́шу	as N. or G.
Instr.	мои́м	мое́й (-е́ю)	на́шим	на́шей (-ею)	мои́ми на́шими
Prep.	о моём	о мое́й	о на́шем	о на́шей	о мои́х о на́ших

Note.— 1. The pronouns *твой* and *свой* are declined in the same way as *мой.*

2. The pronoun *ваш* is declined in the same way as *наш.*

Table 51

Uses of the Pronoun *свой*

Я конча́ю
Ты конча́ешь
Он конча́ет
Она́ конча́ет
Мы конча́ем
Вы конча́ете
Они́ конча́ют
} свою́ рабо́ту.

The pronoun *свой* indicates the possession of an object by the agent and is used in this sense only in the oblique cases. Note the difference between the following sentences: Поручи́ ему́ посла́ть телегра́мму *своему́ бра́ту.* 'Ask him to send a wire to his brother' and Поручи́ ему́ посла́ть телегра́мму *твоему́ бра́ту.* 'Ask him to send a wire to your brother.'

When used in the nominative case, the pronoun *свой* has a different meaning: Это *свой* челове́к. 'He is a friend'.

Table 52

The Pronouns *его, её, их* Used as Possessive Pronouns

Я знаю *егó брáта, егó брáтьев, её брáта, её брáтьев, их брáта, их брáтьев.*

Я пошёл *к егó брáту, к егó брáтьям, к её брáту, к её брáтьям, к их брáту, к их брáтьям.*

Я встрéтился *с егó брáтом, с егó брáтьями, с её брáтом, с её брáтьями, с их брáтом, с их брáтьями.*

Я говорúл *о егó брáте, о егó брáтьях, о её брáте, о её брáтьях, об их брáте, об их брáтьях.*

The possessive pronouns *егó, её, их* do not change according to case and number and they never take an *н-* at the beginning when preceded by a preposition: Я был *у егó брáта.* (The personal pronoun always takes an *н-* in this case: Я был *у негó*).

Table 53

The Interrogative and Negative Pronouns

Interrogative Pronouns *кто? что?*		Negative Pronouns without and with a Preposition			
Nom.	кто? что?	никтó		ничтó	
Gen.	когó? чегó?	никогó	ни у когó	ничегó	ни для чегó
Dat.	комý? чемý?	никомý	ни к комý	ничемý	ни к чемý
Acc.	когó? что?	никогó	ни за когó	ничтó	ни за чтó
Instr.	кем? чем?	никéм	ни с кем	ничéм	ни с чем
Prep.	о ком? о чём?		ни о ком		ни о чём

Note. — 1. The negative pronouns *никтó, ничтó* are declined as *кто, что.*

2. If a negative pronoun or the pronoun *кое-ктó* or *кое-чтó* is used with a preposition, the component parts of the compounds are separated and the preposition placed between them: *ни к комý, кое к комý* (Я *ни с кем* не говорúл, *ни у когó* нé был).

Table 54

Uses of Indefinite Pronouns Compounded with Particles

Я вúдел товáрища: он стоял и *с кéм-то* разговáривал.

По э́тому дéлу поговорú *с кéм-нибудь.*

When the speaker means a certain definite person (or thing) unknown to himself he uses a pronoun compounded with the particle *-то* (*ктó-то, чтó-то*). When the speak-

Он *что́-то* сказа́л мне, но я забы́л что.

Скажи́ мне *что́-нибудь.*

В э́той ко́мнате *кто́-то* кури́л.

Скажи́, чтоб *кто́-нибудь* пришёл.

Там *кто́-то* пришёл.

Де́ти спо́рят *о чём-то.*

Кто́-нибудь звони́л мне?

Тебе́ *кто́-то* звони́л.

er means any indefinite person (or thing) the pronoun is compounded with the particle *-нибудь* or *-либо* (*кто́-нибудь, что́-нибудь; кто́-либо, что́-либо*).

Note. — Indefinite pronouns formed by compounding the particles *-то, -либо, -нибудь, кое-* with *кто, что* (*кто́-то, кто́-нибудь, кто́-либо, кое-кто́, что́-то, что́-либо, что́-нибудь, кое-что́*) are declined as *кто, что.*

Table 55

The Demonstrative Pronouns *тот, этот, то, это, та, эта, те, эти*

	Singular				Plural (for all genders)	
	Masculine and Neuter		Feminine			
Nom.	тот то	э́тот э́то	та	э́та	те	э́ти
Gen.	того́	э́того	той	э́той	тех	э́тих
Dat.	тому́	э́тому	той	э́той	тем	э́тим
Acc.	as Nom. то or Gen.	as Nom. э́то or Gen.	ту	э́ту	as Nom. or Gen.	
Instr.	тем	э́тим	той	э́той	те́ми	э́тими
Prep.	о том	об э́том	о той	об э́той	о тех	об э́тих

The Pronouns *сам* and *са́мый*

The pronouns *сам, сама́, само́, са́ми* follow the declension pattern of the pronouns *э́тот, э́та, э́то, э́ти,* but they are stressed on the ending.

The forms and meaning of the pronouns *сам, сама́, само́, са́ми* should not be confused with those of the pronouns *са́мый, са́мая, са́мое, са́мые.* The latter pronouns cannot be used independently; they are used only with adjectives to form their superlative degree (*са́мый большо́й, са́мая больша́я,* etc.) or as part of pronouns (*тот же са́мый, та же са́мая, то же са́мое, те же са́мые*).

Table 56

| | | Singular | | Plural |
		Masculine *сам*	Feminine *сама́*	*са́ми*
Nom.		Он пришёл *сам*.	Она́ пришла́ *сама́*.	Они́ пришли́ *са́ми*.
Gen.	Ещё нет	*его́ само́го*. *само́го руководи́теля*.	*её само́й*. *само́й руководи́тельницы*.	*их сами́х*. *сами́х руководи́телей*.
Dat.	Я пе́редал письмо́	*ему́ самому́*. *самому́ руководи́телю*.	*ей само́й*. *само́й руководи́тельнице*.	*им сами́м*. *сами́м руководи́телям*.
Acc.	Я ви́дел	*его́ само́го*. *само́го руководи́теля*.	*её само́ё (её саму́)*. *само́ё, саму́ руководи́тельницу*.	*их сами́х*. *сами́х руководи́телей*.
Instr.	Я говори́л	*с ним сами́м*. *с сами́м руководи́телем*.	*с ней само́й*. *с само́й руководи́тельницей*.	*с ни́ми сами́ми*. *с сами́ми руководи́телями*.
Prep.	Мы говори́ли	*о нём само́м*. *о само́м руководи́теле*.	*о ней само́й*. *о само́й руководи́тельнице*	*о них сами́х*. *о сами́х руководи́телях*.

145

	са́мый, са́мое (Masculine and Neuter)	**са́мая** (Feminine)	**са́мые** (Plural)
Nom.	Это са́мый лу́чший учени́к. Это са́мое интере́сное зада́ние.	са́мая лу́чшая учени́ца.	са́мые лу́чшие ученики́. са́мые интере́сные зада́ния.
Gen.	Сего́дня нет	са́мого лу́чшего ученика́.	са́мой лу́чшей учени́цы.	са́мых лу́чших ученико́в.
Dat.	Мы да́ли пре́мию	са́мому лу́чшему ученику́.	са́мой лу́чшей учени́це.	са́мым лу́чшим ученика́м.
Acc.	Мы премирова́ли Я получи́л	са́мого лу́чшего ученика́. са́мое интере́сное зада́ние.	са́мую лу́чшую учени́цу.	са́мых лу́чших ученико́в. са́мые интере́сные зада́ния.
Instr.	Мы бесе́довали	с са́мым лу́чшим ученико́м.	с са́мой лу́чшей учени́цей.	с са́мыми лу́чшими ученика́ми.
Prep.	Мы говори́ли	о са́мом лу́чшем ученике́.	о са́мой лу́чшей учени́це.	о са́мых лу́чших ученика́х.

Note. — 1. The pronouns *са́мый, са́мая, са́мое, са́мые* are declined as adjectives.

2. In all the cases the forms of the pronouns *сам, сама́, само́, са́ми* are stressed differently from those of the pronouns *са́мый, са́мая, са́мое, са́мые*, and in some cases they have different endings.

3. In the declension of the pronouns *тот же са́мый, та же са́мая*, etc. the words *тот, та, то* are declined in the same way as the pronouns *э́тот, э́та, э́то* and the word *са́мый* in the same way as an adjective: *тому́ же са́мому, той же са́мой*, etc.

146

Table 57

The Pronouns *весь, вся, всё, все*

	Singular		Plural (for all genders)
	Masculine and Neuter	Feminine	
Nom.	весь всё	вся	все
Gen.	всего	всей	всех
Dat.	всему	всей	всем
Acc.	as Nom. or Gen. | всё	всю	as Nom. or Gen.
Instr.	всем	всей (-ею)	всеми
Prep.	о всём	о всей	о всех

Table 58

Pronouns Declined as Adjectives

(1) *Какой, который* and all the pronouns formed from them by means of particles or the negative particle (*какой-то, какой-нибудь, никакой*).

Ни к какому решению он ещё не пришёл.	In the declension of the negative pronouns, the negative particle is separated from the pronoun and the preposition is placed between the two component parts of the compound.

(2) The pronouns *чей, чья, чьё, чьи; ничей, ничья, ничьё, ничий* are declined as adjectives of the type of *волчий, волчья, волчье, волчьи.*

	Singular		Plural (for all genders)
	Masculine and Neuter	Feminine	
Nom.	чей чьё	чья	чьи
Gen.	чьего	чьей	чьих
Dat.	чьему	чьей	чьим
Acc.	as Nom. or Gen. | чьё	чью	as Nom. or Gen.
Instr.	чьим	чьей (-ею)	чьими
Prep.	о чьём	о чьей	о чьих

V. THE NUMERAL

GENERAL REMARKS

1. In Russian there are *cardinal* (*один, два, три, пятнáдцать*, etc.), *ordinal* (*пéрвый, вторóй*, etc.) and *collective* numerals (*двóе, трóе, чéтверо*, etc.).

2. Collective numerals are used as follows:

(a) With masculine and neuter nouns denoting persons: *трóе студéнтов, пя́теро рабóчих, двóе детéй, сéмеро мáльчиков*, etc. (but one cannot say, for example, *двóе волкóв*). However, collective numerals occasionally occur in fiction with nouns denoting the young offspring of animals, e.g., *Волчáта, все трóе*, крéпко спáли (Ч.).

Collective numerals denoting persons can be used in the sentence independently, i.e., without any noun: *Трóе стоя́ли* на углý (or: *Трóе стоя́ло* на углý). Я вйдел *двойх*, потóм ещё *тройх*. Нас бы́ло *двóе* — брат и я (П.) *Все чéтверо* выхóдят вмéсте (П.) *Сéмеро* одногó не ждут. (Proverb. Cf.: "For one that is missing there's no spoiling a wedding.")

(b) With nouns used only in the plural: *трóе нóжниц* 'three pairs of scissors', *двóе сýток* 'two days', *чéтверо часóв* 'four watches', *двóе брюк* 'two pairs of trousers', etc.

3. Russian numerals are declined.

Cardinal numerals have certain peculiarities in their declension which are characteristic only of the numerals as a part of speech.

Ordinal numerals are declined as adjectives (in both singular and plural).

4. Russian numerals agree with the noun they refer to in all the cases, except for the nominative and the accusative (identical with the nominative): Он поéхал на экскýрсию *с двумя́ товáрищами*. Он рассказáл мне *о трёх свойх товáрищах*. A noun following a numeral (from *два* on) in the nominative case, takes the genitive: *два товáрища, пять товáрищей* (see Table 25).

5. Cardinal numerals do not change according to number or gender, with the exception of *одúн* (masc.), *однá* (fem.), *однó* (neuter), *два, óба* (masc. and neuter), *две, óбе* (fem.) *(два мáльчика, два окнá, две дéвочки), полторá* (masculine and neuter), *полторы́* (fem.) *(полторá стакáна, полторы́ чáшки)*.

6. The following numerals may be used in the plural: *тысяча — ты-сячи, миллио́н — миллио́ны, миллиа́рд — миллиа́рды.* These numerals are declined as nouns.

Table 59

Numerals Used in Counting

Cardinal		Collective
1 — оди́н, одна́, одно́	80 — во́семьдесят	дво́е, о́ба, о́бе
2 — два (masc. and neut.), две (fem.)	90 — девяно́сто	тро́е
	100 — сто	че́тверо
3 — три	101 — сто оди́н (одна́, одно́)	пя́теро
4 — четы́ре		ше́стеро
5 — пять	102 — сто два (две), etc.	се́меро
6 — шесть		
7 — семь	200 — две́сти	
8 — во́семь	300 — три́ста	
9 — де́вять	400 — четы́реста	
10 — де́сять	500 — пятьсо́т	
11 — оди́ннадцать	600 — шестьсо́т	
12 — двена́дцать	700 — семьсо́т	
13 — трина́дцать	800 — восемьсо́т	
14 — четы́рнадцать	900 — девятьсо́т	
15 — пятна́дцать	1000 — ты́сяча	
16 — шестна́дцать	1001 — ты́сяча оди́н (одна́, одно́)	
17 — семна́дцать		
18 — восемна́дцать	1002 — ты́сяча два (две), etc.	
19 — девятна́дцать		
20 — два́дцать	2000 — две ты́сячи	
21 — два́дцать оди́н	3000 — три ты́сячи	
22 — два́дцать два, etc.	4000 — четы́ре ты́сячи	
30 — три́дцать	5000 — пять ты́сяч	
40 — со́рок	6000 — шесть ты́сяч, etc.	
50 — пятьдеся́т		
60 — шестьдеся́т	21 000 — два́дцать одна́ ты́сяча	
70 — се́мьдесят	22 000 — два́дцать две ты́сячи, etc.	

Note. — 1. From some numerals used in counting, corresponding feminine nouns can be formed: *едини́ца, дво́йка, тро́йка, четвёрка, пятёрка, шестёрка, семёрка, восьмёрка, девя́тка, деся́тка* and *деся́ток* (masc.), *со́тня* (fem.). These words have the plural form and are declined as nouns.

2. The words *ты́сяча* (fem.), *миллио́н, миллиа́рд* (masc.) are declined as nouns with the same endings. *Ты́сяча, миллио́н, миллиа́рд* do not agree with the nouns they refer to; a noun following *ты́сяча, миллио́н* or *миллиа́рд* always takes the genitive: Нам привезли́ *ты́сячу книг.* Расстояние измеря́ется *ты́сячами киломе́тров.*

Table 60

NUMERALS: DECLENSION AND USES

The Numerals *одúн, однá, однó*

	Singular		Plural (for all genders)
	Masculine and Neuter	Feminine	
Nom.	одúн однó	однá	однú
Gen.	одногó	однóй	однúх
Dat.	одномý	однóй	однúм
Acc.	as Nom. or Gen. однó	однý	as Nom. or Gen.
Instr.	однúм	однóй (-óю)	однúми
Prep.	об однóм	об однóй	об однúх

Note — 1. The numeral *одúн* is used in the plural *(однú, однúх, однúм,* etc.) in the following instances:

(a) in the sense of *тóлько* 'only': На собрáнии бы́ли однú жéнщины. 'Only women attended the meeting';

(b) in a sense close to that of the word *нéкоторые* 'some': Я взял сначáла однú кнúги, потóм другúе. 'At first I took some books, then I took others';

(c) with a noun used only in the plural: Я купúл однú часы́ и однú нóжницы. 'I bought a watch and a pair of scissors'.

2. *Одúн* is used in the singular in a sense close to that of the word *нéкоторый* 'certain': Есть у меня́ одúн знакóмый, котóрый óчень хорошó игрáет в шáхматы. 'I have a certain acquaintance who plays chess very well'.

The Numerals *два* (masc. and neuter), *две* (fem.), *три, четы́ре* (for all genders)

Nom.	два две		три	четы́ре
Gen.	двух		трёх	четырёх
Dat.	двум		трём	четырём
Acc.	as Nom. or Gen.			
Instr.	двумя́		тремя́	четырьмя́
Prep.	о двух		о трёх	о четырёх

Note. — The numerals *два* (masc. and neut.: *два столá, два окнá*) and *две* (fem.: *две лáмпы*) take different endings according to gender only in the nominative and the accusative (similar to the nominative).

Collective Numerals

Nom.	óба	óбе	двóе	трóе	чéтверо
Gen.	обóих	обéих	двойх	тройх	четверы́х
Dat.	обóим	обéим	двойм	тройм	четверы́м
Acc.	as Nom. or Gen.				
Instr.	обóими	обéими	двойми	тройми	четверы́ми
Prep.	об обóих	об обéих	о двойх	о тройх	о четверы́х

Note. — 1. The numerals *óба, двóе, трóе* follow the same pattern of declension.

2. The numerals *пя́теро, ше́стеро, се́меро* follow the declension pattern of the numeral *че́тверо*.

3. For the uses of collective numerals, see p. 148.

The Numerals *сорок, сто, полтора́, полторы́*

			Masculine and Neuter	Feminine
Nom.	сóрок	стó	полтора́	полторы́
Gen.	сорока́	ста	полу́тора	
Dat.	сорока́	ста	полу́тора	
Acc.	сóрок	стó	пɵлтора́	полторы́
Instr.	сорока́	ста	полу́тора	
Prep.	о сорока́	о ста	о полу́тора	

Note. — The numerals *сто, сóрок* take identical endings in the genitive, dative, instrumental and prepositional: Я поéхал на экску́рсию *со ста рубля́ми*. На́ша дере́вня *в сорока́ киломе́трах* от гóрода.

2. *Девянóсто* follows the declension pattern of *сто*.

The Numerals *пять, пятьдеся́т, пятьсóт*

Nom.	пять	пятьдеся́т	пятьсóт
Gen.	пяти́	пяти́десяти	пятисóт
Dat.	пяти́	пяти́десяти	пятиста́м
Acc.	пять	пятьдеся́т	пятьсóт
Instr.	пятью́	пятью́десятью	пятьюста́ми
Prep.	о пяти́	о пяти́десяти	о пятиста́х

Note:

1. All the numerals from *пять* to *два́дцать* and the numeral *три́дцать* follow the declension pattern of *пять*. They all follow the declension of the feminine nouns ending in a soft consonant (e.g., *плóщадь*).

2. *Шестьдеся́т* and *се́мьдесят* follow the declension pattern of *пятьдеся́т*. Both parts of these numerals are declined, each following the declension pattern of nouns.

3. *Шестьсóт, семь-сóт, восемьсóт, девять-сóт* follow the declension pattern of *пятьсóт*. Both parts of which these numerals consist are declined.

The Numerals *двести, триста, четыреста*

Nom.	две́сти	три́ста	четы́реста
Gen.	двухсóт	трёхсóт	четырёхсóт
Dat.	двумста́м	трёмста́м	четырёмста́м
Acc.	две́сти	три́ста	четы́реста
Instr.	двумяста́ми	тремяста́ми	четырьмяста́ми
Prep.	(о) двухста́х	(о) трёхста́х	(о) четырёхста́х

Note. — The parts of compound numerals are declined separately, e.g., 942 — *девятьсóт сóрок два, у девятисóт сорока́ двух, к девятиста́м сорока́ двум*, etc.

Table 61

Cardinal Numerals Used with Nouns and Adjectives

I. When the numeral is in the nominative or the accusative (similar to the nominative) then:

(1) following the numeral *один, одна* or *одно* or a compound numeral whose last part is *один, одна* or *одно*, both the noun and the adjective take the nominative or the accusative singular:	Комиссия проверила *двадцать один договор;* на заводе *двадцать одна молодёжная бригада.* Я получил за год *тридцать одно письмо.*
(2) following the numeral *два, две, три, четыре* or a compound numeral whose last part is *два, две, три* or *четыре* or the numeral *оба, обе, полтора* or *полторы́*, both the noun and the adjective take the genitive singular: If the adjective refers to a masculine or neuter noun it generally takes the genitive plural: If the adjective refers to a feminine noun it generally takes the nominative plural:	Дайте, пожалуйста, *два карандаша, три тетради.* Дайте, пожалуйста, *два синих карандаша и три общих тетради.* Возьму *оба атласа.* Возьму *оба географических атласа. Полтора последних месяца* хорошо работал. Построено *четыре новых больших дома.* Сегодня в газете *два важных известия.* Ученик решил *две трудные задачи.* Для занятий нам предоставили *четыре светлые аудитории. Две большие страны* заключили договор о дружбе.
(3) following numerals other than those mentioned in (1) and (2), both the noun and the adjective take the genitive plural:	Построено *семь больших зданий.* Приехало *тридцать шесть новых делегатов.*

II. When the numeral is neither in the nominative nor in the accusative (similar to the nominative) it always agrees with the noun it refers to in number and case: Премия будет дана *трём лучшим ученикам.* Встретился *с двумя старыми товарищами.*

Note. — 1. Following the fractional numerals *половина, треть, четверть* and after *тысяча, миллион, миллиард* the noun invariably takes the genitive: К нам привезли *тысячу книг.* Я прочитал *половину книги.* На постройку истратили *около четырёх миллионов рублей.*

2. Substantivized adjectives (*рабочий, портной, столовая, мастерская, насекомое, животное*) following the numerals *два, три, четыре,* etc. take the genitive plural: *Два рабочих (двое рабочих), две столовых, две мастерских* but one can also say: *две столовые, две мастерские).*

пе́рвый	оди́ннадцатый	два́дцать пе́рвый	сто пе́рвый
второ́й	двена́дцатый	два́дцать вто-	сто второ́й, etc.
тре́тий	трина́дцатый	ро́й, etc.	сто девяно́сто девя́тый
четвёртый	четы́рнадцатый	тридца́тый	двухсо́тый
пя́тый	пятна́дцатый	три́дцать пер-	две́сти пе́рвый
шесто́й	шестна́дцатый	вый,etc.	две́сти второ́й, etc.
седьмо́й	семна́дцатый	сороково́й	две́сти девяно́сто де-
восьмо́й	восемна́дцатый	пятидеся́тый	вя́тый
девя́тый	девятна́дцатый	шестидеся́тый	трёхсо́тый
деся́тый	двадца́тый	семидеся́тый	три́ста пе́рвый
		восьмидеся́тый	три́ста второ́й, etc.
		девяно́стый	четырёхсо́тый
		со́тый	четы́реста пе́рвый
			четы́реста второ́й, etc.

ты́сячный, ты́сяча пе́рвый, etc., ты́сяча девятьсо́т девяно́сто девя́тый, двухты́сячный, две ты́сячи пе́рвый, etc., две ты́сячи девятьсо́т девяно́сто девя́тый, трёхты́сячный, три ты́сячи пе́рвый, etc., миллио́нный.

Note. — 1. Ordinal numerals are formed from the stem of the genitive case of the corresponding cardinal numerals, i. e., they are obtained by dropping the case ending of the genitive (-*a* or -*u*), and adding, instead, the adjective ending: *пя́т‖ый, -ая, -ое, -ые; девяно́ст‖ый, -ая, -ое, -ые*. The numerals *пе́рв‖ый, -ая, -ое, -ые; втор‖о́й, -а́я, -о́е, -ы́е; тре́т‖ий, -ья, -ье, -ьи; четвёрт‖ый, -ая, -ое, ые; седьм‖о́й, -а́я, -о́е, -ы́е; сороков‖о́й, -а́я, -о́е, -ы́е* are formed in a special manner.

2. From the words *ты́сяча, миллио́н, миллиа́рд*, the ordinal numerals are formed by means of the suffix -*н*-: *ты́сячный, миллио́нный, миллиа́рдный*.

Uses of Ordinal Numerals

1. Ordinal numerals change in the same way as adjectives.

2. In declining a compound ordinal numeral whose component parts are not spelt as one word, only the last part is changed as in: *в ты́сяча девятьсо́т пя́том году́*.

3. Ordinal numerals are used:

(a) to denote the denominator of a fraction: одна́ *пя́тая*, две *пя́тых*, пять *восьмы́х*.

(b) to denote time:

че́тверть *пе́рвого* } the ordinal numeral takes the genitive of
10 мину́т *пя́того* } the masculine gender.

(c) to denote dates: *Седьмо́го* июля я уе́ду. *Пе́рвого сентября́* начина́ются заня́тия (both the noun and the numeral stand in the genitive case).

Note that in Russian the year is denoted by an ordinal numeral: *В 1938 году́* — *в ты́сяча девятьсо́т три́дцать восьмо́м году́*.

VI. THE VERB

GENERAL REMARKS

1. In Russian there are *transitive* verbs, which require an object in the accusative case without a preposition *(читáть кнúгу, организовáть кружóк, объяснúть слóво)*, and *intransitive* verbs *(стоя́ть, бéгать, встречáться)*.

2. There are a number of verbs ending in *-ся (умывáться, трудúться, находúться, борóться, смеркáться,* etc.). All these verbs are intransitive. Some verbs ending in *-ся* have reflexive meaning *(умывáться* 'to wash oneself', *одевáться* 'to dress oneself') (See Table 104).

3. Russian verbs have *the infinitive* and *the indicative, the imperative* and *the conditional-subjunctive moods*; the indicative mood has three tenses, with one form for the present, one for the past and two for the future; some verbs taking the simple future form *(прочитáю)*, others, the compound future form *(бýду читáть)*. In the present and future tenses, Russian verbs change for person and number. In the past tense, Russian verbs have no special personal forms but they change for number and, in the singular, also for gender *(он читáл, онá читáла, дитя́ читáло)*. The plural form in the past does not change for gender *(онú читáли)*.

The Russian verb has also special forms, namely, *the participle* and *the verbal adverb* (see Tables 114-122).

4. In Russian there are impersonal verbs which change neither for person (in the present and the future) nor for gender or number (in the past). These verbs are used without any subject (see Table 105).

5. The main peculiarity of the Russian verb is that it has aspects. There are two aspects: the *imperfective* aspect *(читáть, писáть, стрóить, изучáть, выполня́ть, идтú)* and the *perfective* aspect *(прочитáть, написáть, пострóить, изучúть, вы́полнить, пойтú)*.

Verbs of the perfective aspect denote complete actions, i.e., actions which were completed, brought to an end in the past or will be completed in the future.

In the past tense:

Я *прочитáл кнúгу* means 'I read the whole book (to the end)'; я *написáл письмó* means 'I wrote the letter to the end (I finished writing it)'; я *изучúл рýсский язы́к* means 'I learned Russian (I got

a thorough knowledge of it)"; *мы спе́ли гимн* means 'we sang the anthem (from beginning to end)', while the sentences *я чита́л кни́гу, я писа́л письмо́, я изуча́л ру́сский язы́к, мы пе́ли гимн* merely state the fact that the actions expressed in them occurred, but do not specify whether they are completed or not. *Чита́л, писа́л, изуча́л, пе́ли* are verbs of the imperfective aspect.

In the future tense:

Я прочита́ю кни́гу means 'I shall read the book (from beginning to end)', *я напишу́ письмо́* means 'I shall write the letter (from beginning to end)', etc., while the sentences *я бу́ду чита́ть кни́гу, бу́ду писа́ть письмо́*, etc. merely state the fact that the actions they express will occur in the future, but do not specify whether they will be completed or not; it is, therefore, quite possible that the book will not be read to the end, the letter will remain unfinished, etc.

Some verbs of the perfective aspect convey not only the idea that the action is completed, brougth to an end, but also that the action is only performed once (on a single occasion) or is completed "at one go", thus, *он толкну́л стул* means 'he pushed the chair (once)', *он махну́л руко́й* means 'he waved his hand (once)', while the verbs in the sentences *он толка́л стул, он маха́л руко́й* convey the continuity or repetition of the action. *Толка́л, маха́л* are verbs of the imperfective aspect.

Imperfective verbs* denote only an action or a state without any reference to its completion.

Besides, some imperfective verbs convey the idea that the action took place more than once, having thus an iterative meaning, e.g., *ха́живал* 'used to go'. Iterative verbs are rarely used in either colloquial speech or the literary language.

Many imperfective verbs are primary verbs, while many perfective verbs are derivative. There are few primary perfective verbs; some are monosyllabic *(дать, лечь, сесть, стать, деть)* and some have the suffix *-и-: ко́нчить, реши́ть, бро́сить*, etc.

Perfective verbs are formed from the corresponding imperfective ones by affixing prefixes or by substituting one suffix for another *(писа́ть — написа́ть, толка́ть — толкну́ть);* imperfective verbs are formed from the corresponding perfective ones by affixing suffixes to the stem or by substituting one suffix for another *(овладе́ть — овладева́ть, изучи́ть — изуча́ть).*

Besides, when a verb is changed from one aspect to the other there may be alternation of root vowels *(перестро́ить — перестра́ивать, опозда́ть — опа́здывать)* or consonants *(отве́тить — отвеча́ть)* as well as shifting of stress *(разре́зать — разреза́ть).*

Each of the verbs—the primary one and its derivative—is independent and has all the verb forms, i.e., the infinitive, the forms of the moods, the tense forms, etc.

---

* We use this term instead of "verbs of the imperfective aspect". Likewise, for brevity's sake verbs of the perfective aspect are referred to as "perfective verbs".

Imperfective verbs have three tenses (*читáю, читáл, бýду читáть*), while perfective ones have only two, namely, the past and the future (*прочитáл, прочитáю*); they have no present tense.

In Russian, there are two forms of the future tense: the compound and the simple.

Imperfective verbs have the compound future, formed by means of the future form of the auxiliary verb and the infinitive of the principal verb: *я бýду читáть, я бýду изучáть*.

Perfective verbs have the simple future: *я прочитáю, я изучý*. The endings in the simple future are similar to those in the present tense of imperfective verbs.

The sentences *Мы бýдем стрóить дом. Мы бýдем изучáть язы́к* imply that the actions expressed by the verbs will be performed but they do not specify whether these actions will be completed or not, while the sentences *Мы пострóим дом. Мы изýчим язы́к* state that the actions expressed by the verbs will be carried on till their completion, i.e., that the building of the house will be completed and that the learners of the language will get a thorough knowledge of it.

The different formation of tense forms resulting from the two different aspects of Russian verbs leads to a number of typical mistakes often made by foreigners; namely, using the present tense instead of the future, the future instead of the present, and also an incorrect formation of the future tense from perfective verbs (instead of the correct future forms *я скажý, я пойдý, я возьмý, я начнý*, etc. foreigners often say incorrectly *я бýду сказáть, я бýду пойти́, я бýду взять, я бýду начáть*, etc.).

Note. — For some peculiarities in the use of verbs of different aspects in the infinitive, the past and the future tense, the imperative and the conditional-subjunctive mood, see Tables 96—98.

ASPECTS OF THE VERB

Table 63

Formation of Perfective Verbs by means of Prefixes

A. Prefixes may add to the verb a meaning of completion, without altering its main lexical meaning.

Imperfective Aspect	Perfective Aspect	Pre-fixes	Remarks
стрóить	*пострóить*	*по-*	*Стрóили дом* — the verb merely indicates the fact that the action took place.
Рабóчие *стрóили дом.*	Рабóчие *пострóили дом.*		*Пострóили дом* — means 'the building of the house was started and finished'.

Imperfective Aspect	Perfective Aspect	Prefixes	Remarks
читáть Я *читáл кнúгу.*	*прочитáть* Я *прочитáл кнúгу.*	*про-*	*Читáл кнúгу* — the verb merely indicates the fact that the action took place. *Прочитáл кнúгу* means 'read the whole book (to the end)'.
писáть Товáрищ *писáл письмó.*	*написáть* Товáрищ *написáл письмó.*	*на-*	*Писáл письмó* — does not specify whether the letter was finished or not. *Написáл письмó* — means 'the letter was written from beginning to end'.
дéлать Ученúк *дéлал урóки.* петь Мы *пéли пéсню.*	*сдéлать* Ученúк *сдéлал урóки.* спеть Мы *спéли пéсню.*	*с-*	*Дéлал урóки* — the verb merely states that the action took place, without any reference to its being completed or not. *Сдéлал урóки* — means 'began and finished the lessons'. *Спéли песню* — means 'sang the song (to the end)'.
крéпнуть В óбщем трудé *крéпнет дрýжба детéй.* *глóхнуть* Старúк нáчал глóхнуть. *слéпнуть* Он *слéпнет.*	*окрéпнуть* Дéти за лéто хорошó *окрéпли.* *оглóхнуть* Старúк *оглóх.* *ослéпнуть* Больнóй *ослéп.*	*о-*	*Дéти окрéпли* — the verb shows the completion of the process as a result of which the children became stronger and healthier. *Старúк оглóх* — means 'went deaf'; 'lost his hearing completely'. *Больнóй ослéп* — means 'went blind'; 'lost his sight completely'.
делúть Онú *делúли хлеб* на рáвные чáсти. *будúть* Я дóлго будúл товáрища.	*разделúть* Онú *разделúли хлеб* на рáвные чáсти. *разбудúть* Наконéц я *разбудúл егó.*	*раз-*	*Делúли хлеб* — the verb does not specify whether the action was completed or not. *Разделúли хлеб* — the process of dividing was finished. *Будúл* — the verb does not specify whether the action was completed or not. *Разбудúл* means 'woke (the friend) up'.

157

Note. — Imperfective verbs denoting a gradual change of state (mainly a change of colour) generally form their perfective aspect, denoting completion of the change, by means of the prefix *по-: желте́ть — пожелте́ть* (Сентя́брь. *Уж пожелте́ли ли́стья.*); *черне́ть — почерне́ть* (Идёт дождь. Почерне́ли доро́ги.); *седе́ть — поседе́ть (Во́лосы поседе́ли.); красне́ть — покрасне́ть (Учени́к покрасне́л* от волне́ния), etc.

B. Besides adding to the lexical meaning of the verb the notion of completion, some prefixes may add various shades of meaning in relation to time.

1. The prefix *по-* attached to some verbs adds a meaning of limitation in time:

Imperfective Aspect	Perfective Aspect	Pre-fixes	Remarks
чита́ть	*почита́ть*	*по-*	*Почита́л* means 'read for a while (and then stopped reading)'.
рабо́тать	*порабо́тать*		*Порабо́тал* means 'worked for a while (and then stopped working)'.
гуля́ть	*погуля́ть* Вчера́ я по-рабо́тал, по-чита́л, пото́м погуля́л.		*Погуля́л* means 'walked for a while.'

2. The prefixes *за-, по-* add to some verbs the notion of the beginning of action or state (an inchoative meaning):

Imperfective Aspect	Perfective Aspect	Pre-fixes	Remarks
петь Мы *пе́ли гимн.*	*запе́ть* Все сра́зу *запе́ли гимн.*	*за-*	*Запе́ли* 'began to sing'.
шуме́ть Лес *шуме́л.*	*зашуме́ть* Лес вдруг *зашу-ме́л.*		*Зашуме́л* 'began to rustle'.
говори́ть Он *говори́л до́л-го.*	*заговори́ть* Он неожи́данно *заговори́л.*		*Заговори́л* 'began speaking'.
пла́кать Ребёнок *пла́кал.*	*запла́кать* Ребёнок *запла́-кал.*		*Запла́кал* 'started crying'.
ходи́ть Това́рищ *ходи́л* по ко́мнате.	*заходи́ть* Това́рищ в волне́-нии *заходи́л* по ко́м-нате.		*Заходи́л* 'began pacing (the room)'.

Imperfective Aspect	Perfective Aspect	Prefixes	Remarks
летéть *Самолёт летéл.*	*полетéть* *Самолёт поле- тéл.*	*по-*	*Полетéл* shows the commencement of the action: '(took off and) started flying.'

Орля́та *засвистáли* и *запищáли* ещё жáлобнее. Тогдá орёл вдруг сам грóмко *закричáл, расправил* кры́лья и тяжелó *полетéл* к мóрю... (Л. Т.)

Лес *зазвенéл, застонáл, затрещáл,*
Зáяц *послýшал* и вон *побежáл.*.. (Некр.)

...И по рекé, стыдли́во синéвшей из-под редéющего тумáна, *по-
 ли́ли́сь* спервá áлые, потóм крáсные, золоты́е потóки молодóго, горя́- чего свéта... Всё *зашевели́лось, проснýлось, запéло, зашумéло, за-
 говори́ло.* Всю́ду лучи́стыми алмáзами *зардéлись* крýпные кáпли росы́... (Т.)

Note. — 1. The prefix *за-* in an inchoative sense is generally affixed to verbs denoting sounds (Ребёнок *заплáкал*), motion (Рукá *задрожáла*), or luminous effects (Мóлния *засверкáла* над лéсом). In a number of verbs the prefix *за-* has only the meaning of the beginning of action (Ребёнок *закричáл*), in other verbs it shows that the action, once started, continues (Он *заговори́л* взволнóванно и горячó).

2. (a) When affixed to verbs of "definite" motion (Дéти *побежáли* к рекé. Самолёт *полетéл* в Ленингрáд) the prefix *по-* adds the meaning of the beginning of action.

(b) When affixed to verbs of "indefinite" motion, the prefix *по-* adds the notion of limitation in time (Дéти во врéмя переры́ва *побéгали* пó двору. Самолёт *полетáл* над гóродом и скры́лся).

(For verbs of "indefinite" and "definite" motion, see Table 73).

3. There are many verbs which cannot express the notion of beginning by the perfective aspect. In such cases this meaning is conveyed by the verbs на- чáть, стать (in the sense of начáть), e.g.: Я нáчал занимáться рýсским языкóм. Я нáчал читáть рýсскую литератýру. Ребёнок *стал развивáться.*

C. Besides the idea of completion, prefixes may add to the word various shades of meaning pertaining to space, etc.:

Imperfective Aspect	Perfective Aspect	Prefixes
идти́ 'to go'	*войти́* 'to come in', 'to enter' Учи́тель *вошёл* в класс. *вы́йти* 'to go out' Учи́тель *вы́шел* из клáсса.	*в- (во-)* *вы-*

Imperfective Aspect	Perfective Aspect	Prefixes
идти 'to go'	*уйти* 'to go away', 'to leave' Брáта нет дóма; он *ушёл*.	*у-*
	дойти 'to come to', 'to reach' Я *дошёл* до шкóлы за 10 минýт.	*до-*
	отойти 'to step aside' Ученик *отошёл* от доски.	*от- (ото-)*
	сойти 'to step down' 'to go down', 'to alight' Доклáдчик *сошёл* с трибýны.	*с- (со-)*
	прийти 'to come' Ко мне *пришёл* товáрищ.	*при-*
	зайти 'to call on' Он *зашёл* за мной.	*за-*
	перейти 'to cross' Мы *перешли* рéчку вброд.	*пере-*
писáть 'to write'	*списáть* 'to copy' Ученик хорошó *списáл* текст.	*с-*
	дописáть 'to finish writing' *Дописáл* рабóту до концá.	*до-*
	выписать 'to write out', 'to copy out' *Выписал* цитáты из статьи.	*вы-*
	вписáть 'to write in', 'to insert' *Вписáл* нéсколько пропýщенных слов.	*в-*
	переписáть 'to copy' Я *переписáл* рабóту.	*пере-*
	приписáть 'to add' *Приписáл* нéсколько слов к письмý.	*при-*
	записáть 'to write down', 'to take down' Я хорошó *записáл* лéкцию.	*за-*
	исписáть 'to cover with writing' *Исписáл* весь лист бумáги.	*из- (ис-)*
	подписáть 'to sign' Учитель *подписáл* рабóты ученикóв.	*под-*

Imperfective Aspect	Perfective Aspect	Prefixes
писа́ть 'to write'	*надписа́ть* 'to dedicate (a book)' Това́рищ подари́л мне кни́гу и *надписа́л* её.	*над-*
	прописа́ть 'to prescribe' До́ктор *прописа́л* лека́рство.	*про-*
	описа́ть 'to describe' Поэ́т худо́жественно *описа́л* степь.	*о-*
	расписа́ть 'to paint' Худо́жник *расписа́л* сте́ны клу́ба.	*раз- (рас-)*

Note. — 1. Verbs formed by affixing prefixes to imperfective verbs are usually of the perfective aspect.

2. The prefixes *в-, вы-, от-, до-, из-, у-, с-, за-, под-, над-, о-, пере-, при-, раз-,* etc., when affixed to verbs add various meanings to them, thus forming new words (in dictionaries such verbs preceded by prefixes are given as new words).

3. One and the same prefix affixed to different verbs, may add to the verbs different meanings, e.g., *перебежа́ть у́лицу, (че́рез у́лицу)* 'to run across the street'; *перечита́ть письмо́* 'to re-read a letter' (i. e., to read it once more); *перестро́ить дом* 'to rebuild a house' (i. e., to change its architecture, to destroy some parts of it and then build them differently); *перестара́лся* '(he) overdid (it)'; *переломáл игру́шки* '(he) broke the toys' (i.e., broke all of the toys); *переночева́л в лесу́* '(he) spent the night in the forest' (i.e., spent the whole night in the forest).

4. Some of the above prefixes add to verbs not a notion pertaining to space but one of completed action: *вы́лечить больно́го* 'to cure a patient completely', *вы́учить стихи́* 'to learn verses by heart'.

FORMATION OF VERBS OF IMPERFECTIVE AND PERFECTIVE ASPECTS BY MEANS OF SUFFIXES

Verbs with the Suffixes -ива-, -ыва-

Table 64

Imperfective Aspect	Perfective Aspect	Imperfective Aspect	Suffixes
стро́ить	*достро́ить* Вчера́ рабо́чие *достро́или* дом. *перестро́ить* Этот дом *перестро́или.*	*достра́ивать* Вчера́ рабо́чие ещё *достра́ивали* дом. *перестра́ивать* Этот дом *перестра́ивали* три ра́за.	*-ива-*

6 Заказ № 3722

161

Imperfective Aspect	Perfective Aspect	Imperfective Aspect	Suffixes
	надстро́ить В Москве́ *надстро́- или* мно́гие дома́.	*надстра́ивать* В Москве́ ле́том *надстра́- ивали* не́которые дома́.	*-ива-*
писа́ть	*переписа́ть* Я *переписа́л* рабо́ту.	*перепи́сывать* Я не́сколько раз *пере- пи́сывал* рабо́ту.	*-ыва-*
	дописа́ть Я *дописа́л* письмо́ и вложи́л в конве́рт.	*допи́сывать* Я *допи́сывал* письмо́, ко- гда́ он вошёл в ко́мнату.	
	вы́писать Я *вы́писал* из те́кста мно́го но́вых слов.	*выпи́сывать* Я чита́л и *выпи́сывал* незнако́мые слова́.	
	подписа́ть Он *подписа́л* все бу- ма́ги.	*подпи́сывать* Он всегда́ *подпи́сывал* все бума́ги.	
чита́ть	*дочита́ть* Я как раз *дочита́л* газе́ту, когда́ он вошёл.	*дочи́тывать* Я *дочи́тывал* газе́ту, когда́ он вошёл.	
	перечита́ть Я вчера́ *перечита́л* твоё письмо́.	*перечи́тывать* Я ча́сто *перечи́тывал* твоё письмо́.	

Note. — 1. Perfective verbs formed by affixing prefixes imparting to them a new lexical meaning can once again be turned into imperfectives by means of the suffixes *-ива-, -ыва-*. However, if the prefix imparts to the verb only the idea of completion or of beginning of the action and does not essentially alter its meaning, the verb cannot be turned into an imperfective one. There are a few exceptions to this rule, for example, *чита́ть — прочита́ть — прочи́тывать* and *говори́ть — заговори́ть* (in the sense of 'to begin talking') — *загова́ривать*.

2. Verbs with the suffixes *-ива-, -ыва-* are always imperfective; perfective verbs with two prefixes plus the suffix *-ива-* or *-ыва-* (*повыта́лкивать*) are used very rarely.

3. The suffixes *-ива-, -ыва-* also occur in verbs without prefixes: *ла́вли-
вать* (Мы *ла́вливали* и ершей. 'We used to catch even ruff', from a fable by I. Krilov), *ха́живать*. Such verbs express actions repeated in the past (cf. 'used to...'). Most of them are archaic, but they occur in literary works of the 19th century:

Я *ви́дывал* часте́нько, что ры́льце у тебя́ в пуху́... (Кр.)

. . . . Та́ня да́ле;
Стару́шка ей: А вот ками́н;
Здесь ба́рин *си́живал* оди́н,
Здесь с ним *обе́дывал* зимо́ю
Поко́йный Ле́нский, наш сосе́д... (П.)

Кто не проклина́л станцио́нных смотри́телей, кто с ни́ми не *бра́нивался*... (П.)

Table 65

Verbs with the Suffix -ну-

Imperfective Aspect	Perfective Aspect	Suffix	Remarks
исчезáть Сóлнце постепéнно *исчезáло.*	*исчéзнуть* Наконéц онó совсéм *исчéзло.*	-ну-	*Сóлнце исчезáло* — means that the setting sun was still visible. *Сóлнце исчéзло* — means that the sun was no longer visible.
достигáть Мы ужé *достигáли* верхýшки горы́, как пошёл дождь.	*достúгнуть* Мы ужé *достúгли* вершúны горы́, как пошёл дождь. Наýка *достúгла* огрóмных успéхов.		*Мы ужé достигáли вершúны* — means that we had not yet reached the top of the hill. *Достúгли вершúны* — means that we reached the top of the hill. *Странá достúгла успéхов* — the successes are already achieved.
мелькáть Вдалú мелькáли огонькú.	*мелькнýть* Вдалú *мелькнýл* огонёк.		*Мелькáли огонькú* — repeated, recurrent action. *Мелькнýл огонёк* — a light showed only once and then disappeared.
толкáть Мáльчик *толкáл* стол.	*толкнýть* Мáльчик *толкнýл* стол.		*Толкáл стол* — the action was repeated. *Толкнýл стол* — pushed the table only once.
махáть Он *махáл* рукóй на прощáнье.	*махнýть* Он *махнýл* рукóй.		*Махáл рукóй* — means 'waved his hand several times'. *Махнýл рукóй* — 'waved his hand only once'.
кричáть Ребёнок *кричáл* не переставáя.	*крúкнуть* Ребёнок *крúкнул* и замóлк.		*Кричáл* — the action is not limited in time. *Крúкнул* denotes an action which took place only once.

Note.— 1. Most verbs, whether prefixed or unprefixed, with the suffix -ну- are perfective.

2. Perfective verbs with the suffix -ну-: (a) denote completion of the action, attainment of a result (*исчéзнуть, достúгнуть*); (b) convey the idea that the action was performed only once, on a single occasion, that it was of a momentary character (*толкнýть, махнýть, крúкнуть*).

3. Some unprefixed verbs with the suffix -ну- are imperfective ones, e.g., *вя́нуть, вя́знуть, сóхнуть, мóкнуть, гúбнуть, крéпнуть, мёрзнуть, зя́бнуть, глóхнуть.* Most of these verbs express gradual intensification of a state. Their perfective counterparts are formed by means of prefixes: *завя́нуть, увя́нуть, увя́знуть, вы́сохнуть, вы́мокнуть, погúбнуть, окрéпнуть, замёрзнуть, оглóхнуть.* These verbs, in their turn, have their imperfective counterparts: *увядáть, увязáть, засыпáть, вымокáть, погибáть, замерзáть.*

4. The suffix -ну- of imperfective verbs is never stressed; the only exception being the verb *тянýть.*

Table 66

Verbs with the Suffix -ва-

Perfective Aspect	Imperfective Aspect	Suffix
дать Он *дал* мне кни́гу.	*дава́ть* Он *дава́л* мне всегда́ кни́ги.	*-ва-*
созда́ть Мы *со́здали* тяжёлую промы́шленность.	*создава́ть* Мы *создава́ли* тяжёлую промы́шленность в тече́ние ря́да лет.	
осозна́ть Он осозна́л свои́ оши́бки.	*осознава́ть* Он до́лго не *осознава́л* свои́х оши́бок.	
призна́ть Он *призна́л* свою́ вину́.	*признава́ть* Он снача́ла *не признава́л* свое́й вины́.	
встать *Встал* ра́но у́тром.	*встава́ть* Я всегда́ *встава́л* ра́но у́тром.	
заста́ть Не *заста́л* до́ма никого́.	*застава́ть* Я обы́чно *застава́л* всех до́ма.	
преодоле́ть Мы *преодоле́ли* все препя́тствия.	*преодолева́ть* Мы с трудо́м *преодолева́ли* препя́тствия.	
овладе́ть Мы уже́ *овладе́ли* те́хникой.	*овладева́ть* Мы постепе́нно *овладева́ли* те́хникой.	
доби́ться Мы *доби́лись* успе́хов.	*добива́ться* Мы упо́рно *добива́лись* успе́хов.	
забы́ть Я забы́л сего́дня взять каранда́ш.	*забыва́ть* Я всегда́ *забыва́л* взять каранда́ш.	
откры́ть Магази́н *откры́ли* в 8 часо́в.	*открыва́ть* Магази́н всегда́ *открыва́ли* во́время.	
покры́ть Утром густо́й тума́н *покры́л* поля́.	*покрыва́ть* По утра́м густо́й тума́н *покрыва́л* поля́.	
зали́ть Вода́ *залила́* луга́.	*залива́ть* Вода́ всегда́ *залива́ла* луга́.	

Note. — 1. Imperfective verbs with the suffix *-ва- (дава́ть, забыва́ть)* are formed from the stem (or root) of their perfective counterparts *(дать, забы́ть,* etc.). The suffix *-ва-* always follows a vowel.

2. Verbs with the suffix *-ва-* generally remain imperfective even if prefixes are affixed, e.g., *передава́ть, продава́ть, отдава́ть, выдава́ть,* etc. Their perfective counterparts are *переда́ть, прода́ть, отда́ть, вы́дать,* etc.

Bear in mind that (a) the verbs *быть* and *быва́ть* are both imperfective, while *побы́ть* and *побыва́ть* are both perfective: Я хочу́ *побыва́ть* в дере́вне. Я хочу́ *побы́ть* в дере́вне с ме́сяц; (b) if the prefix *по-* imparting the notion of completion is affixed to a prefixed verb with the suffix *-ва-* the verb turns into a perfective one (В аудито́рии *поо́ткрыва́ли* все о́кна.); however such verbs with two prefixes are very rare in the literary language.

3. To this group belong all the verbs whose roots are *-да-, -зна-, -ста-* *(призна́ть — признава́ть, отда́ть — отдава́ть, приста́ть — приставва́ть).* The peculiarity of the conjugation of these verbs is that in the present tense they have no suffix *-ва- (отдаёшь, признаёшь, пристаёшь, встаёшь,* etc.).

4. Verbs formed by affixing prefixes to monosyllabic verbs form their imperfective aspect by means of the suffix *-ва-*, e.g.:

кры́ть — покры́ть — покрыва́ть
ли́ть — зали́ть — залива́ть
гре́ть — нагре́ть — нагрева́ть

Table 67

Verbs with the Suffixes *-и-, -а-*

Perfective Aspect	Suffix	Imperfective Aspect	Suffix
изучи́ть Мы уже́ *изучи́ли* дре́внюю исто́рию.	*-и-*	*изуча́ть* Мы *изуча́ли* дре́внюю исто́рию в пя́том кла́ссе.	*-а-, (-я-)*
получи́ть Сего́дня я *получи́л* письмо́.		*получа́ть* Ле́том я ча́сто *получа́л* пи́сьма.	
реши́ть Наконе́ц они́ *реши́ли* э́тот вопро́с.		*реша́ть* Они́ до́лго *реша́ли* э́тот вопро́с.	
ко́нчить Сего́дня они́ *ко́нчили* рабо́ту в 7 часо́в.		*конча́ть* Они́ обы́чно *конча́ли* рабо́ту в 6 часо́в.	
вы́полнить Мы *вы́полнили* план.		*выполня́ть* Мы *выполня́ли* план ка́ждый год.	
прове́рить Учи́тельница *прове́рила* тетра́ди ученико́в.		*проверя́ть* Учи́тельница *проверя́ла* тетра́ди ученико́в ка́ждый день.	

Note.— 1. When a pair of verbs have the same principal meaning, the verb with the suffix *-и-* is perfective and the verb with the suffix *-a-* imperfective. To determine the aspect of a given verb, one must find out if there exists the other verb of the pair.

Bear in mind that the verb *купи́ть* is perfective, while *покупа́ть* is imperfective (in this case the imperfective verb is formed by means of both a suffix and a prefix).

Он купи́л кни́ги (the verb conveys the idea of completion of the action). *Я его́ ви́дел в магази́не, где он покупа́л кни́ги* (the verb conveys no idea of completion; he may not have bought the books after all).

2. Some verbs of this group may have alternating consonants in the stem:

> отве́тить — отвеча́ть
> защити́ть — защища́ть
> проводи́ть — провожа́ть
> победи́ть — побежда́ть
> прости́ть — проща́ть
> обнови́ть — обновля́ть
> укрепи́ть — укрепля́ть
> пусти́ть — пуска́ть (*ст — ск* is an irregular alternation).

3. Some perfective verbs differ from their imperfective counterparts not only in that they have different suffixes, but also in that they are stressed on different syllables; thus, verbs ending in *-ить* are stressed on the root while the verbs ending in *-ать* are stressed on the suffix:

> ко́нчить — конча́ть
> бро́сить — броса́ть
> отве́тить — отвеча́ть

4. Prefixes affixed to unprefixed imperfective verbs of this group do not generally turn them into perfectives: *пуска́ть — выпуска́ть, отпуска́ть, запуска́ть, допуска́ть; реша́ть — разреша́ть, предреша́ть*

(but: *броса́ть* (imperfective) — *наброса́ть* (perfective) везде́ бума́жек 'to throw scraps of paper all around'

разброса́ть (perfective) игру́шки 'to scatter toys'

заброса́ть (perfective) докла́дчика вопро́сами 'to ply the speaker with questions'.

In the above example the prefixes *на-, раз-, за-* attached to the verb *броса́ть* impart to it the notion of completion.

Table 68

Verbs with Changes Occurring in the Root and the Stem

Imperfective Aspect	Perfective Aspect
A.	
избира́ть, выбира́ть Собра́ние *выбира́ло* прези́диум 10 мину́т.	*избра́ть, вы́брать* Собра́ние *вы́брало* в прези́диум трёх челове́к.
призыва́ть Учи́тель *призыва́л* ученико́в к поря́дку.	*призва́ть* Учи́тель *призва́л* ученико́в к поря́дку.

166

Imperfective Aspect	Perfective Aspect
засыпáть Ребёнок обы́чно плóхо *засыпáл*.	*заснýть* Вчерá он *заснýл* бы́стро.
поднимáть На фáбриках с кáждым днём всё вы́ше *поднимáли* производи́тельность трудá.	*поднять* На фáбриках *пóдняли* производи́тельность⁀ трудá.
понимáть Сначáла я *не понимáл* лéкций на рýсском языкé, тепéрь понимáю.	*понять* Сегóдня он всё *пóнял*.
начинáть Мы всегдá *начинáем* рабóту в 9 часóв.	*начáть* Вчерá мы *нáчали* рабóту в 8 часóв.

В.

помогáть Он всегдá *помогáл* мне.	*помóчь* Он *помóг* мне сегóдня закóнчить рабóту.
предостерегáть Я егó не раз *предостерегáл* от опáсности.	*предостерéчь* Я егó *предостерёг* от опáсности.
увлекáть Он всегдá *увлекáл* слýшателей своéй рéчью.	*увлéчь* Доклáд всех *увлёк*.
приобретáть Он всегдá *приобретáл* рéдкие кни́ги.	*приобрести́* Сегóдня он *приобрёл* рéдкую кни́гу.
пропадáть Он *пропадáл* нéсколько дней.	*пропáсть* Он *пропáл* бéз вести.
спасáть Он не раз *спасáл* утопáющих.	*спасти́* Он *спас* утопáющего.

С.

ложи́ться Лéтом я *ложи́лся* спать в 10 часóв.	*лечь* Вчерá я *лёг* спать в 12 часóв.
сади́ться Сóлнце мéдленно *сади́лось*.	*сесть* Сóлнце *сéло*.
станови́ться Он постепéнно *станови́лся* бóлее спокóйным ребёнком.	*стать* Он *стал* спокóйным мáльчиком.

6**

Table 69

Summary Table of Alternation of Root Vowels in Different Aspects of the Verb

Alternating Vowels	Perfective Aspect	Imperfective Aspect	Remarks
о — а	опозда́ть вскочи́ть вздро́гнуть осмотре́ть	опа́здывать вска́кивать вздра́гивать осма́тривать	The imperfective aspect has the suffixes *-ыва- -ива-;* the root vowel is stressed.
о — а	изложи́ть предложи́ть приложи́ть коснýться прикоснýться	излага́ть предлага́ть прилага́ть каса́ться прикаса́ться	Roots: *-лож- — -лаг-* *-кос- — -кас-*
е — и	собра́ть — соберý вы́брать — вы́беру разобра́ть—разберý удра́ть — удерý	собира́ть выбира́ть разбира́ть удира́ть	Roots: *-бр- — -бер- — -бир-* *-др- — -дер- — -дир-*
	расстели́ть — разостла́ть постели́ть — постла́ть	расстила́ть постила́ть	Roots: *-стел- — -стил- — -стл-*
	стере́ть — сотрý умере́ть — умрý запере́ть — запрý	стира́ть умира́ть запира́ть	Roots: *-тер- — -тр- — -тир-* *-мер- — -мр- — -мир-* *-пер- — -пр- — -пир-*
	заже́чь — зажгý — зажёг подже́чь — подожгý	зажига́ть поджига́ть	Roots: *-жег- — -жг- — -жиг-*

Alternating Vowels	Perfective Aspect	Imperfective Aspect	Remarks
			Roots:
о — ы	вздохну́ть	вздыха́ть	*-дох- — -дых-*
я — им	поня́ть	понима́ть	*-ня- — -ним-*
а — ин	нача́ть	начина́ть	*-ча- — -чин-*

Note. — 1. In some cases the alternation of vowels occurs only in spelling: the unstressed *о — а, е — и* are identical in pronunciation (see p. 15).

2. A perfective verb with the root *-лож-* has not necessarily an imperfective counterpart with the root *-лаг-;* in some cases a perfective verb with the root *-лож-* has an imperfective counterpart with the root *-клад-*, e.g., *доложи́ть о рабо́те — докла́дывать о рабо́те, отложи́ть* собра́ние*— откла́дывать* собра́ние.

3. There are instances when in certain meanings perfective verbs with the root *-лож-* have imperfective counterparts with the root *-клад-* and in other meanings, with the root *-лаг-*, e.g., *сложи́ть* ве́щи *— скла́дывать* ве́щи; *сложи́ть* пе́сню *— слага́ть* пе́сню; *приложи́ть* лёд к голове́ *— прикла́дывать* лёд к голове́; *приложи́ть* докуме́нты *— прилага́ть* докуме́нты; *обложи́ть* больно́го поду́шками *— обкла́дывать* больно́го поду́шками; *обложи́ть* населе́ние нало́гами *— облага́ть* населе́ние нало́гами.

Table 70

Formation of Different Aspects by Shifting the Stress

Imperfective Aspect	Perfective Aspect
разреза́ть 'to cut up'	*разре́зать*
Мать *разреза́ла* хлеб на куски́.	Мать *разре́зала* хлеб и дала́ кусо́к ребёнку.
среза́ть 'to cut'	*сре́зать*
Она́ ка́ждое у́тро *среза́ла* цветы́ и ста́вила их в ва́зу.	Она́ *сре́зала* цвето́к и подари́ла его́ мне.
засыпа́ть 'to cover, to bury'	*засы́пать*
Снег всё бо́льше и бо́льше *засыпа́л* доро́гу.	Снег совсе́м *засы́пал* доро́гу.
посыпа́ть 'to sprinkle'	*посы́пать*
Ну́жно ка́ждый день *посыпа́ть* доро́жки песко́м.	В не́сколько мину́т садо́вник *посы́пал* все доро́жки песко́м.

Note.— 1. Different aspects of some verbs are formed by shifting the stress.

2. In the infinitive and the forms derived from it such verbs differ only in the place of stress: imperfectives: *посыпа́ть — посыпа́л — посыпа́вший;* perfectives: *посы́пать — посы́пал — посы́павший — посы́панный — посы́пан — посы́пав;* imperfectives: *разреза́ть — разреза́л — разреза́вший;* perfectives: *разре́зать — разре́зал — разре́завший — разре́занный — разре́зан — разре́зав.*

In the present, the simple future and the forms derived from the present or future tense stem, these verbs, besides being stressed differently, have different stems: *посыпа́ю — посыпа́й, посыпа́ющий — посыпа́емый, посыпа́я, посы́плю — посы́пь; разреза́ю — разреза́й, разреза́ющий — разреза́емый, разреза́я, разре́жу — разре́жь.*

Note that in some cases shifting of stress results not only in a change of aspect but also in a change of meaning: *сбега́ть* (imperfective) 'to run down': Ма́льчик *сбега́л* с ле́стницы и упа́л; *сбе́гать* (perfective) 'to run to some place and back': Ма́льчик *сбе́гал* в магази́н и купи́л хле́ба. (For details, see Table 73 dealing with verbs of motion.)

Table 71

Expressing Different Aspects by Different Words

Imperfective Aspect	Perfective Aspect
говори́ть Он *говори́л* два часа́.	*сказа́ть* Он *сказа́л* мне всё, что хоте́л.
брать Я всегда́ *брал* кни́ги в э́той библиоте́ке.	*взять* Сего́дня я *взял* сочине́ния Пу́шкина.
класть Часть зарпла́ты я бу́ду ежеме́сячно *класть* в сберка́ссу.	*положи́ть* За́втра я *положу́* в сберка́ссу часть зарпла́ты.

Table 72

Verbs Having No Corresponding Imperfective or Perfective Form

I. Most common imperfective verbs having no perfective counterparts of the same meaning:

зави́сеть
зна́чить
недоумева́ть
нужда́ться
облада́ть
ожида́ть
отрица́ть
отсу́тствовать
повествова́ть
полага́ть
предви́деть
предчу́вствовать
преоблада́ть
пресле́довать
приве́тствовать
принадлежа́ть
прису́тствовать

содержа́ть
(Кни́га *содержит* 5 глав.)
содержа́ться
(В кни́ге *содержится* 5 глав.)
сожале́ть
состоя́ть, ... в... из...
(Он *состои́т* чле́ном э́той организа́ции.
Он *состои́т* в э́той организа́ции.
Организа́ция *состои́т из* 40 чле́нов.)
соотве́тствовать
сто́ить
угнета́ть
управля́ть
утвержда́ть
уча́ствовать

170

Note.— 1. The verb *утверждáть*, with the meaning 'to confirm (one's appointment)' *(утверждáть в дóлжности, утвердúть в дóлж ности)*, has a perfective counterpart *(утвердúть)*; it has no such counterpart with the meaning 'to assert' *(я э́то категорúчески утверждáю)*.

2. The verb *полагáть* has no perfective counterpart with the meaning 'to think', 'to suppose' *(я полагáю, что...)*; but its derivatives *предполагáть* and *предположúть* are imperfective and perfective respectively.

3. The verb *учáствовать* has no perfective counterpart, but the expression *принимáть учáстие* 'to take part', which is imperfective, has a perfective counterpart: *принять учáстие*.

II. Most common perfective verbs having no imperfective counterparts of the same meaning:

грянуть	рúнуться
заблудúться	состоя́ться (совещáние *состоя́лось*)
опóмниться	стать (meaning: начáть)
отпря́нуть	хлы́нуть
очутúться	

Note.— The verb *заблуждáться* cannot be regarded as the imperfective counterpart of the verb *заблудúться:* these two verbs have different lexical meanings: *Мы заблудúлись в лесу́.* 'We lost our way in the forest.' *Вы заблуждáетесь.* 'You are mistaken.'

III. Most common verbs having one form for both the imperfective and the perfective aspect:

атаковáть	обещáть
веле́ть	образовáть
женúть(ся)	организовáть
испóльзовать	сочетáть
исслéдовать	телеграфúровать
ликвидúровать	

Note.— 1. These verbs may appear as perfective or imperfective according to the context, e.g.:

Он всегдá выполня́ет всё, что обещáет (imperfective).

Сегóдня он обещáл (perfective) *прийтú в 8 часóв и пришёл вóвремя.*

Зáвтра мы органу́зуем (future tense of the perfective aspect) *лы́жные соревновáния. Кáждый год мы организу́ем* (present tense of the imperfective aspect) *лы́жные соревновáния.*

2. Most verbs with the same form for both the imperfective and the perfective aspects have the suffix *-ова-* or *-ирова-*: *образовáть, организовáть, телеграфúровать, нашионализúровать,* etc.

3. In Modern Russian, the imperfective aspect can be formed from some of the above verbs by means of the suffix *-ыва-* (*организóвывать, образóвывать*).

To emphasize their perfective meaning some verbs are used with prefixes: *сорганизовáть, пообещáть, поженúть, поженúться.*

4. The verb *телеграфúровать* means *давáть телегрáмму, дать телегрáмму* 'to send a wire'; in colloquial speech, the expressions *давáть телегрáмму, дать телегрáмму* are generally used, especially in the perfective meaning: *Вчерá я дал телегрáмму. Зáвтра я дам телегрáмму.*

Table 73

Verbs of Motion with Different Stems

Imperfective Aspect	Perfective Aspect
носи́ть, выноси́ть, относи́ть, приноси́ть, переноси́ть, etc. нести́	вы́нести, отнести́, принести́, перенести́, etc.
води́ть, доводи́ть, отводи́ть' приводи́ть, переводи́ть, etc. вести́	вы́вести, довести́, отвести́, привести́, перевести́, etc.
вози́ть, довози́ть, вывози́ть ввози́ть, привози́ть, перевози́ть, etc. везти́	вы́везти, ввезти́, привезти́, перевезти́, etc.
ходи́ть, уходи́ть, приходи́ть, выходи́ть, переходи́ть, etc. идти́	вы́йти, уйти́, прийти́, перейти́, etc.
лета́ть, вылета́ть, прилета́ть улета́ть, etc. лете́ть	вы́лететь, прилете́ть, улете́ть, etc.
бе́гать, убега́ть, прибега́ть, выбега́ть, etc. бежа́ть	вы́бежать, убежа́ть, прибежа́ть, etc.
по́лзать, выполза́ть, приполза́ть, уполза́ть, etc. ползти́	вы́ползти, приползти́, уползти́, etc.
е́здить, въезжа́ть, выезжа́ть, уезжа́ть, приезжа́ть, переезжа́ть (see Note 7) е́хать	въе́хать, вы́ехать, уе́хать, прие́хать, перее́хать, etc.

Note.— 1. The verbs *носи́ть, води́ть, вози́ть, ходи́ть, лета́ть, бе́гать, по́лзать*, etc. and the verbs *нести́, вести́, везти́, идти́, лете́ть, бежа́ть, ползти́* are imperfective. The differences between them are the following:

(1) The verbs *носи́ть, ходи́ть, води́ть*, etc. denote a motion which takes place habitually: Почтальо́н *но́сит* по́чту. 'The postman brings the post.'

Пти́цы *лета́ют*. — Birds fly.
Зме́и *по́лзают*. — Snakes crawl.

or a motion which is repeated at different times or in different directions:

Учи́тель ча́сто *во́дит* нас на экску́рсии. — The teacher often takes us on excursions.

Челове́к *хо́дит* по ко́мнате. — The man paces the room.
Де́ти *бе́гают* во дворе́. — The children run about in the courtyard.
Самолёты лета́ют над Москво́й. — Planes fly over Moscow.

These verbs are generally called verbs of "indefinite" motion.

(2) The verbs *нести́, вести́, везти́, идти́,* etc. denote a motion performed on a single occasion and in a definite direction:

Смотри́, почтальо́н несёт по́чту.　Look, the postman is bringing the post.
Сего́дня я *иду́* в теа́тр.　To-day I am going to the theatre.
Самолёт *лети́т* на по́люс.　The plane is flying to the Pole.
Сюда́ *бежи́т* ма́льчик.　A boy is running here.

These verbs are generally called verbs of "definite" motion.

2. When verbs of the first type — *носи́ть, води́ть, вози́ть, ходи́ть,* etc.—have prefixes affixed, they remain imperfective if the prefix adds a meaning of relations in space: *выходи́ть из ко́мнаты, входи́ть в ко́мнату, уходи́ть из до́му, переходи́ть у́лицу,* etc.

3. If the prefixes affixed to these verbs indicate relation in time (beginning or continuity of action, i.e., if they show that the action began, continued for some time and then ceased), these verbs become perfective, e.g. (a) *Он в волне́нии заходи́л (забе́гал) по ко́мнате.* 'In his excitement he began pacing (running up and down) the room.' In this example *заходи́л, забе́гал* are perfective verbs; but they are imperfective in the sentence *Он ко мне ча́сто заходи́л (забега́л) ле́том.* 'He often came to see me (dropped in) in summer'. Note that the perfective verb is stressed on the root *(забе́гал)* while in the imperfective verb the stress falls on the suffix *(забега́л)*; (b) *Я походи́л по ко́мнате и присе́л.* 'I paced the room for a while and then sat down'. *Он полета́л над го́родом и опусти́лся.* 'He flew over the city for a while and then landed' *(походи́л, полета́л* are perfective verbs).

4. If the prefixes affixed to imperfective verbs indicate completion of action these verbs become perfective: in *сходи́ть куда́-нибудь и верну́ться* 'to go somewhere and return' the verb *сходи́ть* is perfective, while in *сходи́ть отку́да-нибудь (с горы́, с ле́стницы)* 'to go down (a hill, stairs)' the verb *сходи́ть* is imperfective; in *исходи́л всё по́ле* '(he) walked all over the field', *избе́гал весь сад* 'he ran all over the garden' the verbs are perfective since they denote actions extending to a whole surface and carried to completion; the stress in the verb *избе́гал* is on the root.

Note that in the verb *избега́л* the stress falls on the suffix *-а-* and that the meaning of the word is different: *он избега́л люде́й* means 'he tried to avoid people'.

5. If verbs are used in a figurative sense, a perfective verb with a meaning of completion of action is formed by means of a prefix: *выха́живать больно́го* 'to nurse the patient back to health', *заноси́ть пла́тье* or *износи́ть пла́тье* 'to wear clothes till they are threadbare', etc.

6. The verbs of the second type — *нести́, вести́, везти́, идти́,* etc.— always become perfective when a prefix is attached to them. When the prefix *вы-* is affixed to these verbs it is always stressed: *вы́нести, вы́вести, вы́бежать,* etc.

7. The verb *е́здить* (imperfective) exists, but prefixes are affixed to the verb *езжа́ть* which is rarely used now without prefixes: *приезжа́ть, выезжа́ть,* etc.

Note that prefixed verbs of "indefinite" motion in the past may imply motion occurring in the direction of some place or object and away from it:

Ко мне *приходи́л* кто́-нибудь?　Has anyone been to see me?
Да, к тебе́ *приходи́л* това́рищ.　Yes, there was your friend (he came and went away).

Он *входи́л* в ко́мнату?　Did he enter the room?
Да, он *входи́л* в ко́мнату и оста́вил запи́ску.　Yes, he did, and he left a note for you (he entered the room and then left it).

Prefixed verbs of "definite" motion indicate motion effected in one direction and completed:

К тебе́ *пришёл* това́рищ.　A friend has come to see you (he is here).

В ко́мнату кто́-то *вошёл.*　Somebody entered the room (and is still there).

Table 74

Comparative Table of Verbs of the Imperfective and Perfective Aspects

Mood	Infinitive / Tense	Imperfective Aspect		Perfective Aspect	
		стро́ить	*изуча́ть*	*постро́ить*	*изучи́ть*
Indicative	Present Tense	я стро́ю ты стро́ишь он, она́, оно́ стро́ит мы стро́им вы стро́ите они́ стро́ят	изуча́ю изуча́ешь изуча́ет изуча́ем изуча́ете изуча́ют	No present tense form	
Indicative	Past Tense	я, ты, он стро́ил я, ты, она́ стро́ила оно́ стро́ило мы, вы, они́ стро́или	изуча́л изуча́ла изуча́ло изуча́ли	постро́ил постро́ила постро́ило постро́или	изучи́л изучи́ла изучи́ло изучи́ли

Infinitive	Imperfective Aspect		Perfective Aspect	
	стро́ить	*изуча́ть*	*постро́ить* (Simple)	*изучи́ть*
Future Tense (Compound)	я бу́ду стро́ить ты бу́дешь стро́ить он, она́, оно́ бу́дет стро́ить мы бу́дем стро́ить вы бу́дете стро́ить они́ бу́дут стро́ить	бу́ду изуча́ть бу́дешь изуча́ть бу́дет изуча́ть бу́дем изуча́ть бу́дете изуча́ть бу́дут изуча́ть	я постро́ю ты постро́ишь он, она́, оно́ постро́ит мы постро́им вы постро́ите они́ постро́ят	изучу́ изу́чишь изу́чит изу́чим изу́чите изу́чат
Conditional-Subjunctive Mood	я, ты, он стро́ил бы я, ты, она́ стро́ила бы оно́ стро́ило бы мы, вы, они́ стро́или бы	изуча́л бы изуча́ла бы изуча́ло бы изуча́ли бы	постро́ил бы постро́ила бы постро́ило бы постро́или бы	изучи́л бы изучи́ла бы изучи́ло бы изучи́ли бы
Imperative Mood	строй стро́йте	изуча́й изуча́йте	постро́й постро́йте	изучи́ изучи́те

175

Table 75

Conjugation of the Verb *быть*

Present Tense	Past Tense	Future Tense
See Note	я, ты, он был я, ты, она была оно было мы ⎫ вы ⎬ были они ⎭	я буду ты будешь он, она, оно будет мы будем вы будете они будут
Conditional-Subjunctive Mood	был бы, была бы, было бы, были бы	
Imperative Mood	будь, будьте	

Note.— The verb *быть* is generally not used in the present tense, except in certain cases in the third person singular (*есть*) and plural (*суть*).

Table 76

Uses of the Present Tense of the Verb *быть* (*есть, суть*)

1. In Modern Russian *есть* — the third person singular, present tense of the verb *быть* is used:

(a) In scientific definitions as the link-verb of a compound predicate:

In other cases the link-verb *есть* is generally omitted:

(b) To state the existence of somebody or something (in this instance *есть* is used for both singular and plural):

However, if the thing existing with a person or object is some feature or interior or exterior quality, emotional state or disease, the verb *есть* is always omitted:

Прямая линия *есть* кратчайшее расстояние между двумя точками.

Я студент университета.
Мой брат — доктор.
У меня *есть* братья и сёстры.
Сегодня у меня *есть* время пойти в театр.

У моей сестры светлые волосы.
У моего брата очень хороший характер.
У певицы хороший голос.
У друга горе: умер отец.
Он не придёт на занятия: у него грипп.

2. The form *суть* for the third person plural occurs very rarely and mostly in the classics:

Сии столь оклеветанные смотрители вообще суть люди мирные от природы, услужливые, склонные к общежитию (П.)

In Modern Russian *суть* is used very rarely, chiefly in scientific definitions.

Table 77

The Infinitive

-ть	-ти	-чь
изучáть	нестú	берéчь
рабóтать	идтú	стерéчь
говорúть	растú	вовлéчь
стрóить	спастú	толóчь
смотрéть	вестú	лечь
вúдеть	везтú	мочь
тянýть	найтú	печь
погúбнуть	пойтú	
сесть		
влезть		

-ть	-ти	-чь
after vowels, sometimes after the consonants *с, з.*	after consonants and *й.*	after vowels.
Position of stress varies.	Stress falls on the last syllable.	Stress falls on the last syllable.

Note.— 1. -*ть* is mainly found following a vowel, but it may also occur after the consonants *с, з*: *сесть, счесть, влезть, прочéсть,* etc.; -*ти* occurs after consonants or *й*, and -*чь* after vowels.

2. If the verb ends in -*ти* or -*чь* the stress invariably falls on the last syllable.

3. Exceptions are perfective verbs with the stressed prefix *вы-*: *вы́нести, вы́везти, вы́печь.*

4. The stem of the infinitive is used to form: the past tense *(читáл, взял)*, past participles active *(читáвший, взя́вший)*, past participles passive *(прочúтанный, взя́тый)* and perfective verbal adverbs *(прочитáв, взяв).*

Table 78

Uses of the Infinitive

The Infinitive is used: I. (a) with verbs expressing the beginning, continuation or end of an action:	*Начинáю изучáть рýсский язы́к, стал писáть, продолжáю рабóтать, кóнчил читáть, перестáл занимáться.*
(b) with verbs expressing possibility or impossibility, ability or inability to perform an action:	*Могý (не могý) прáвильно произносúть рýсские словá.* *Умéю (не умéю) рисовáть.*

(c) with numerous verbs expressing the attitude of the subject towards the action denoted by the infinitive:

Хочу работать, люблю читать, стремлюсь учиться, мечтаю поехать на море, намереваюсь заниматься спортом, *предполагаю выехать* завтра, *решил отказаться* от поездки, *стесняюсь говорить, стараюсь быть* сдержанным, *отказываюсь понимать* вас, *боюсь простудиться,* etc. (but one cannot say: *интересуюсь работать, увлекаюсь читать*).

II. With verbs expressing persuasion, request, prohibition, etc. to perform an action:

Прошу сесть, разрешаю курить, приказываю собраться, запрещаю уходить, уговариваю остаться, заставляю слушать, убеждаю не волноваться, предлагаю уехать, советую заниматься спортом, *помогаю работать, учу читать,* etc.

III. With verbs of motion to express purpose:

Иду заниматься, поехал отдыхать, побежал купаться.

IV. With the adjectives *должен, обязан, вынужден, готов, намерен, рад:*

Должен идти, обязан сказать, вынужден лечь в постель, *готов защищать, намерен уехать, рад видеть* вас.

V. With the words *надо, нужно, необходимо, можно, (невозможно), нельзя:*

Надо учиться, нужно пойти в библиотеку, *необходимо заниматься* спортом, *можно спросить, нельзя опаздывать.*

VI. With the dative case to express inevitability or impossibility:

Набежали тучи: *быть дождю!* Небо ясно: *не быть дождю! Быть грозе великой! Не быть войне!*

VII. With:
(a) adverbs formed from qualitative adjectives and ending in *-o (трудно, весело, хорошо,* etc.):

(b) negative adverbs and pronouns in some of the oblique cases:

Трудно бежать в гору, *легко бежать* с горы. *Весело работать* в коллективе. *Грустно расставаться.*

Мне *некуда идти,* мне *некуда ждать* письма, *некому сказать, не с кем поговорить, не о ком вспомнить.*

178

Note.— The infinitive may also follow numerous nouns having the same lexical meaning as the verbs listed in I (b), I (c) and II: *возмо́жность (невозмо́жность) рабо́тать, уме́ние (неуме́ние) рисова́ть, жела́ние, стремле́ние учи́ться, мечта́ пое́хать, наме́рение занима́ться спо́ртом, предположе́ние, реше́ние вы́ехать, боя́знь простуди́ться, про́сьба сесть, разреше́ние кури́ть, прика́з собра́ться, запреще́ние уходи́ть, предложе́ние уе́хать, сове́т занима́ться спо́ртом.*

(For the use of the imperfective and perfective infinitives, see following tables).

Table 79

Use of the Imperfective Infinitive

The verbs given below may be followed only by an imperfective infinitive:

нача́ть, начина́ть 'to begin'	Вчера́ мы *на́чали занима́ться* в 8 часо́в утра́. Обы́чно мы *начина́ем занима́ться* в 9 часо́в утра́.
стать (in the sense of *нача́ть* 'to begin') *ко́нчить, конча́ть* 'to finish'	Мы *ста́ли занима́ться* физкульту́рой. Вчера́ мы *ко́нчили занима́ться* в 6 часо́в ве́чера. Обы́чно мы *конча́ем занима́ться* в 5 часо́в ве́чера.
прекрати́ть, прекраща́ть 'to cease', 'to stop' *переста́ть, перестава́ть* 'to stop'	Больно́й *переста́л стона́ть.*
продолжа́ть 'to continue'	Мы *продолжа́ли* оживлённо *разгова́ривать* и на у́лице.
привы́кнуть, привыка́ть 'to get used' *отвы́кнуть, отвыка́ть* 'to grow out (fall out) of the habit of'	Я *привы́к встава́ть* ле́том в 6 часо́в утра́. Я постепе́нно *привыка́л встава́ть* ра́но у́тром. Я *отвы́к встава́ть* ра́но. Я постепе́нно *отвыка́л встава́ть* ра́но.
полюби́ть 'to grow fond of'	Я *полюби́л гуля́ть* вечера́ми вдоль реки́.
разлюби́ть 'to cease to like' *научи́ться* 'to learn'	Я *разлюби́л чита́ть* стихи́. Сестра́ с де́тства *научи́лась бе́гать* на конька́х и лы́жах.
разучи́ться, 'to forget (how to do)'	Я *разучи́лся говори́ть* по-неме́цки. Я постепе́нно *разучи́лся говори́ть* по-неме́цки.

надоесть, надоедать 'to be tiring', 'to be boring'	К концу́ ле́та *надое́ло отдыха́ть.* Обы́чно к концу́ ле́та *надоеда́ло отдыха́ть.*
устать, уставать 'to get tired'	Больно́й *уста́л сиде́ть.* Больно́й обы́чно о́чень ско́ро *устава́л сиде́ть.*
избега́ть 'to avoid'	Я *избега́ю встреча́ться* с ним.

Note.—1. The verbs *продолжа́ть* and *избега́ть* are followed by an infinitive only when they are in the imperfective aspect. When in the perfective aspect, they can be followed only by a verbal noun, e.g.: Мы *продо́лжили обсужде́ние* вопро́са. Я *избежа́л встре́чи* с ним.

A verbal noun may also follow an imperfective verb, e.g.: Мы *продолжа́ли обсужде́ние* вопро́са. Я *избега́л встре́чи* с ним.

2. The perfective verbs *полюби́ть, разлюби́ть* and *научи́ться, разучи́ться* are followed by an imperfective infinitive *(полюби́л говори́ть* с ним, *разлюби́л чита́ть стихи́,* etc.), but the corresponding imperfective verbs may be followed by either an imperfective or perfective infinitive *(люби́л говори́ть* с ним, *люби́л поговори́ть* с ним; *люби́л чита́ть* стихи́, *люби́л почита́ть* стихи́).

Table 80

Use of Only the Imperfective Aspect in the Compound Predicate after Words Denoting Inexpediency

не на́до (не ну́жно)		*Не на́до* так гро́мко *говори́ть:* ты мне меша́ешь.
не сле́дует		*Не сле́дует заде́рживать* кни́гу: она́ всем нужна́.
не сто́ит		*Не сто́ит смотре́ть* э́тот фильм: он неинтере́сный.
доста́точно		*Доста́точно говори́ть* на э́ту те́му: всё я́сно.
не́ к чему,	in the sense of *не на́до*	*Не́ к чему* с ним *спо́рить.*
не́зачем,		*Не́зачем* тебе́ *уезжа́ть.*
не́ за что		*Не́ за что* меня́ *благодари́ть.*
не́чего		*Не́чего* меня́ *угова́ривать:* я не пойду́ в кино́.
вре́дно		Тебе́ *вре́дно кури́ть.*
бесполе́зно		*Бесполе́зно учи́ть* его́ пе́нию: у него́ о́чень плохо́й слух.

Note.—1. Since interrogative sentences of the type *Не на́до ли нам навести́ть больно́го? Не сле́дует ли посла́ть поздравле́ние?* convey persuasion or a desire to perform an action, the perfective infinitive is used, just as in sentences of the type: *Нам на́до навести́ть больно́го. Сле́дует посла́ть поздравле́ние.*

2. Since interrogative sentences of the type *Зачём егó ждáть? Сам придёт. Зачём ему обо всём расскáзывать? Он óчень расстрóится* convey the idea of inexpediency *(не нáдо ждать, не нáдо расскáзывать)*, the imperfective infinitive is used.

Table 81

Use of the Imperfective or Perfective Infinitive in Sentences Expressing Prohibition or Impossibility to Perform an Action

I. Meaning of the word *нельзя* according to the Aspect of the Infinitive:

Нельзя + an imperfective infinitive *(нельзя* has the meaning of 'it is prohibited', 'one must not', 'one should not'):	*Нельзя* + a perfective infinitive *(нельзя* has the meaning of 'it is impossible', 'one cannot'):
Нельзя переходúть улицу во врéмя движéния машúн.	Улицу пóсле дождя *нельзя бúло перейтú:* посредú былá огрóмная лýжа.
В кóмнату *нельзя входúть* в пальтó и в галóшах.	В кóмнату *нельзя войтú:* дверь зáперта.
Нельзя дотрáгиваться до электрúческих проводóв.	До утюгá *нельзя дотрóнуться:* такóй он горячий.

Note.— In interrogative sentences of the type *Нельзя ли здесь перейтú улицу? Нельзя ли передáть чéрез вас письмó?,* etc., the words *нельзя ли* have the meaning of 'may one..?', 'could one..?'

II. Prohibition of an action:	Impossibility of an action:
Тудá *не подходúть!* Опáсно!	Тудá *не подойтú,* так мнóго нарóду.
Не брать ничегó со столá!	*Не взять* мне сегóдня билéта: опоздáл.
Не садúться в этом рядý!	*Не сесть* в этом рядý: все местá зáняты.

Table 82

Use of the Imperfective or Perfective Infinitive after Verbs Denoting Persuasion or Intention to Perform an Action

I. Comparative Table on the Use of Imperfective and Perfective Infinitives (preceded by the negative *не* or not):

Infinitive Not Preceded by the Negative	Infinitive Preceded by the Negative
Мать *просила выдвать* доктора. Врач *посоветовал* больному *принять* снотворное. Он *уговорил* меня *остаться*. Матери *разрешили провести* эту ночь около больного. Директор школы *распорядился изменить* расписание занятий. Я *просил* его *познакомить* меня с этим человеком. Товарищ *убедил* меня *купить* телевизор.	Мать *просила не вызывать* доктора. Врач *посоветовал* больному *не принимать* снотворного. Он *уговорил* меня *не оставаться*. Санитарке *разрешили не проводить* эту ночь (этой ночи) около больного. Директор школы *распорядился не изменять* расписания занятий. Я *просил* его *не знакомить* меня с этим человеком. Товарищ *убедил* меня *не покупать* телевизора.
Я *обещал вернуться* сегодня домой до пяти часов вечера. Я *даю* тебе *слово написать* товарищу о нашей встрече. Мы *условились встретиться* завтра. Мы *решили уехать* после экзаменов домой. Я *хотел бы провести* лето на берегу моря. Преподаватель *намерен увеличить* количество занятий в неделю. Отец дал мне твёрдое *обещание взять* меня на охоту.	Я *обещал не возвращаться* сегодня домой до пяти часов вечера. Я *даю* тебе *слово не писать* товарищу о нашей встрече. Мы *условились не встречаться* завтра. Мы *решили не уезжать* после экзаменов домой. Я *хотел бы не проводить* лета на берегу моря, а провести его в горах. Преподаватель *намерен не увеличивать* количества занятий в неделю. Отец дал матери *твёрдое обещание не брать* меня на охоту.

Note. — 1. If an infinitive used with verbs expressing persuasion to perform an action (*просить* 'to ask' — *попросить*, *советовать* 'to advise' — *посоветовать*, *разрешать* 'to allow' — *разрешить*, etc.) or with verbs expressing intention to perform an action (*решать* 'to decide' — *решить*, *обещать* 'to prom-

ise', *хотéть* 'to want' — *захотéть,* etc.) is not preceded by the negative particle, it may be either in the perfective or the imperfective aspect, according to the general meaning of the statement, e. g. *Я обещáл всегдá возвращáться* (imperfective) *домóй к пятú часáм* (recurrent action), but *Я обещáл вернýться* (perfective) *домóй к пятú часáм* (action performed on a single occasion).

Мáтери разрешúли проводúть (imperfective) *нóчи óколо больнóго* (the statement implies that the mother was allowed to stay at the patient's bedside all the time, i.e., without limitation of time); but: *Мáтери разрешúли провестú* (perfective) *óколо больнóго однý ночь, две нóчи, нéсколько ночéй* (in this statement a definite time limit is implied).

2. If an infinitive referring to the above verbs *(просúть, совéтовать, решúть, обещáть,* etc.) is preceded by the negative particle *не,* it is generally imperfective. (For examples, see the table).

One cannot say *Мать просúла не вы́звать дóктора* or *Товáрищ убедúл меня не купúть телевúзор,* but must say instead: *Мать попросúла не вызывáть дóктора. Товáрищ убедúл меня не покупáть телевúзора.* (For some uses of the perfective infinitive preceded by the negative particle and a verb, see the following table).

II. Meaning of Sentences Depending on the Aspect of the Infinitive preceded by the Negative Particle:

Persuasion not to perform an action:	Persuasion not to perform an action plus warning against involuntarily performing the action:
Imperfective	Perfective
Прошý тебя ⎫ *Совéтую* тебé ⎪ *Прикáзываю* тебé ⎬ не говорúть ни- кому́ о болéзни дру́га. *Пр0длагáю* тебé ⎪ *Трéбую* от тебя ⎭	*Прошý* вас ⎫ (кáк-нибудь случáйно) *Совéтую* вам ⎬ не проговорúться, не сказáть о болéзни дру́га. ⎭ (See Note 1)
A desire or determination not to perform an action:	A desire not to perform an action plus apprehension that the undesired action may take place:
Старáюсь ⎫ *Пытáюсь* ⎪ *Обещáю* ⎬ не дéлать ошúбок. *Обязýюсь* ⎪ *Кляну́сь* ⎭	*Старáюсь* ⎫ (кáк-нибудь случáйно) не *Пытáюсь* ⎭ сдéлать ошúбок. (See Note 2)

Note. — 1. The meaning of warning is not generally expressed by an infinitive with a verb denoting an explicit order *(прикáзывать, трéбовать).*

2. Apprehension that an undesired action may take place is not generally expressed by an infinitive with a verb denoting a firm promise *(обязýюсь, кляну́сь, даю чéстное слóво).*

Table 83

The Present Tense

Verbs of the First Conjugation		Endings	Verbs of the Second Conjugation		Endings
я иду́	рабо́таю	*-у, -ю*	стучу́	стро́ю	*-у, -ю*
ты идёшь	рабо́таешь	*-ёшь, -ешь*	стучи́шь	стро́ишь	*-ишь*
он она́ } идёт оно́	рабо́тает	*-ёт, -ет*	стучи́т	стро́ит	*-ит*
мы идём	рабо́таем	*-ём, -ем*	стучи́м	стро́им	*-им*
вы идёте	рабо́таете	*-ёте, -ете*	стучи́те	стро́ите	*-ите*
они́ иду́т	рабо́тают	*-ут, ют*	стуча́т	стро́ят	*-ат, -ят*

Note. — 1. The present tense has a stem of its own which is not formed regularly from other verb stems; therefore, to make verbal forms correctly, one must know not only the stem of the infinitive but also the stem of the present tense. Verbs having identical infinitive stems may have different present tense stems *(писа́ть — пишу́, чита́ть — чита́ю; лить — лью; гнить — гнию́)* (see Tables 106-107). The first and the second person singular of the present tense may have different stems, the third person singular and all the persons plural being formed from the stem of the second person singular *(люблю́, лю́бишь—лю́бит,* etc.).

According to the peculiarities of these two stems, all Russian verbs may be classed into several groups (see Tables 106-107).

2. From the stem of the present tense are formed: the imperative mood *(изуча́й),* the present participles active and passive *(изуча́ющий, изуча́емый),* and the imperfective verbal adverb *(изуча́я).* Exception: the verbal adverb of the verbs with the suffix *-ва-* after the roots *да-, зна-, ста-* is formed from the stem of the infinitive (see Table 121).

3. According to their personal endings verbs are classed into two groups: (1) verbs of the first conjugation, with the personal endings *-у (-ю), -ешь, -ет; -ем, -ете; -ут (-ют)* (or *-ёшь, -ёт; -ём, -ёте,* when the endings are stressed) and (2) verbs of the second conjugation, with the personal endings *-у (-ю), -ишь, -ит; -им, -ите; -ат (-ят).*

Some forms of the verbs *хоте́ть, бежа́ть, чтить* conform to the first conjugation and others to the second conjugation.

Singular				Plural	
я хочу́ ты хо́чешь он она́ } хо́чет оно́	мы хоти́м вы хоти́те они́ хотя́т	я бегу́ ты бежи́шь он она́ } бежи́т оно́	мы бежи́м вы бежи́те они́ бегу́т	я чту ты чтишь он она́ } чтит оно́	мы чтим вы чти́те они́ чтут

Table 84

Verbs with Unstressed Personal Endings

If the stress does not fall on the personal endings the conjugation (first or second) to which a verb belongs may be determined from the infinitive.

Verbs of the First Conjugation	Verbs of the Second Conjugation
1. One verb with the infinitive ending in-*ить: брить (бре́ешь, бре́ют).*	1. All verbs with the infinitive ending in -*ить* (with the single exception of *брить):* *стро́ить (стро́ю, стро́ишь, стро́ят)* *ходи́ть (хожу́, хо́дишь, хо́дят)* *бели́ть (белю́, бе́лишь, бе́лят).*
2. All verbs with the infinitive ending in -*еть* (with the exception of seven verbs): *красне́ть (красне́ю, красне́ешь); беле́ть (беле́ю, беле́ешь, беле́ют).*	2. Seven verbs with the infinitive ending in -*еть:* *смотре́ть (смотрю́, смо́тришь, смо́трят)* *ви́деть (ви́жу, ви́дишь, ви́дят)* *ненави́деть (ненави́жу, ненави́дишь, ненави́дят)* *терпе́ть (терплю́, те́рпишь, те́рпят)* *оби́деть (оби́жу, оби́дишь, оби́дят)* *верте́ть (верчу́, ве́ртишь, ве́ртят)* *зави́сеть (зави́шу, зави́сишь, зави́сят)* as well as their derivatives formed by means of prefixes: *посмотре́ть, уви́деть, вы́терпеть,* etc.
3. All verbs with the infinitive ending in -*ать* (with the exception of four verbs: *отвеча́ть (отвеча́ю, отвеча́ешь, отвеча́ют); лома́ть (лома́ю, лома́ешь, лома́ют).*	3. Four verbs with the infinitive ending in -*ать:* *дыша́ть (дышу́, ды́шишь, ды́шат)* *слы́шать (слы́шу, слы́шишь, слы́шат)* *держа́ть (держу́, де́ржишь, де́ржат)* *гнать (гоню́, го́нишь, го́нят)* as well as their derivatives formed by means of prefixes: *подыша́ть, услы́шать, вы́держать, согна́ть,* etc.

All other verbs belong to the first conjugation.

Note. — Perfective verbs with the prefix *вы-* are invariably stressed on the prefix; verbs with the stressed prefix *вы- (вы́беру, вы́берешь, вы́берут)* belong to the same conjugation as corresponding verbs without the prefix *(беру́, берёшь, беру́т).*

Table 85

Uses of the Present Tense

1. To express an action taking place at the moment of speaking:	Куда́ вы *идёте? Иду́* домо́й. Что вы *де́лаете? Пишу́* письмо́.
2. To express an action usually taking place or a recurrent action:	Каки́е ле́кции вы *посеща́ете?* Я *посеща́ю* ле́кции профе́ссора N... Уже́ год я *занима́юсь* ру́сским языко́м. Что вы *де́лаете* в свобо́дные дни? *Хожу́* в теа́тр, посеща́ю музе́и, вы́ставки.
3. To express an action: (a) permanently characterizing its subject: (b) which indicates an ability (inability) or capacity (incapacity) of a person or thing:	Пти́цы *лета́ют.* Зме́и *по́лзают.* Зо́лото *не ржаве́ет.* Он хорошо́ *говори́т* по-ру́сски. Ма́льчик вырази́тельно *чита́ет* стихи́. Про́бка хорошо́ *пла́вает.* Я *не ката́юсь* на конька́х.

Table 86

Use of the Present Tense to Express a Past or Future Action

1. The present tense is used with a past meaning to express vividness in narration: To express a recurrent action which took place a long time ago (in this case the present tense is combined with the word *быва́ло* 'used to'):	Вчера́ я *был* у това́рища. *Сиди́м* мы, *разгова́риваем,* вдруг *слы́шим* кто́-то *стучи́тся...* . . . . Пе́рвый день я провёл о́чень ску́чно; на друго́й день у́тром *въезжа́ет* во двор пово́зка... А! Макси́м Макси́мович!... Мы встре́тились как ста́рые прия́тели (Л.) Сего́дня я *встал* по́здно: *прихожу́* к колодцу — никого́ уже́ нет (Л.) *Приходи́л* он к нам ча́сто. *Сиди́т, быва́ло,* и *расска́зывает...* . . . .*Быва́ло,* он меня́ *не замеча́ет,* а я *стою́* у две́ри и *ду́маю:* Бе́дный, бе́дный стари́к! Нас мно́го, мы *игра́ем,* нам ве́село, а он — оди́н-одинёшенек... (Л. Т.)
2. The present tense is used with a future meaning when it denotes an action (mainly expressed by a verb of motion) firmly decided upon:	За́втра *лети́м* в Ленингра́д. Сего́дня ве́чером *иду́* в теа́тр. . . . . Я реши́ла бесповоро́тно. Жре́бий бро́шен, я *поступа́ю* на сце́ну. За́втра меня́ уже́ не бу́дет здесь. Я *ухожу́* от отца́, *покида́ю* всё, *начина́ю* но́вую жизнь... Я *уезжа́ю,* как и вы, в Москву́... (Ч.)

Table 87

The Past Tense

Imperfective Aspect			Perfective Aspect		
я, ты, он	изуча́л	стро́ил	изучи́л	постро́ил	*-л*
я, ты, она́	изуча́ла	стро́ила	изучи́ла	постро́ила	*-л-а*
оно́	изуча́ло	стро́ило	изучи́ло	постро́ило	*-л-о*
мы вы они́	изуча́ли	стро́или	изучи́ли	постро́или	*-л-и*

Infinitive: изуча́ть стро́ить	изучи́ть постро́ить

Note. — 1. The past tense is formed from the stem of the infinitive by adding the suffix *-л (рабо́тать — рабо́тал, мыть — мыл).*

2. Verbs in the past tense change according to number: *я рабо́тал, мы рабо́тали* and, in the singular, according to gender: *он рабо́тал, она́ рабо́тала, оно́ рабо́тало,* but not according to person.

Table 88

Some Peculiarities in the Formation of the Past Tense

1. Verbs ending in *-сти*	2. Verbs ending in *-чь*	3. Verbs ending in *-нуть*
Infinitive		
нести́, везти́, грести́, вести́, плести́	мочь, печь, стере́чь	поги́бнуть, исче́знуть, ослѐпнуть
Past Tense		
я, ты, он нёс, вёз, грёб, вёл, плёл	мог, пёк, стерёг	поги́б, исчѐз, ослѐп
я, ты, она́ несла́, везла́, гребла́, вела́, плела́	могла́, пекла́, стерегла́	поги́бла, исчѐзла, ослѐпла
оно́ несло́, везло́, гребло́, вело́, плело́	могло́, пекло́, стерегло́	поги́бло, исчѐзло, ослѐпло
мы вы они́ несли́, везли́, гребли́, вели́, плели́	могли́, пекли́, стерегли́	поги́бли, исчѐзли, ослѐпли

Note. — 1. Verbs ending in *-сти* in the infinitive and having no *д, т* at the end of the present tense stem *(нести́ — несу́, везти́ — везу́)* do not take the past tense suffix *-л* in the masculine singular, but end in the stem consonant. For example: *нести́ — несу́ — нёс, везти́ — везу́ — вёз.*

However, if verbs ending in *-сти* in the infinitive have *д* or *т* at the end of the present tense stem, the suffix *-л* of the past tense immediately follows the stem vowel. For example: *вести — веду — вёл, плести — плету — плёл.*

2. Verbs ending in *-чь* in the infinitive *(беречь, печь)* have the past tense stem ending in *г, к (берёг, пёк)* and take no suffix *-л* in the masculine.

3. A number of verbs with the suffix *-ну-* drop this suffix in the past *(погибнуть — погиб, исчезнуть — исчез).* *-ну-* is dropped in the past tense mainly in verbs which, when unprefixed, are imperfective: *сохнуть — сох, мёрзнуть — мёрз, крепнуть — креп*; however, in perfective verbs this suffix is preserved: *крикнуть — крикнул, толкнуть — толкнул.* There are very few exceptions: (a) *тянуть — тянул* (imperfective), (b) *исчезнуть — исчез* (not used without a prefix).

The suffix *-л* does not occur in the masculine if the stem ends in a consonant.

4. *-л* does not occur in the past tense in the masculine gender of verbs having *-ере-* in the infinitive *(умереть — умер, запереть — запер, тереть — тёр).*

Table 89

Comparative Table on the Uses of the Past Tense of Imperfective and Perfective Verbs

Imperfective Aspect	Perfective Aspect
1. Used to express an action which lasted a certain time or recurred in the past: В этом году я много *читал, писал* диссертацию. Я обычно *вставал* в 7 часов, *умывался, одевался, завтракал* и *шёл* на лекцию. *Шумели* деревья, *лил* дождь, река *волновалась.*	Used to express a completed action or an action which occurred on a single occasion: В этом году я *прочитал* много книг, *написал* диссертацию. Сегодня я встал в 7 часов, *умылся, оделся, позавтракал* и *пошёл* на лекцию. *Зашумели* деревья, *полил* дождь, река *заволновалась.* (The verbs indicate the beginning of actions).
II. Used to denote an action which occurred in the past and is wholly unconnected with the present: К вам кто-то *приходил* (means that the person who called on you is not here now). Я *брал* эту книгу у товарища (means that I have already given the book back to my friend). Я *открывал* окно (means that the window was opened but is now closed).	Used to denote an action completed in the past but associated by its result with the present (perfective meaning): К вам кто-то *пришёл* (means that someone has come to see you and is now at your place). Я *взял* эту книгу у товарища (means that I have borrowed the book from my friend and I still have it). Я *открыл* окно (means I opened the window and it is still open).

Note. — The past tense of perfective verbs used in a perfective meaning often occurs, alongside verbs in the present tense, in descriptions of the present: Осень. Лес *опустéл*. Вéтер *качáет* верхýшки дерéвьев. Лúстья *пожелтéли* и *пáдают*.

Table 90

Use of the Past Tense with the Words *бывáло* and *бы́ло*

1. The past tense of imperfective verbs is used with the word *бывáло* to express an action which recurred a long time ago:	Он, *бывáло, приходúл* к нам по вечерáм, *садúлся* в садý и *расскáзывал* нам чтó-нибудь интерéсное из своéй жúзни.
2. The past of imperfective and perfective verbs is used with the word *бы́ло* to express actions which were intended but not performed or actions whose performance was interrupted:	Я *хотéл бы́ло* сказáть емý дéрзость, но сдержáлся. Я *собирáлся бы́ло* поéхать э́тим лéтом нá море, но обстоя́тельства помешáли. Мы *пошлú бы́ло* в кинó, но нас задержáли.

Note. — The infinitive used with a past tense form plus the word *бы́ло* is usually a perfective one *(хотéл бы́ло сказáть, собирáлся бы́ло поéхать).*

Table 91

Use of the Past Tense with Future Meaning

The past tense of perfective verbs (usually verbs of motion) is occasionally used in colloquial speech with a future meaning to make the statement more categoric:	Я *пошёл,* вернýсь скóро. Ну, я *поéхал* на вокзáл за билéтами, а ты приéдешь к отхóду пóезда. Éсли нам не помóгут, мы *пропáли.*

Table 92

The Future Tense

Compound Future	Simple Future
я бýду читáть	прочитáю
ты бýдешь читáть	прочитáешь
он, онá, онó бýдет читáть	прочитáет
мы бýдем читáть	прочитáем
вы бýдете читáть	прочитáете
онú бýдут читáть	прочитáют

Compound Future	Simple Future
я бу́ду изуча́ть, выполня́ть	изучу́, вы́полню
ты бу́дешь изуча́ть, выполня́ть	изу́чишь, вы́полнишь
он она́ } бу́дет изуча́ть, выполня́ть оно́	изу́чит, вы́полнит
мы бу́дем изуча́ть, выполня́ть	изу́чим, вы́полним
вы бу́дете изуча́ть, выполня́ть	изу́чите, вы́полните
они́ бу́дут изуча́ть, выполня́ть	изу́чат, вы́полнят

Note. — 1. Only imperfective verbs have the compound future.

2. The compound future is formed by means of the future tense of the auxiliary verb (*бу́ду, бу́дешь*, etc.) plus the infinitive of the verb to be conjugated.

1. Only perfective verbs have the simple future.

2. The personal endings of the simple future are identical with those of the present tense of imperfective verbs.

Table 93

Meaning of the Simple and the Compound Future

1. The compound future expresses an action which will occur in the future but it does not specify whether it will be completed: *я бу́ду чита́ть кни́гу, я бу́ду изуча́ть язы́к, я бу́ду писа́ть письмо́.*

2. The compound future is never used to mean any other tense.

1. The simple future shows either that the action will be completed in the future: *я прочита́ю кни́гу, я изучу́ язы́к, я напишу́ письмо́,* or that it will begin: *я запою́, я закричу́.*

2. For the uses of the simple future, see the following table.

Table 94

Uses of the Simple Future

1. To denote the possibility or impossibility of an action.

1. To express the possibility of an action, the ability to perform an action:

То́лько он *отве́тит* на э́тот вопро́с (meaning: 'only he can answer this question').

190

	Он на все ру́ки ма́стер: и электри́чество *проведёт*, и часы́ *почи́нит*, и ме́бель *сма́стери́т* (meaning: 'he can put in electricity, mend a watch, make furniture'.)
2. To express the impossibility of an action, the inability to perform an action (in this sense the simple future is widely used in generalized personal sentences *):	*Не пойму́* ника́к, что ты говори́шь (meaning: 'I can't understand what you are saying'.) Ищу́ каранда́ш, ника́к *не найду́* (meaning: 'I can't find the pencil'.) Ему́ *не угоди́шь*. 'There is no pleasing him'. Про́шлого *не вернёшь*. 'The past cannot be relived'. Слеза́ми го́рю *не помо́жешь*. 'Tears are no help in sorrow'. Без труда́ *не вы́нешь* и ры́бку из пруда́. (Proverb; cf 'No pains, no gains').
	. . . . Нам придётся здесь ночева́ть,— сказа́л он с доса́дою,— в таку́ю мете́ль че́рез го́ры *не переедешь* (Л.) (meaning: one cannot cross).

II. In tne Meaning of the Present or Past Tense.

1. To denote momentaneous recurrent actions occurring against the background of another action:	
(a) the future used with present meaning:	Бу́ря мгло́ю не́бо кро́ет, Ви́хри сне́жные крутя́, То, как зверь, она́ *заво́ет*, То *запла́чет*, как дитя́... (П.)
(b) the future used with past meaning:	Ночь была́ ти́хая, сла́вная, са́мая удо́бная для езды́. Ве́тер то *прошелести́т* в куста́х, *закача́ет* ве́тки, то совсе́м *замрёт*... (Т.)

* Generalized personal sentences are sentences in which the verb is in the second person singular (less frequently in another personal form), present or future tense, but applies to any person, singular or plural: *Лю́бишь ката́ться — люби́ и са́ночки вози́ть*. (Cf. 'After the feast comes the reckoning'). *Что име́ем, не храни́м*. (Cf. 'We never know the value of water until the well is dry').

2. To denote momentaneous actions which take place regularly (or took place regularly in the past):

(a) the future used with present meaning:

Свой обы́чный день я провожу́ таки́м о́бразом: встаю́ в 8 часо́в, бы́стро *оде́нусь, поза́втракаю* и е́ду на заня́тия. Занима́юсь до обе́да, пото́м обе́даю, *отдохну́* и иду́ в библиоте́ку.

. . . .

(b) the future used with past meaning:

Бы́ло у него́ (Бе́ликова) стра́нное обыкнове́ние — ходи́ть по на́шим кварти́рам. *Придёт* к учи́телю, *ся́дет* и молчи́т; *посиди́т* э́дак мо́лча час-друго́й и *уйдёт*... (Ч.)
(The present tense *молчи́т* is also used in the sense of the past.)

(c) to denote actions which recurred a long time ago, the simple future is often used with *быва́ло:*

...И так жа́лко ста́нет, что *быва́ло подойдёшь* к нему́, *возьмёшь* за́ руки и *ска́жешь:* Lieber Карл Ива́нович! Он люби́л, когда́ я ему́ говори́л так; всегда́ прила́скает, и ви́дно, что растро́ган... (Л. Т.)

3. Used with the negative particle *не* in expressing absence of action in the present or the past:

(a) the future used with present meaning:

Со́лнце стои́т неподви́жно над голово́й и жжёт траву́... Ни де́рево, ни вода́ *не шелохну́тся;* над дере́вней и по́лем лежи́т невозмути́мая тишина́... (Гонч.)

(b) the future used with past meaning:

Всё бы́ло ти́хо, волна́ *не поды́мется,* листо́к *не шелохнётся.* (Акс.)

4. To denote a swift and unexpected action (in combination with the particle *как*):

the future used with past meaning:

Иду́ я вчера́ по у́лице, и вдруг кто́-то *как схва́тит* меня́ за́ руку.
(The present tense form *иду́* is also used in the sense of the past.)

. . . .

Гера́сим гляде́л, гляде́л, да *как засмеётся* вдруг (Т.)

Table 95

Use of Imperfective and Perfective Verbs in a Context

Imperfective Aspect	Perfective Aspect
1. (a) Гроза́ *надвига́лась.* Впереди́ огро́мная лило́вая ту́ча ме́дленно *поднима́лась* из-за ле́су; надо мно́ю и мне навстре́чу *несли́сь* дли́нные се́рые облака́; раки́ты трево́жно *шевели́лись и лепета́ли...* (Т.) 2. *Был* ве́чер. Не́бо *ме́ркло.* Во́ды *струи́лись* ти́хо. Жук *жужжа́л* (П.) 3. Ме́жду колёсами теле́г, Полузаве́шанных ковра́ми, *Гори́т* ого́нь; семья́ круго́м *Гото́вит* у́жин; в чи́стом по́ле *Пасу́тся* ко́ни; за шатро́м Ручно́й медве́дь *лежи́т* на во́ле... (П.) 4. *Приводи́ли* обыкнове́нно нович́ка́ к дверя́м э́той ко́мнаты, неча́янно *вта́лкивали* его́ к медве́дю, две́ри *запира́лись,* и несча́стную же́ртву *оставля́ли* наедине́ с косма́тым пусты́нником (П.) но всё *погля́дывал* на восто́к. Ло́шади *бежа́ли* дру́жно. Ве́тер ме́жду тем час о́т часу *станови́лся* сильне́е. кото́рая тяжело́ *подыма́лась,* росла́ и постепе́нно *облега́ла* не́бо.	1. b) Си́льный ве́тер внеза́пно *загуде́л* в вышине́, дере́вья *забушева́ли,* кру́пные ка́пли дождя́ ре́зко *застуча́ли, зашлёпали* по ли́стьям (Т.) 5. Всё *зашевели́лось, проснулось, запе́ло, зашуме́ло, заговори́ло* (Т.) 6. *Роня́ет* лес багря́ный свой убо́р, Сребри́т моро́з увя́нувшее по́ле, *Прогля́нет* день как бу́дто понево́ле, И *скро́ется* за край окру́жных гор (Л.) 7. Дефо́рж *вы́нул* из карма́на ма́ленький пистоле́т, *вложи́л* его́ в у́хо голо́дному зве́рю и *вы́стрелил.* Медве́дь *повали́лся.* Всё *сбежа́лось,* две́ри *отвори́лись —* Кири́лла Петро́вич *вошёл,* изумлённый развя́зкою свое́й шу́тки... 8. Ямщи́к *поскака́л:* Облако *обрати́лось* в бе́лую ту́чу, *Пошёл* мелкий снег — и вдруг *повали́л* хло́пьями. Ве́тер *завы́л, сде́лалась* мете́ль. В одно́ мгнове́нье тёмное не́бо *смеша́лось* с сне́жным мо́рем. Всё *исче́зло.* «Ну, ба́рин, — закрича́л ямщи́к, — беда́: бура́н!»

	Я *вы́глянул* из киби́тки:
всё бы́ло мрак и вихрь. Ве́тер *выл* с тако́й свире́пой вырази́тельностью, что *каза́лся* одушевлённым; снег *засыпа́л* меня́ и Саве́льича; ло́шади *шли* ша́гом	и ско́ро *ста́ли* (П.)

Note.— Imperfective and perfective verbs are used to express consecutiveness and simultaneousness of actions:

(1) To express absolute simultaneousness, verbs of only one aspect—imperfective or perfective (generally verbs denoting the beginning of an action)—are used (for the former, see examples 1 (a), 2, 3; for the latter, see example 5).

(2) To express partial simultaneousness (when one action seems to take place against the background of another), only verbs of different aspects are used (see examples 1 (a, b), 6 and in example 8): *Ве́тер ме́жду тем час о́т часу станови́лся сильне́е. Облако обрати́лось в бе́лую ту́чу...*

(3) To express consecutiveness of actions, (a) either only perfective verbs are used denoting consecutive completed actions (see example 7) or only imperfective ones denoting actions repeated in a certain order (see example1 4); or (b) verbs of different aspects are used (see example 8): *Облако обрати́лось в бе́лую ту́чу, кото́рая тяжело́ подыма́лась, росла́ и постепе́нно облега́ла не́бо...*

Table 96
The Conditional-Subjunctive Mood

Imperfective Aspect	Perfective Aspect
я, ты, он стро́ил бы, изуча́л бы я, ты, она́ стро́ила бы, изуча́ла бы оно́ стро́ило бы, изуча́ло бы	постро́ил бы, изучи́л бы постро́ила бы, изучи́ла бы постро́ило бы, изучи́ло бы
мы вы } стро́или бы, изуча́ли бы они́	постро́или бы, изучи́ли бы

Note. — To form the conditional-subjunctive mood, the form of the past tense is used with the particle *бы.*

Table 97
Uses of the Conditional-Subjunctive Mood

1. (a) To denote an action which may take place under certain circumstances:	Если бы у меня́ бы́ло вре́мя, я *пошёл бы* сего́дня в теа́тр.

(b) To denote an action planned or desired:	Сегóдня я не могý, но зáвтра я с удовóльствием *пошёл бы* в теáтр.
2. To express a wish, a request or a mild order:	*Скорéй бы пришлó* лéто! *Пошёл бы* ты гулять! *Почитáл бы* книгу!

Note. — 1. The particle *бы* is not attached to the verb: it may take different places in the sentence: *Я с удовóльствием пошёл бы в теáтр,* or *Я бы с удовóльствием пошёл в теáтр.*

In a complex sentence with the verb in the conditional-subjunctive mood the particle *бы* is used both in the principal and in the subordinate clauses: *Éсли бы у меня было врéмя, я пошёл бы в теáтр.*

2. In impersonal sentences, an infinitive or a predicative adverb can be used with the particle *бы* in the sense of the conditional-subjunctive mood to express a desired or planned action:

Поéхать бы лéтом нá море!
Хорошó бы поéхать лéтом нá море!

..

Table 98

Use of Imperfective and Perfective Verbs Preceded by the Negative Particle *не* in the Conditional-Subjunctive Mood

Imperfective Aspect	Perfective Aspect
Expressing a desire not to perform an action or a wish that it should not be performed:	Expressing apprehension that an undesirable action may take place:
Не выходил бы ты сегóдня на ýлицу: óчень хóлодно. *Не бéгал бы* ты так быстро: упадёшь. *Не éхать бы* никудá! *Никогдá бы не видеть* и не слышать этого!	*Не вышел бы* больнóй слишком рáно. *Не убежáл бы* он кудá-нибудь. (*Как бы он не убежáл* кудá-нибудь.) *Не проéхать бы* останóвку. (*Как бы не проéхать* останóвку.) *Не проспáть бы.* (*Как бы не проспáть.*) *Не уронить бы* вáзу. (*Как бы не уронить* вáзу.) *Не забыть бы* егó телефóна. (*Как бы не забыть* егó телефóна.)

Note. — 1. In expressing a wish that an action should not be performed, imperfective verbs are generally used in the conditional-subjunctive mood: *He éхaл бы ты один! He éхать бы тебé одномý!*

2. In expressing apprehension that an undesirable action may take place, only perfective verbs are used in the conditional-subjunctive mood: *Не проéхал бы ты остановку. Не проéхать бы тебé остановку.*

3. Apprehension that an undesirable action may take place is often rendered by *как бы не* with a perfective verb: *Как бы ты не проéхал остановку. Как бы тебé не проéхать остановку.*

Table 99

The Imperative Mood

Singular

иди́	рабо́тай	встань
изучи́	изуча́й	пригото́вь
говори́	организу́й	брось
исчéзни	выполня́й	режь

Note. — The imperative mood is formed from the present tense stem for imperfective verbs (*идти́ — идёшь — иди́; рабо́тать — рабо́таешь — рабо́тай; рéзать — рéжешь — режь,* etc.) and from the future tense stem for perfective verbs (*изучи́ть — изу́чишь — изучи́; бро́сить — бро́сишь — брось; пригото́вить — пригото́вишь — пригото́вь;* etc.)

The ending -*u* occurs:	-*й* at the end of the stem occurs:	A soft consonant or sibilant occurs at the end of the stem (in spelling the softness of the final stem consonant or sibilant is rendered by a *ь*):
1. In verbs which, in the first person singular, present or future tense, have a consonant before the personal endings, and which are stressed on those endings: иду́ — иди́	1. In verbs whose first person singular, present or future, ends in -*ю* preceded by a vowel: рабо́таю — рабо́тай изуча́ю — изуча́й организу́ю—организу́й выполня́ю — выполня́й	In verbs whose first person singular, present or future, has a consonant preceding an unstressed personal ending: вста́ну — встань рéжу — режь бро́шу — брось

изучу́ — изучи́ говорю́ — говори́	броса́ю — броса́й	пригото́влю — пригото́вь
If the stressed prefix *вы-* is attached to these verbs (*вы́йду, вы́учу, вы́скажу,* etc.) the ending is still *-u (вы́йди, вы́учи, вы́скажи).* 2. In verbs whose first person singular, present or simple future tense, has an *н* preceded by another consonant: дости́гну — дости́гни исче́зну — исче́зни све́ргну — све́ргни	2. In monosyllabic verbs with *u* in the stem of the infinitive (*пить, лить, шить, бить,* etc.): пью — пей лью — лей шью — шей бью — бей This rule holds good when a prefix is attached to the verbs *(вы́пей, вы́лей).*	ся́ду — сядь

Plural

иди́те изучи́те говори́те исче́зните	рабо́тайте изуча́йте организу́йте выполня́йте	вста́ньте пригото́вьте бро́сьте ре́жьте

Note.— The plural of the imperative mood is formed from the singular by adding the ending *-те: иди — иди́те, изуча́й — изуча́йте, встань — вста́ньте,* etc.

Table 100

Aspect of the Verb in the Imperative according to whether it is Preceded by the Negative Particle *не* or not

The imperative without the negative	The imperative with the negative
Пожа́луйста, *откро́й* сейча́с окно́. *Подойди́* ко мне. *Положи́те* кни́ги на окно́. *Дай* това́рищу каранда́ш.	Пожа́луйста, *не открыва́й* сейча́с окна́. *Не подходи́* ко мне. *Не клади́те* кни́ги на окно́. *Не дава́й* това́рищу каранда́ш, пусть он пи́шет перо́м.

The imperative without the negative	The imperative with the negative
Возьми тетрадь домой. Пожалуйста, *отнеси* сегодня книги в библиотеку. *Относи* книги всегда в срок.	*Не бери* тетрадь, я должен её проверить. Сегодня *не относи* книги в библиотеку.

Note.— 1. If a verb in the imperative is not preceded by the negative particle *не* it may be either of the perfective or of the imperfective aspect according to the meaning of the whole sentence, e.g.: *Пожалуйста, возьми книги и отнеси их в библиотеку. Бери книги всегда в этой библиотеке. Всегда относи книги в срок.*

2. If a verb in the imperative is preceded by *не* it is generally of the imperfective aspect even though it may express an action performed on a single occasion and of very short duration: *Не бери сейчас эту книгу, я дам тебе её потом.*

For some uses of perfective verbs following the negative particle *не* in the imperative, see the following table.

Table 101

Different Meanings of the Imperfective and Perfective Aspects of a Verb in the Imperative Preceded by the Negative Particle *не*

Imperfective Aspect	Perfective Aspect
Persuasion or request not to perform an action:	Warning against an undesirable action with apprehension that it may occur:
Пожалуйста, *не хлопай* дверью! *Не бери* мою тетрадь. *Не трогай* эту вазу! *Не говори* никому о том, что я тебе рассказал. *Не уходи*, прошу тебя. *Смотри, не падай*, будь осторожен! *Смотри, не забывай* нас!	*Не хлопни* случайно дверью. *Не возьми* случайно мою тетрадь. *Неси* вазу осторожно, не урони её. *Не скажи* случайно кому-нибудь о том, что я тебе рассказал. *Смотри, не уйди*, не заперев двери. *Смотри, не упади*, здесь очень скользко. *Смотри, не забудь* номер моего телефона.

Note. — If the particle *смотри* 'take care' is used to warn against an undesirable action, the verb in the imperative may be either perfective or imperfective: *Смотри, не упади, здесь очень скользко. Смотри не падай, будь осторожен.*

Table 102

Aspect of the Infinitive Used in the Sense of the Imperative according to whether it is Preceded by the Negative Particle *не* or not

Order, command or demand to do something	Order, command or demand not to do something
Подойти́ ко мне! *Встать!* *Взять* всё необходи́мое в доро́гу! *Сиде́ть* ти́хо!	*Не подходи́ть* ко мне! *Не встава́ть!* *Не брать* в доро́гу ничего́ ли́шнего! *Не шуме́ть!*

Note.— An order to do something can be expressed not only by a perfective infinitive but also by an imperfective one, e.g.: *Молча́ть! Сиде́ть ти́хо! Лежа́ть!* An order not to do something is expressed only by imperfective verbs.

Verbs Ending in -*ся*

Table 103

		Imperfective Aspect				Perfective Aspect
	Infin-itive	*занима́ться*		*учи́ться*		*доби́ться*
Indicative Mood — Present Tense		я занима́юсь ты занима́ешься он, она́, оно́ занима́ется мы занима́емся вы занима́етесь они́ занима́ются	*-ю-сь* *-ешь-ся* *-ет-ся* *-ем-ся* *-ете-сь* *-ют-ся*	учу́сь у́чишься у́чится у́чимся у́читесь у́чатся	*-у-сь* *-ишь-ся* *-ит-ся* *-им-ся* *-ите-сь* *-ат-ся*	No present tense
Past Tense		я, ты, он занима́лся я, ты, она́ занима́лась оно́ занима́лось мы вы } занима́лись они́		учи́лся учи́лась учи́лось учи́лись		доби́лся доби́лась доби́лось доби́лись

	Infin-itive	Imperfective Aspect		Perfective Aspect
		занима́ться	*учи́ться*	*доби́ться*

Indicative Mood Future Tense	я бу́ду ты бу́дешь он, она́, оно́ бу́дет мы бу́дем вы бу́дете они́ бу́дут	} занима́ться	бу́ду бу́дешь бу́дет бу́дем бу́дете бу́дут } учи́ться	добью́сь добьёшься добьётся добьёмся добьётесь добью́тся	-ю-сь -ёшь-ся -ёт-ся -ём-ся -ёте-сь -ют-ся
Conditional-Subjunctive Mood	я, ты, он занима́лся бы я, ты, она́ занима́лась бы оно́ занима́лось бы мы вы } занима́лись бы они́		учи́лся бы учи́лась бы учи́лось бы учи́лись бы	доби́лся бы доби́лась бы доби́лось бы доби́лись бы	
Imperative Mood	занима́йся занима́йтесь		учи́сь учи́тесь	добе́йся добе́йтесь	

Note.— 1. Verbs ending in *-ся* build their forms just as verbs without *-ся*. *-ся* is added after the verb endings.

2. *-ся* is pronounced and written after consonants *(занима́ешься, учи́лся,* etc.), while *-сь* is pronounced and written after vowels *(занима́юсь, занима́лась,* etc.).

Table 104

Meaning and Use of Verbs Ending in *-ся*

Group 1	*-ся* has the meaning of *себя́* 'oneself': the action of the verb is directed at its subject:	одева́ться (одева́ть себя́) умыва́ться (умыва́ть себя́) причёсываться (причёсывать себя́)

Group 2	Verbs ending in *-ся* denote a reciprocal action of two or more subjects:	боро́ться встре́титься совеща́ться ссо́риться	Друзья́ *встре́тились* на вокза́ле.
Group 3	*-ся* is used to obtain passive forms of transitive verbs:	стро́иться управля́ться охраня́ться	Грани́цы СССР охраня́ются Сове́тской Армией (the active construction is: Сове́тская Армия *охраня́ет* грани́цы СССР).
Group 4	The addition of the particle *-ся* may form an entirely new verb with a new meaning:	доби́ть — доби́ться находи́ть — находи́ться	Охо́тники *доби́ли* во́лка. Мы *доби́лись* успе́хов. В э́той ме́стности всегда́ *нахо́дят* мно́го зо́лота. В э́той ме́стности *нахо́дится* зо́лото.
Group 5	The verb is not used without *-ся:*	боя́ться труди́ться распоряжа́ться наде́яться горди́ться наслажда́ться смея́ться улыба́ться случи́ться очути́ться	Мы *не бои́мся* тру́дностей. Мы *наде́емся* на успе́х. Мы *наслажда́емся* жи́знью.
Group 6	*-ся* occurs in impersonal verbs: (a) which can be used without *-ся* as personal verbs: (b) which cannot be used without *-ся:*	(a) хо́чется ду́мается (b) ка́жется нездоро́вится смерка́ется	Мне *хо́чется* рабо́тать. Зимо́й *смерка́ется* ра́но.

Note.— 1. *-ся* is the old short form of the accusative case of the reflexive pronoun *себя́*. In the course of time *-ся* merged with the verb into one word, retaining a reflexive meaning only in some verbs (see verbs of Group 1).
2. Verbs with *-ся* are intransitive.
3. Passive forms can be obtained only from transitive verbs.

4. A Russian passive construction can be formed not only by adding the particle *-ся* to transitive verbs (*Границы защищаются, защищались, будут защищаться Советской Армией*) but also by means of the passive participle (*Границы защищены, были защищены, будут защищены Советской Армией*).

Passive forms with the particle *-ся* are mainly formed from imperfective verbs (*охраняться, строиться*), while passive participles are formed mainly from perfective verbs (*построен, прочитан, взят*), e. g. *Мост построен. Книга прочитана.*

Table 105

Impersonal Verbs

Impersonal verbs are used in all tenses only in the third person singular, and in the past tense only in the neuter gender.

Present Tense	Past Tense	Future Tense	
смеркается светает вечереет сквозит морозит парит	смеркалось светало вечерело сквозило морозило парило	будет { смеркаться светать вечереть сквозить морозить парить }	1. These impersonal verbs denote phenomena (generally natural) which occur without the interference of any person or object.
With the dative case:			2. These impersonal verbs denote a state or a mood of a person; they are usually used with the dative case, but some verbs require the accusative.
мне тебе ему, ей, нам, вам товарищу товарищам, etc.	нездоровится хочется думается не спится	нездоровилось хотелось думалось не спалось	будет нездоровиться будет хотеться будет думаться не будет спаться	
With the accusative case			
меня тебя его, её нас вас их товарища товарищей, etc.	тошнит мутит лихорадит знобит	тошнило мутило лихорадило знобило	будет { тошнить мутить лихорадить знобить }	

202

MAIN TYPES OF VERBS

(Productive and Non-Productive)

Productive types of verbs are those which can serve as living patterns in the modern language. Since all newly-formed verbs are conjugated according to one of the productive types, the number of verbs belonging to these types is constantly growing. *Non-productive* types of verbs' were inherited from older periods and they no longer serve as living patterns. Each non-productive type of verbs includes a definite number of verbs formed in the language a long time ago (the number of verbs in some types is quite considerable). There are productive and non-productive types of verbs in both the first and second conjugations.

Table 106

Productive Types of Verbs

Types	Infinitive	Present (or Simple Future) Tense	Remarks
		First Conjugation	
1.	*-а-ть* *(-я-ть)* читáть изучáть рабóтать являть влиять знать	First person singular *-а-ю* *(-я-ю).* Second person singular *-а-ешь (-я-ешь).* читáю — читáешь изучáю — изучáешь рабóтаю — рабóтаешь являю — являешь влияю — влияешь знáю — знáешь	As a rule, *-а-* is a suffix, but in some instances it belongs to the verb root *(зна-ть).*
2.	*-е-ть* белéть краснéть богатéть зреть спеть	First person singular *-е-ю.* Second person singular *-е-шь.* белéю — белéешь краснéю — краснéешь богатéю — богатéешь зрéю — зрéешь спéю — спéешь	As a rule, *-е-* is a suffix, but in some instances it belongs to the verb root *(зре-ть).*

7**

Types	Infinitive	Present (or Simple Future) Tense	Remarks

First Conjugation

Types	Infinitive	Present (or Simple Future) Tense	Remarks
3.	-ов-а-ть -ев-а-ть рисова́ть существова́ть организова́ть кова́ть горева́ть ночева́ть жева́ть плева́ть	First person singular *-у-ю (-ю-ю).* Second person singular *-у-ешь (-ю-ешь), -у-ёшь (-ю-ёшь).* рису́ю — рису́ешь существу́ю — существу́ешь организу́ю — организу́ешь кую́ — куёшь горю́ю — горю́ешь ночу́ю — ночу́ешь жую́ — жуёшь плюю́ — плюёшь	*-ов-а-* occurs after hard consonants, *-ев-а-* after soft consonants and sibilants. In some instances *-ов-, -ев-* in the infinitive and *-у-* in the present tense are suffixes *(рисова́ть — рису́ю),* in others they belong to the verb root *(кова́ть — кую́, жева́ть — жую́).*
4.	-ну-ть толкну́ть махну́ть дви́нуть	First person singular *-н-у.* Second person singular *-н-ешь (-н-ёшь).* толкну́ — толкнёшь махну́ — махнёшь дви́ну — дви́нешь	

Second Conjugation

Types	Infinitive	Present (or Simple Future) Tense	Remarks
5.	-и-ть мочи́ть кружи́ть реши́ть пои́ть вари́ть моли́ть урони́ть молоти́ть укроти́ть грусти́ть ходи́ть проси́ть	First person singular *-у(-ю).* Second person singular *-ишь.* мочу́ — мо́чишь кружу́ — кру́жишь решу́ — реши́шь пою́ — пои́шь варю́ — ва́ришь молю́ — мо́лишь уроню́ — уро́нишь молочу́ — моло́тишь укрощу́ — укроти́шь грущу́ — грусти́шь хожу́ — хо́дишь прошу́ — про́сишь	The ending of the present (simple future) tense is added to the verb root. At the end of the stem of the present tense there is a soft consonant or a sibilant. If the root in the infinitive ends in *т, д, с, з* or a bilabial consonant, an alternation of consonants takes place, a different sound (or combination of sounds) occurring in the stem of the first person singular, present (simple future) tense.

Second Conjugation

грози́ть	грожу́ — грози́шь	The alternations of consonants are as follows:
топи́ть	топлю́ — то́пишь	*т — ч (т — щ), ст — щ,*
люби́ть	люблю́ — лю́бишь	*д — ж, с — ш, з — ж,*
лови́ть	ловлю́ — ло́вишь	*п — пл, б — бл, в — вл,*
графи́ть	графлю́ — графи́шь	*ф — фл, м — мл.*
томи́ть	томлю́ — томи́шь	

Table 107

Non-Productive Types of Verbs

First Conjugation

1.	**-а-ть**	First person singular *-у(-ю).* Second person singular *-ешь.*	There is no *-а-* in the stem of the present tense. In the infinitive a hard consonant occurs before *-а-ть;* the stem of the present tense ends in a sibilant or a soft consonant.
	пла́кать	пла́чу — пла́чешь	
	паха́ть	пашу́ — па́шешь	
	иска́ть	ищу́ — и́щешь	There is alternation of consonants (the final consonant of the roots of the infinitive and of the present tense is alternated). The alternation follows the normal pattern: *к — ч, х — ш, ск — щ, т — ч, д — ж, с — ш, з — ж, п — пл, б — бл, в — вл, м — мл, л — л* (soft).
	пря́тать	пря́чу — пря́чешь	
	глода́ть	гложу́ — гло́жешь	
	писа́ть	пишу́ — пи́шешь	
	ре́зать	ре́жу — ре́жешь	
	сы́пать	сы́плю — сы́плешь	
	колеба́ть	колебло́ — коле́блешь	
	дрема́ть	дремлю́ — дре́млешь	
	стлать	стелю́ — сте́лешь	An unstable vowel may occur; it does not occur in the infinitive *(стлать — столю́).*
2.	**-я-ть** (following the root vowel)	First person singular *-ю* Second person singular *-ешь (-ёшь)* ⎫⎬⎭ following the root vowel.	*я = [йа]: й* is the final root consonant. *-а- (-я-)* is the suffix of the infinitive; it does not occur in the stem of the present tense.
	ла́ять	ла́ю — ла́ешь	
	та́ять	та́ю — та́ешь	
	ве́ять	ве́ю — ве́ешь	
	смея́ться	смею́сь — смеёшься	

First Conjugation

3.	*-a-ть* брать звать ждать лгать ткать	First person singular *-у.* Second person singular *-ёшь.* беру́ — берёшь зову́ — зовёшь жду — ждёшь лгу — лжёшь тку — ткёшь	There is no *a* in the stem of the present tense. There is a hard consonant in the stem of the infinitive and of the first person singular (ждать — жду). An unstable *e* or *o* may occur in the root (no unstable vowel occurs in the infinitive). In the present tense back-palatal consonants at the end of the stem alternate with sibilants (the only exception is the verb *ткать* in which *к* does not alternate with *ч*).
4.	*-ть* (following the *o* of the root) коло́ть поло́ть моло́ть боро́ться	First person singular *-ю (-сь).* Second person singular *-ешь (-ся).* колю́ — ко́лешь полю́ — по́лешь мелю́ — ме́лешь борю́сь — бо́решься	*-оло-, -оро-* occur in the root of the infinitive; the stem of the present tense ends in a soft consonant (the second *o* is dropped). The alternation *o — e* may occur: *(моло́ть — мелю́).*
5.	*-ть* (following the *e* of the root) тере́ть умере́ть	First person singular *-у.* Second person singular *-ёшь.* тру — трёшь умру́ — умрёшь	The root of the infinitive contains the combination *-ере-;* the stem of the present tense in the first person singular ends in a hard consonant (in the present tense only one *e* remains). There is an unstable *e* (it does not occur in the stem of the present tense).
6.	*-a-ть* *-я-ть* жать нача́ть мять жать взять поня́ть	First person singular *-н-у (-м-у).* Second person singular *-н-ёшь (-м-ёшь).* жну — жнёшь начну́ — начнёшь мну — мнёшь жму — жмёшь возьму́ — возьмёшь пойму́ — поймёшь	*a* in the infinitive belongs to the root: *м, н* in the stem of the present (simple future) tense belong to the root. The verb *поня́ть* has in the root an *н* which does not occur in the simple future tense.

7.	*-ть* (following the root vowel) стать одéть	First person singular *-н-у*. Second person singular *-н-ешь.* стáну — стáнешь одéну — одéнешь	There is an *н* at the end of the stem of the future tense (of perfective verbs); *н* does not occur in the stem of the infinitive.
8.	*-и-ть* *-у-ть* гнить дуть	First person singular *-ю*. Second person singular *-ешь* *-(ёшь).* гнию́ — гниёшь ду́ю — ду́ешь	*и, у* occurring in the stems of the infinitive and of the present tense belong to the root.
9.	*-и-ть* *(-ы-ть)* *-е-ть* пить бить мыть брить петь	First person singular *-ю* *(-ью)*. Second person singular *-ешь* *(-ёшь, -ьёшь).* пью — пьёшь бью — бьёшь мо́ю — мо́ешь брéю — брéешь пою́ — поёшь	The vowels *и, ы, е* occurring in the stem of the infinitive belong to the root. There are different vowels in the stem of the present tense and in the stem of the infinitive (alternation of vowels); in some verbs the vowel may be dropped. The stem of the present tense ends in *-й* (in spelling, the ending of the first person singular is *-ю* after a vowel and *-ью* after a consonant).
10.	*-ва-ть* (following the *a-* of the root) давáть вставáть сознавáть	First person singular *-ю* Second person singular *-ёшь* } following a vowel. даю́ — даёшь встаю́ — встаёшь сознаю́ — сознаёшь	*-ва-* does not occur in the stem of the present tense, which ends in *-й*: [дай-у] (in spelling — *даю́*).
11.	*-и-ть* *(-ы-ть)* жить плыть слыть	First person singular *-у* Second person singular *-ёшь* } following *-в-*. живу́ — живёшь плыву́ — плывёшь слыву́ — слывёшь	*и (ы)* belongs to the root; the root of the stem of the present tense ends in *-в-* following the root vowel *и (-ы)*.

№	Infinitive	Present tense	Note	Description
12.	*-сти (-сть)* *-зти (-зть)*	First person singular *-у* Second person singular *-ешь (-ёшь).*	following the root consonant.	The ending of the infinitive is *-сти (-зти)* with the stress on *и*. The stem of the first person singular in the present tense ends in a hard consonant.
	нестѝ вестѝ плестѝ грестѝ везтѝ прясть лезть	несу́ — несёшь веду́ — ведёшь плету́ — плетёшь гребу́ — гребёшь везу́ — везёшь пряду́ — прядёшь ле́зу — ле́зешь		

| 13. | *-чь* | First person singular *-у*. Second person singular *-ешь (-ёшь).* | | A back-palatal consonant *(к* or *г)* occurs in the stem of the present tense before the ending of the first person singular; in the present tense back-palatal consonants alternate with sibilants *(к — ч, г — ж).* An unstable vowel may occur *(жечь — жгу).* |
| | печь бере́чь стере́чь мочь жечь | пеку́ — печёшь берегу́ — бережёшь стерегу́ — стережёшь могу́ — мо́жешь жгу — жжёшь | | |

Second Conjugation

| 14. | *-е-ть* | First person singular *-у (-ю).* Second person singular *(-ишь).* | | The stem of the first person singular in the present tense ends in a soft consonant or a sibilant. If the stem of the infinitive ends in a dental or bilabial consonant, alternation of consonants occurs in the stem of the present tense: a sibilant in the first person singular — a dental consonant in all the other forms, a combination of a bilabial consonant with a soft *л* in the first person singular — a bilabial consonant in all the other forms. |
| | горе́ть веле́ть сиде́ть ви́деть висе́ть скрипе́ть терпе́ть | горю́ — гори́шь велю́ — вели́шь сижу́ — сиди́шь ви́жу — ви́дишь вишу́ — виси́шь скриплю́ — скрипи́шь терплю́ — те́рпишь | | |

15.	-ать (-ять) (-ся)	First person singular -у (-ю) (-сь). Second person singular -ишь (-ся).	a does not occur in the stem of the present tense. -ать in the infinitive is preceded by a hard consonant, a sibilant or й (бо-я́ться).
	спать	сплю — спишь	There is a soft consonant, a sibilant or й at the end of the stem of the present tense.
	гнать	гоню́ — го́нишь	
	крича́ть	кричу́ — кричи́шь	
	молча́ть	молчу́ — молчи́шь	An unstable vowel may occur in the conjugation (гнать — гоню́).
	стуча́ть	стучу́ — стучи́шь	
	боя́ться	бою́сь — бои́шься	Alternation of consonants (п — пл, н — soft н) may occur.

Note.— Productive type 4, with the infinitive ending in *-ну-ть* and the present (simple future) tense in *-н-у, -н-ешь, -н-ёшь,* should not be confused with the non-productive type which has a similar infinitive and present (simple future) tense (for which reason it is not given separately in the foregoing tables) but a different form for the past tense. The stem of the past tense of the productive type verbs ending in *-ну-ть* coincides with the stem of the infinitive (infinitive: *толк-ну́-ть, дви́-ну-ть;* past tense: *толк-ну́-л, дви́-ну-л*), while that of the non-productive type verbs has no suffix *-ну-* (infinitive: *мёрз-ну-ть, со́х-ну-ть;* past tense: *мёрз, сох*).

Table 108

Verbs which do not Conform to Any Type

Infinitive	Present (Simple Future) Tense	Remarks
бежа́ть	бегу́ — бежи́шь	The third person plural is *бегу́т,* while verbs ending in the second person singular in *-ишь* generally take *-ат.*
быть	бу́ду — бу́дешь	*Бу́ду, бу́дешь* are the forms of the future tense; the present tense is formed from a different root, and the third person singular *(есть)* and the third person plural *(суть)* are the only forms used (though very rarely) in Modern Russian.
дать, есть (in the sense of 'to eat')	дам — дашь ем — ешь	The ending of the first person singular of these two verbs is different from those of all other verbs.

éхать	éду — éдешь	
идти́	иду́ — идёшь	The stem of the infinitive ends in *д*. The past tense is formed irregularly (from a different root) — *шёл*.
расшиби́ть	расшибу́ — расшибёшь	A hard consonant occurs before the ending in the first person singular. The only verbs conjugated according to this type are prefixed verbs formed from the root *-шиб-* (they are all perfective verbs).
реве́ть	реву́ — ревёшь	A hard consonant occurs before the ending of the first person singular; there is no *e* at the end of the stem of the present tense.
надое́сть	надое́м — надое́шь	Historically, this verb was formed from the verb *есть — ем — ешь* (see above) by means of a prefix; the modern meanings of the two verbs, however, are altogether different.
созда́ть	созда́м — созда́шь	This verb has the same forms as the verb *дать — дам — дашь*.
чтить	чту — чтишь	This verb differs from all the other verbs of the second conjugation in that the stem of the first person singular ends in a hard consonant.
хоте́ть	хочу́ — хо́чешь	In the present tense plural this verb follows the second conjugation *(хоти́м — хоти́те — хотя́т)*.

MAIN TYPES OF STRESS IN VERBS

1. The stress is fixed, i.e., it falls either on the same syllable (counting from the beginning of the word) in the infinitive and in all persons of the present (simple future) tense: *читáть — читáю — читáешь*, etc. or on the last syllable in the infinitive and in all persons (except the second person plural) of the present (simple future) tense: *прожúть — проживý — проживёшь... проживёте* (second person plural)...

2. The stress falls on the last syllable in the infinitive and in the first person singular, present tense, but is shifted one syllable nearer the beginning of the word in all the other persons: *носúть — ношý — нóсишь*, etc.

3. In a few cases the stress falls on the last syllable in the infinitive, in the first person singular and in all persons plural, present tense, but is shifted one syllable nearer the beginning of the word in the second and third persons singular: *хотéть — хочý — хóчешь — хóчет — хотúм — хотúте — хотя́т*.

4. In many verbs ending in *-овать, -евать* the stress falls on the last syllable in the infinitive, and on the penultimate syllable in all persons in the present (simple future) tense: *рисовáть — рисýю — рисýешь; горевáть — горю́ю — горю́ешь*.

Note.— When in the following tables the stress is shown as falling on the last syllable in the forms of the present (simple future) tense, this applies to all persons, except the second person plural, where the stress falls on the penultimate syllable.

MAIN TYPES OF STRESS-SHIFT IN VERBAL FORMS *

Productive Types

Table 109

Types	Infinitive	First Person Singular of the Present (Simple Future) Tense		Second Person Singular of the Present (Simple Future) Tense		Remarks
		The stress falls on the penultimate syllable	The stress falls on the last syllable	The stress falls on the penultimate syllable	The stress falls on the last syllable	
1.	читáть	читáю		читáешь		Fixed Stress
2.	белéть	белéю		белéешь		Fixed Stress

* Here we follow the order of the main types of verbs (see Tables 106-107).

3.	ковáть жевáть рисовáть горевáть	рисýю горю́ю	кую́ жую́ рисýешь горю́ешь	куёшь жуёшь	The stress in the infinitive falls on the last syllable, in some verbs it also falls on the last syllable in the present tense; other verbs are stressed on the penultimate syllable in all the persons.
4.	толкнýть двúнуть сóхнуть тянýть	двúну сóхну	толкнý тянý	двúнешь сóхнешь тя́нешь	толкнёшь	Almost all the verbs have fixed stress. Perfective verbs (without prefixes) are generally stressed on the last syllable (except *двú-нуть*); imperfective verbs are stressed on the penultimate syllable. The stress is shifted only in four verbs *(тянýть, взглянýть, обма-нýть, помянýть)*; it falls on the last syllable in the infinitive and in the first person singular, present (simple future) tense, and on the penultimate syllable in all the other persons of the present (simple future) tense.
5.	решúть гостúть графúть варúть уронúть молотúть топúть любúть		решý гощý графлю́ варю́ уроню́ молочý топлю́ люблю́	вáришь урóнишь молóтишь тóпишь лю́бишь	решúшь гостúшь графúшь	A number of verbs have fixed stress on the ending. In a number of verbs the stress is shifted, falling on the last syllable in the infinitive and in the first person singular, and on the penultimate syllable in all the other persons in the present tense.

Table 110

Non-Productive Types

Types	Infinitive	First Person Singular of the Present (Simple Future) Tense		Second Person Singular of the Present (Simple Future) Tense		Remarks
		The stress falls on the penultimate syllable	The stress falls on the last syllable	The stress falls on the penultimate syllable	The stress falls on the last syllable	
1.	искáть писáть колебáть	колéблю	ищý пишý	úщешь пúшешь колéблешь		In verbs stressed in the infinitive on the last syllable the stress is shifted, generally falling on the last syllable in the first person singular, present tense, and on the penultimate syllable in all the other persons. In two verbs *(колебáть, колыхáть)* the stress falls on the penultimate syllable in all the persons.
2.	лáять	лáю		лáешь		Fixed stress
3.	брать		берý		берёшь	Fixed stress
4.	колóть		колю́	кóлешь		Stress shifts
5.	умерéть		умрý		умрёшь	Fixed stress
6.	начáть		начнý		начнёшь	Fixed stress

7.	одеть	одену		оденешь	Fixed stress
8.	гнить дуть	дую	гнию 	дуешь	гниёшь 	Fixed stress
9.	мыть петь	мою	пою	моешь	поёшь	Fixed stress
10.	давать		даю	даёшь	Fixed stress
11.	жить		живу	живёшь	Fixed stress
12.	нести прясть лезть	лезу	несу пряду	лезешь	несёшь прядёшь	Fixed stress. If the infinitive ends in *-сти (-зти)* the stress in the present tense falls on the last syllable; if the infinitive ends in *-сть (-зть)* the stress in the present tense falls on the last syllable in some verbs, and on the penultimate syllable in others.
13.	печь беречь мочь		пеку берегу могу	можешь	печёшь бере- жёшь	The stress is mostly fixed: it falls on the last syllable in the present tense; but in the verb *мочь* the stress is shifted.

| 14. | горе́ть
ви́деть
терпе́ть | ви́жу | горю́
терплю́ | ви́дишь
те́рпишь | гори́шь | The stress is fixed in most cases, but is shifted in the verbs *терпе́ть, верте́ть.* |
| 15. | крича́ть
гнать | кричу́
гоню́ | | го́нишь | кричи́шь | The stress is fixed in most cases, falling on the last syllable; but in the verb *гнать* the stress is shifted. |

Table 111

LIST OF THE MOST IMPORTANT VERBS OF NON-PRODUCTIVE TYPES

Below are listed unprefixed verbs. Verbs are given with a prefix only if they are not used otherwise. The figure following a verb indicates the type it belongs to according to Table 107; the word 'isolated' after some verbs means that these verbs are isolated cases not belonging to any type (see Table 108).

бежа́ть — isolated
бере́чь — 13
бить — 9
бле́ять — 2
бормота́ть — 1
боро́ться — 4
боя́ться — 15
брать — 3
брести́ — 12
брить — 9
быть — isolated

везти́ — 12
веле́ть — 14
верте́ть — 14
вести́ — 12
ви́деть — 14
визжа́ть — 15
висе́ть — 14
вить — 9
влечь — 13
воло́чь — 13
врать — 3
встава́ть — 10
выть — 9

вы́честь — 12
вяза́ть — 1

глода́ть — 1
гнать — 15
гнить — 8
горе́ть — 14
грести́ — 12
грохота́ть — 1
грызть — 12

дава́ть — 10
дать — isolated
деть — 7
драть — 3
дрема́ть — 1
дрожа́ть — 15
дуть — 8
дыша́ть — 15

есть — isolated
е́хать — isolated

жать (жму) — 6
жать (жну) — 6
ждать — 3

жечь — 13
жить — 11
жужжа́ть — 15

зави́сеть — 14
запря́чь — 13
застря́ть — 7
звать — 3
звуча́ть — 15

идти́ — isolated

класть — 12
кля́сть (кляну́) — 12
коло́ть — 4
красть — 12
крича́ть — 15
крыть — 9

лгать — 3
лежа́ть — 15
лезть — 12
лепета́ть — 1
лете́ть — 14
лечь (ля́гу) — 13
лиза́ть — 1

лить (лью) — 9

мáзать — 1
махáть — 1
местú — 12
молóть — 4
молчáть — 15
мочь — 13
мыть — 9
мычáть — 15

надоéсть — isolated
ненавúдеть — 14
нестú — 12
ныть (нóю) — 9

обúдеть — 14
обнять (обниму́) — 6
обрестú (обрету́) — 12
обу́ть — 8
обязáть — 1
орáть — 3
отрéчься — 13

пастú — 12
пасть — 12
пахáть — 1
петь — 9
печь — 13
писáть — 1
пить — 9
пищáть — 15
плáкать — 1
плескáть — 1
плестú — 12
плыть — 11
плясáть — 1

ползтú — 12
полóть — 4
порóть — 4
пренебрéчь — 13
прясть — 12

разу́ть — 8
растú (расту́) — 12
рвать — 3
ревéть — isolated
ржать — 3
рыть (рóю) — 9
рычáть — 15

свистáть — 1
свистéть — 14
сесть (ся́ду) — 12
сидéть — 14
скакáть — 1
скрестú (скребу́) — 12
скрипéть — 14
слать (шлю) — 1
слыть — 11
смея́ться — 2
смотрéть — 14
создавáть — 10
создáть — isolated
сосáть — 3
спать — 15
стать — 7
стерéчь — 13
стлать — 1
стонáть — 3
стоя́ть — 15
стричь (стригу́) — 13
стучáть — 15

сы́пать — 1

терéть — 5
терпéть — 14
тесáть — 1
ткать — 3
толóчь (толку́) — 13
топтáть— 1
торчáть— 15
трепетáть (трепе-
щу́) — 1
трещáть — 15
трястú (трясу́) — 12

узнавáть — 10
умерéть — 5
ушибúть — isolated

хлестáть (хлещу́) — 1
хлопотáть — 1
хны́кать — 1
хотéть — isolated
хохотáть — 1

цвестú (цвету́) — 12

чесáть — 1
чтить — isolated

шептáть — 1
шить (шью) — 9
шумéть — 14

щебетáть — 1
щекотáть — 1
щипáть — 1

Table 112

LIST OF MOST FREQUENTLY USED VERBS WITH THE SUFFIX -НУ-
FORMING THEIR PAST TENSE WITHOUT THIS SUFFIX
(Forms without prefixes are mostly given)

воздвúгнуть (воздвúг)
вя́знуть (вяз)
вя́нуть (вял)
гáснуть (гас)
гúбнуть (гиб)
глóхнуть (глох)
зя́бнуть (зяб)

исся́кнуть (исся́к)
исчéзнуть (исчéз)
кúснуть (кис)
крéпнуть (креп)
мёрзнуть (мёрз)
мéркнуть (мерк)
пáхнуть (пах)

продрóгнуть (продрóг)
свéргнуть (сверг)
слéпнуть (слеп)
сóхнуть (сох)
сты́нуть (стыл)
ту́хнуть (тух)
чáхнуть (чах)

Table 113

Isolated Verbs Having Certain Peculiarities in Conjugation

Infinitive	Present Tense	Past Tense	Future Tense	Remarks
идти (imperfective)	я иду́ ты идёшь, etc.	я, ты, он шёл я, ты, она́, шла оно́ шло мы, вы, они́ шли	Formed regularly бу́ду идти́	The Compound future is бу́ду идти́ — (used very rarely).
пойти́ (perfective)	No present tense	я пошёл, etc.	я пойду́ ты пойдёшь, etc.	
éхать	я éду ты éдешь он, она́, оно́ éдет мы éдем вы éдете они́ éдут	Formed regularly éхал	Formed regularly бу́ду éхать	Бу́ду éхать (used very rarely).
есть	я ем ты ешь он, она́, оно́ ест мы едим вы едите они́ едя́т	я, ты, он ел я, ты, она́ éла оно́ éло мы, вы, они́ éли	Formed regularly бу́ду есть	
дать (perfective)	No present tense	Formed regularly дал	я дам ты дашь он, она́, оно́ даст мы дади́м вы дади́те они́ даду́т	
дава́ть (imperfective)	я даю́ ты даёшь он, она́, оно́ даёт мы даём вы даёте они́ даю́т	Formed regularly дава́л	Formed regularly бу́ду дава́ть	

Infinitive	Present Tense	Past Tense	Future Tense	Remarks
взять	No present tense	Formed regularly взял	я возьму́ ты возьмёшь, etc.	
поня́ть	No present tense	Formed regularly по́нял	я пойму́ ты поймёшь, etc.	
спать	я сплю ты спишь, etc.	Formed regularly спал	Formed regularly бу́ду спать	
гнать	я гоню́ ты го́нишь, etc.	Formed regularly гнал	Formed regularly бу́ду гнать	
брить	я бре́ю ты бре́ешь, etc.	Formed regularly брил	Formed regularly бу́ду брить	

For peculiarities in the conjugation of other verbs (such as the frequently used *жить — живу́*, *мочь — могу́*) and of verbs ending in **-сти** (*нести́, везти́, etc.*), see Table 107. For the verb *хоте́ть — хочу́*, see Table 108.

VII. THE PARTICIPLE AND THE VERBAL ADVERB

Two special forms are derived from the Russian verb: (1) *the participle (выполняющий, выполнявший, выполняемый* — from the imperfective verb *выполнять* and *выполнивший, выполненный* — from the perfective verb *выполнить)* and (2) *the verbal adverb (выполняя* — from the imperfective verb *выполнять* and *выполнив* — from the perfective verb *выполнить)*.

THE PARTICIPLE

I. The participle is a verbal form which has both verbal and adjectival characteristics.

A. VERBAL CHARACTERISTICS OF THE PARTICIPLE

1. Like verbs, participles may be transitive or intransitive: the participles *выполняющий, читающий, любящий* derived from the transitive verbs *выполнять, читать, любить*, retain the transitive meaning: *выполнять план (что* выполнять? план); *завод, выполняющий план* (выполняющий *что?* план); *читать книгу (что* читать? книгу) — *мальчик, читающий книгу* (читающий *что?* книгу); *любить отца (кого* любить? отца) — *мальчик, любящий отца* (любящий *кого?* отца). Thus, it is obvious that both the verbs *выполнять, читать, любить* and the participles *выполняющий, читающий, любящий* express actions which pass over to their object and their object takes the accusative case without any preposition (questions: *кого?, что?).*

The verbs *идти, сидеть, отдохнуть* are intransitive and so are their participles *идущий, сидящий, отдохнувший.*

2. The participle governs the same case as the verb from which it is formed; thus the Russian verb *заниматься* requires the instrumental case *(Я занимаюсь русским языком)* and the participles *занимающийся, занимавшийся* also require the same case *(занимающийся русским языком, занимавшийся русским языком);* other examples: *увлекаюсь историей — увлекающийся историей, руковожу кружком — руководящий кружком. Требую выполнения — требую-*

*щий выполнёния, трёбовавший выпо.лнёния; достиг результáта —
достигший результáта,* etc.

The participle requires the same preposition as the verb from which
it is formed: *надёюсь на успéх — надёющийся на успéх; убедился
в прáвильности* решéния этого вопрóса — *убедившийся в прáвильности* решéния этого вопрóса, etc.

3. The participle retains the aspect of the verb it is derived from;
thus, the verbs *читáть, любить* are imperfective and so are the
participles *читáющий, любящий;* the verbs *прочитáть, полюбить,
достигнуть* are perfective and so are the participles *прочитáвший,
полюбивший, достигший.*

4. There are *present* and *past* participles; cf. *читáющий* — a present participle *(мáльчик, читáющий книгу* means 'the boy who is
reading a book'), and *читáвший* — a past participle *(мáльчик, читáвший книгу* means 'the boy who was reading a book'); *любящий* —
a present participle *(мáльчик, любящий отцá* means 'the boy who
loves his father') and *любивший* — a past participle *(мáльчик, любивший отца* means 'the boy who loved his father'). Unlike the verb,
the participle has no future.

B. ADJECTIVAL CHARACTERISTICS OF THE PARTICIPLE

Like the adjective, the participle changes according to gender,
number and case and agrees with the singular noun it qualifies in
gender, number and case, and with the plural noun in number and
case. Thus, in the sentence: *Я получил письмó от товáрища, живýщего в Москвé* the participle *живýщего* is masculine just as the
noun *товáрища* which it qualifies, and it takes the genitive singular
just as the noun does.

In the sentence *Горячий привéт жéнщинам всех стран, бóрющимся за мир!* the participle *бóрющимся* agrees with the noun *жéнщинам* in number and case (dative plural).

Active and Passive Participles

II. There are *active* and *passive* participles in Russian.

The active participle is used to qualify a noun denoting the performer of the action expressed by the participle, e. g., *Ученик, прочитáвший книгу, сдéлал о ней интерéсное сообщéние в клáссе*
(in this example *ученик* is the performer of the action expressed by
the participle *прочитáвший*).

The passive participle is used to qualify a noun denoting the
object upon which the action expressed by the participle is performed,
e. g., *Книга, прочитанная ученикóм, заинтересовáла всех слýшате
лей. Книга, прочитанная...* means 'the book read by the pupil', i.e.
книга stands for the object acted upon.

Active participles can be formed from both transitive and intransitive verbs, while passive participles can be formed only from transitive verbs, i. e., from verbs whose action passes over to their object.

Active participles have only long forms, while passive participles have both long and short forms.

Long form passive participles: *выполненный* план, *организо́ванное* хозя́йство.

Short form passive participles: план *выполнен*, хозя́йство *организо́вано*.

Like the short form adjective, the short form participle fulfils the function of predicate in the sentence and agrees with the noun it qualifies only in gender and number: *письмо́ напи́сано, докла́д напи́сан, статья́ напи́сана; пи́сьма, докла́ды, статьи́ напи́саны.*

Table 114

The Active Participle

Singular			Plural	Suffixes
Masculine	Feminine	Neuter		

Present Tense

пи́шущий	пи́шущая	пи́шущее	пи́шущие	*-ущ-*
чита́ющий	чита́ющая	чита́ющее	чита́ющие	*-ющ-*
крича́щий	крича́щая	крича́щее	крича́щие	*-ащ-*
говоря́щий	говоря́щая	говоря́щее	говоря́щие	*-ящ-*

Past Tense

писа́вший	писа́вшая	писа́вшее	писа́вшие	
чита́вший	чита́вшая	чита́вшее	чита́вшие	
крича́вший	крича́вшая	крича́вшее	крича́вшие	*-вш-*
говори́вший	говори́вшая	говори́вшее	говори́вшие	

нёсший	нёсшая	нёсшее	нёсшие	
засо́хший	засо́хшая	засо́хшее	засо́хшие	*-ш-*

Table 115

Formation of Active Participles

The present participle is formed from the stem of the present tense by means of the suffixes *-ущ-, -ющ-* for verbs of the first conjugation:

пи́шут — пи́шущий;
чита́ют — чита́ющий:

and of the suffixes *-ащ-, -ящ-* for verbs of the second conjugation:

стуча́т — стуча́щий;
говоря́т — говоря́щий.

Note. — The present participle can easily be obtained in the following manner: drop the final *-m* of the verb in the third person plural, present tense *(пи́шу-m)*, and add *-щий* (for the masculine gender), *-щая* (for the feminine gender) and *-щее* (for the neuter gender).

The past participle is formed from the stem of the past tense by means of the suffixes: *-вш-* for verbs whose stem ends in a vowel:

чита́л — чита́вший;
говори́л — говори́вший;

and *-ш-* for verbs whose stem ends in a consonant:

нёс — нёсший;
вёз — вёзший;
засо́х — засо́хший;
лёг — лёгший.

Note. — The past participle can easily be obtained in the following manner: drop the suffix *-л* of the verb in the past tense *(чита́-л)* and add *-вший* (for the masculine gender), *-вшая* (for the feminine gender) and *-вшее* (for the neuter gender).

If the past tense has no suffix *-л* (the stem ending in a consonant), the suffix *-ший* is added for the masculine gender *(нёсший)*, *-шая* for the feminine gender *(нёсшая)* and *-шее* for the neuter gender *(нёсшее)*.

If the stem in the past tense ends in a vowel *(вёл, расцвёл)* and in the present tense in *-д, -m (веду́, цвету́)* the suffix *-ший* of the past participle is added to the stem of the present tense *(ве́дший, расцве́тший,* etc.).

Note. — Participles formed from verbs ending in *-ся (занима́ющийся, занима́вшийся)* take the particle *-ся* at the end.

Table 116

The Long Form Passive Participle

Singular			Plural	Suffixes
Masculine	Feminine	Neuter		
Present Tense				
чита́емый	чита́емая	чита́емое	чита́емые	*-ем-*
изуча́емый	изуча́емая	изуча́емое	изуча́емые	*-ем-*
люби́мый	люби́мая	люби́мое	люби́мые	*-им-*
Past Tense				
чи́танный	чи́танная	чи́танное	чи́танные	*-нн-*
изу́ченный	изу́ченная	изу́ченное	изу́ченные	*-енн-*
взя́тый	взя́тая	взя́тое	взя́тые	*-m-*

Table 117

Formation of Passive Participles

The present participle is formed from the stem of the present tense by means of the suffix **-ем-** for verbs of the first conjugation: чита́ем — чита́емый изуча́ем — изуча́емый and the suffix **-им** for verbs of the second conjugation: лю́бим — люби́мый руководи́м — руководи́мый	The past participle is formed from the stem of the past tense:

The past participle section:

by means of the suffix **-нн-** or **-т-** if the stem ends in a vowel: прочита́л — прочи́танный ви́дел — ви́денный взял — взя́тый бил — би́тый мыл — мы́тый дул — ду́тый	by means of the suffix **-енн-** if the stem ends in a consonant or in **и** (not belonging to the root): изучи́л — изу́ченный принёс — принесён- ный возврати́л — возвра- щённый (alternation: **т — щ**).

Note. — 1. Only transitive verbs have passive participles.

2. Verbs with the suffix **-ва-** following the roots *да-*, *зна-* form their present participles from the stem of the infinitive: *передава́ть — передава́емый, признава́ть — признава́емый.*

3. The present passive participles of many verbs are not used; e.g., of the verbs *брать, шить, мыть, пить, лить, бить, по́ртить,* etc.

4. The past passive participles of verbs of productive type 1 *(получа́ть, отправля́ть)* and some other verbs, e.g., *полюби́ть, иска́ть, брать,* are not used.

Table 118

The Short Form Passive Participles

	Long form	Short form	Long form	Short form
	Present Tense		Past Tense	
Masculine	угнета́емый	угнета́ем	прочи́танный взя́тый	прочи́тан взят
Feminine	угнета́емая	угнета́ема	прочи́танная взя́тая	прочи́тана взята́
Neuter	угнета́емое	угнета́емо	прочи́танное взя́тое	прочи́тано взя́то
Plural	угнета́емые	угнета́емы	прочи́танные взя́тые	прочи́таны взя́ты

Note. — 1. Short form participles are not declined. Like short form adjectives, they are used in compound predicates: *Кни́га взята́. Кни́га была́ прочи́тана в два дня. Кни́га бу́дет напеча́тана.* Short form participles agree with the subject in gender and number.

2. In Modern Russian short present passive participles are formed only from some verbs, e.g., *Этот писа́тель все́ми люби́м, уважа́ем.*

Table 119

Summary Table of Formation of Participles

Aspect		Active		Passive		Remarks
		Present tense	Past tense	Present tense	Past tense	
Transitive	Imperfective читать видеть слушать	читающий видящий слушающий	читавший видевший слушавший	читаемый видимый слушаемый	читанный виденный —	Past passive participles of many transitive verbs of the imperfective aspect are not used.
	Perfective прочитать увидеть прослушать	— — —	прочитавший увидевший прослушавший	— — —	прочитанный увиденный прослушанный	Perfective verbs have no present participles.
Intransitive	Imperfective ехать	едущий	ехавший	—	—	Passive participles are not formed from intransitive verbs.
	Perfective приехать	—	приехавший	—	—	

As is seen from the above table, some verbs have all four forms of participles; others, three forms, still others, two forms, while a number of verbs have only one form of participle.

Note. — The verb *слышать* has the past passive participle (*слышанный*) while the verb *слушать* has none.

Table 120

Declension of Participles

Masculine and Neuter Gender	Endings	Feminine	Endings	Plural	Endings
Nom. читающий, читавший читающее, читавшее занимающийся, занимавшийся занимающееся, занимавшееся	-ий(ся) -ее(ся)	читающая, читавшая занимающаяся, занимавшаяся	-ая(ся)	читающие, читавшие занимающиеся, занимавшиеся	-ие(ся)
Gen. читающего, читавшего занимающегося, занимавшегося	-его(ся)	читающей, читавшей занимающейся, занимавшейся	-ей(ся)	читающих, читавших занимающихся, занимавшихся	-их(ся)
Dat. читающему, читавшему занимающемуся, занимавшемуся	-ему(ся)	читающей, читавшей занимающейся, занимавшейся	-ей(ся)	читающим, читавшим занимающимся, занимавшимся	-им(ся)
Acc. as Nom. or Gen. (masc.) as Nom. (neuter)		читающую, читавшую занимающуюся, занимавшуюся	-ую(ся)	as Nom. or Gen.	

Masculine and Neuter Gender	Endings	Feminine	Endings	Plural	Endings
Instr. читающим, читавшим занимающимся, занимавшимся	*-им(ся)*	читающей, читавшей занимающейся, занимавшейся	*-ей(-ею)(ся)*	читающими, читавшими занимающимися, занимавшимися	*-ими(ся)*
Prep. о читающем, читавшем о занимающемся, занимавшемся	*-ем(ся)*	о читающей, читавшей о занимающейся, занимавшейся	*-ей(ся)*	о читающих, читавших о занимающихся, занимавшихся	*-их(ся)*
Nom. прочитанный прочитанное	*-ый* *-ое*	прочитанная	*-ая*	прочитанные	*-ые*
Gen. прочитанного	*-ого*	прочитанной	*-ой*	прочитанных	*-ых*
Dat. прочитанному	*-ому*	прочитанной	*-ой*	прочитанным	*-ым*
Acc. As Nom. or Gen. (masc.) as Nom. (neuter)		прочитанную	*-ую*	as Nom. or Gen.	
Instr. прочитанным	*-ым*	прочитанной (-ою)	*-ой (-ою)*	прочитанными	*-ыми*
Prep. о прочитанном	*-ом*	о прочитанной	*-ой*	о прочитанных	*-ых*

Note. — 1. Participles are declined as adjectives.

2. Active participles, both present and past, take case endings identical with those of adjectives whose stem ends in a sibilant followed by an unstressed ending (*хороший, хорошего,* etc.; *хорошая, хорошей, хорошую,* etc.).

3. Passive participles, both present and past, take case endings identical with those of adjectives whose stem ends in a hard consonant (*красный, красного,* etc.).

4. Participles formed from verbs ending in *-ся (занимающийся, занимающегося,* etc.) always take the particle *-ся* at the end.

Place of the Participle in the Sentence

The participle does not necessarily precede the noun it qualifies *(Я навестил приехавшего из деревни товарища),* it may follow it *(Я навестил товарища, приехавшего из деревни).*

THE VERBAL ADVERB

General Remarks

The verbal adverb is a verbal form which has both verbal and adverbial characteristics.

A. Verbal Characteristics of the Verbal Adverb

1. Like verbs, verbal adverbs may be transitive or intransitive; thus, the verbal adverbs *читая, любя* formed from the transitive verbs *читать, любить* retain their transitive meaning *(Читать книгу. Он сидел в саду, читая книгу. Любить отца. Любя отца),* i.e., like the verbs *читать, любить* the verbal adverbs *читая, любя* govern the accusative case without any preposition (question: *что? кого?*): читать *что?* — книгу, читая *что?* — книгу; любить *кого?* — отца, любя *кого?* — отца.

The verbs *отдыхать, сидеть* are intransitive and so are the verbal adverbs *отдыхая, сидя.*

2. Verbal adverbs govern the same cases as the verbs from which they are formed: thus, the Russian verb *овладеть* requires the instrumental case *(мы овладели техникой)* and so does the verbal adverb *овладев (овладев техникой);* the same is true of the verbs *командовать, управлять* and the verbal adverbs *командуя, управляя (командовать отрядом — командуя отрядом, управлять хозяйством — управляя хозяйством).*

The verbal adverb requires the same preposition as the verb from which it is formed: *соревнуюсь с товарищем* в работе; *соревнуясь с товарищем* в работе, мы добились прекрасных результатов.

3. The verbal adverb has the same aspect as the verb from which it is formed; thus the verbs *читать, любить* are imperfective and so are the verbal adverbs *читая, любя;* the verbs *овладеть, превратиться* are perfective and so are the verbal adverbs *овладев, превратившись.*

B. Adverbial Characteristics of the Verbal Adverb

Like the adverb, the verbal adverb does not change in the sentence and it indicates various circumstances *(как? когда? почему? при каких условиях?)* attending an action.

1. Он говорил, *волнуясь и спеша (как* говорил? *Волнуясь и спеша).*

2. *Окончив занятия,* мы уедем на практику *(когда* мы уедем на практику? *Окончив занятия),*

3. *Желая* скорее *уехать,* он торопится закончить работу *(почему* он торопится закончить работу? *Желая скорее уехать).*

4. *Занимаясь систематически гимнастикой,* можно укрепить здоровье. *(При каких условиях* можно укрепить здоровье? *Занимаясь систематически гимнастикой).*

In the sentence the verbal adverb modifies the verb and denotes some additional action.

Table 121

Formation of Verbal Adverbs

Imperfective Aspect		Perfective Aspect	
живя́ чита́я конча́я си́дя стуча́ занима́ясь	*-а, -я*	прочита́в зако́нчив посиде́в постуча́в заперши́сь позанима́вшись	*-в, -ши, -вши*

Verbal adverbs of the imperfective aspect are formed from the stem of the present tense.

To obtain an imperfective verbal adverb, the ending of the verb in the present tense is dropped and the suffix *-а* or *-я* is added (the suffix *-а* is used only after the sibilants):

живу́т — жив-я́
чита́-ют — чита́-я
тре́бу-ют — тре́бу-я
занима́-ют-ся — занима́-я-сь
сид-я́т — си́д-я
стуч-а́т — стуч-а́

(Exception: verbal adverbs of verbs with the suffix *-ва-* following the roots *да-, -зна, ста-* are formed from the stem of the infinitive: *давать — давая, сознавать — сознавая, вставать — вставая).*

Verbal adverbs of the perfective aspect are formed from the stem of the past tense.

To obtain a perfective verbal adverb, the suffix *-л* of the verb in the past tense is dropped and *-в* or *-вши* is added to the stem vowel:

прочита́-л — прочита́-в,
взя́-л-ся — взя́-вши-сь

or *-ши* to the final consonant of the stem:

за́перся — запер-ши́-сь

(but: за́пер — запере́в),

вы́сох — вы́сох-ши

Imperfective Aspect	Perfective Aspect
Note.— 1. Verbal adverbs are not formed from imperfective verbs with the suffix *-ну- (тянуть, вязнуть, сохнуть, мокнуть)*.	**Note.**— 1. Verbal adverbs of perfective verbs with the suffix *-ну-* may in some cases be formed both from the stem of the infinitive and from the stem of the past tense: окрепнуть — окрепнув, окрепши, высохнуть — высохнув, высохши
2. Verbal adverbs of some verbs are not used, e.g., of the verbs *ждать, петь, бежать, писать, пить, бить, жать, мять, тереть, печь, стеречь, пахать, резать*.	2. Verbal adverbs of a few verbs can be formed from the stem of the simple future: увид-ят — увид-я (увидев is more frequently used) пройд-ут — пройд-я
3. In the popular language the forms of the verbal participle ending in *-учи, -ючи* have been preserved *(идучи, глядючи)*. In the modern literary language such forms occur very rarely, with the exception of *будучи* (verbal adverb of the verb *быть*).	

Table 122

Uses of Verbal Adverbs

Imperfective Aspect	Perfective Aspect
Ученик отвечает урок, стоя у доски. *Возвращаясь* из театра, мы встретили товарища. Завтра, *возвращаясь* с прогулки, я зайду к товарищу. *Желая* скорее уехать, он торопится кончить работу.	*Вернувшись* из театра, я нашёл на столе письмо. *Закончив* работу, он уедет. *Закончив* работу, он будет отдыхать.
Note.— Verbal adverbs of imperfective verbs are used to denote an action which is simultaneous with the action expressed by the predicate.	**Note.**— Verbal adverbs of perfective verbs are used to denote an action which precedes the action expressed by the predicate.

The verbal adverb can be used only if the action it denotes is performed by the same agent as the action expressed by the verb of the clause in which it stands.

VIII. THE ADVERB

FORMATION OF ADVERBS

Table 123

PRINCIPAL WAYS OF FORMING ADVERBS

Part of speech from which adverbs are formed	Meaning	Examples
I. From adjectives: (a) from qualitative adjectives adverbs ending in *-o, -e* are formed. (Their form is identical with that of the short form adjectives ending in *-o, -e*): хоро́ший — хорошо́ могу́чий — могу́че; (b) from relative adjectives and from some qualitative ones by means of the prefix *по-* and the ending of the dative singular of the masculine gender: (c) from relative adjectives ending in *-ский (дру́жеский, ру́сский,* etc.) adverbs ending in *-u* are formed by means of the prefix *по-;* from a number of adjectives adverbs are formed without the prefix:	Denoting manner (question *как?*): хорошо́ пло́хо я́сно краси́во могу́че и́скренне по-весе́ннему по-зи́мнему по-доро́жному по-вое́нному по-настоя́щему по-хоро́шему по-но́вому по-уда́рному по-челове́чески по-дру́жески по-това́рищески по-прия́тельски по-ру́сски по-алба́нски крити́чески полити́чески теорети́чески	Он *хорошо́* написа́л сочине́ние. Он говори́т *и́скренне.* Ла́сточки лета́ли *высоко́.* Мы рабо́таем *по-но́вому.* Мы разошли́сь *по-хоро́шему.* Он был оде́т *по-доро́жному.* Он поступи́л *по-това́рищески.* Студе́нт хорошо́ говори́т *по-ру́сски.* Он уме́ет относи́ться *крити́чески* к свои́м посту́пкам.

	практи́чески	Партиза́ны сража́-лись *геройи́чески.*
	тво́рчески геро́йски геройи́чески	
(d) from relative adjectives ending in *-ий, -ья, -ье* (*медве́жий, медве́жья, медве́жье*) adverbs ending in *-и,* generally with the prefix *по-* are formed:	по-медве́жьи по-во́лчьи по-ли́сьи по-за́ячьи	Соба́ка завы́ла *по-во́лчьи.*
(e) from some qualitative long and short form adjectives adverbs are formed by means of various prefixes:	Denoting place or manner: спра́ва *(где?)* сле́ва „ издалека́ *(от-ку́да?)* до́красна *(как?)* до́бела „ на́бело „ на́чисто „ сно́ва „ вкра́тце „ впусту́ю „ вплотну́ю „	Спра́ва шуме́ла ро́-ща, *сле́ва* колыха́лась рожь. Желе́зо раскали́лось *до́красна.* Переписа́л рабо́ту *на́бело, на́чисто.* Рассказа́л *вкра́тце* всё содержа́ние статьи́. Он подошёл ко мне *вплотну́ю.*
(f) from active participles adverbs ending in *-е* are formed:	Denoting manner (question *как?*): торжеству́юще умоля́юще вызыва́юще блестя́ще	Пе́сня звуча́ла *тор-жеству́юще.* Он вёл себя́ *вызы-ва́юще.* Ребёнок *умоля́юще* смотре́л на мать. Он говори́л *блестя́-ще.*
II. From nouns:		
(a) by putting them in the instrumental case singular without a preposition:	Denoting time (question *когда́?*): у́тром днём ве́чером но́чью ле́том весно́й	*Ле́том* мы мно́го купа́лись.

231

	Denoting manner (question *как?*):	
(The Russian adverbs *босиком, пешком* also have the form of the instrumental singular, yet they have no corresponding nouns);	шáгом верхóм бегóм рысью	Путешéственники всю дорóгу éхали *верхóм.* Лóшадь шла *шáгом,* потóм бежáла *рысью.* Люблю лéтом бéгать *босикóм.*
(b) from other oblique cases with prepositions:	Generally denoting place: вдалú *(где?)* úздали *(откýда?)* свéрху *(откýда?)* наверхý *(где?)* внизý *(где?)* вниз *(кудá?)*	*Вдалú* серéбряной бахромóй сверкáли гóры (Л.) Молодóй зелёный лес покрыл гóры *свéрху дóнизу.* *Внизý* журчáли провóрные ручьú. Весь день я сидéл *дóма.*
III. From possessive pronouns: from the dative case singular of the masculine gender of possessive pronouns adverbs with the prefix *по-* are formed:	Denoting manner (question *как?*): по-мóему по-твóему по-свóему по-нáшему	Он сдéлал всё *по-свóему.*
IV. From numerals: (a) from ordinal numerals adverbs are formed by means of the prefixes *в-, во-:*	во-пéрвых во-вторых в-трéтьих etc.	
(b) from cardinal and collective numerals:	однáжды двáжды трижды вдвоём втроём вчетверóм вдвóе втрóе	*Однáжды* я возвращáлся с охóты (Т.) Этот вопрóс ужé обсуждáлся *двáжды.* Эта книга стóит *втрóе* дорóже, чем та.

V. Adverbs may be formed from other adverbs:	позавчера́	Куда́ ни огляну́сь, *повсю́ду* рожь густа́я (М.)
(a) by means of a prefix:	послеза́втра отсю́да отту́да повсю́ду	
(b) by means of the particles *не-, ни-, -то, -либо, -нибудь, кое-*	не́когда нигде́ никуда́ не́где не́куда где́-то когда́-нибудь куда́-либо кое-где́	Я сего́дня *никуда́* не пойду́: мне *не́куда* идти́. Я *никогда́* не́ был на Ура́ле. *Когда́-нибудь* пое́ду на Ура́л.

Besides derivative adverbs, there are simple ones, e.g., *здесь, там, сюда́, туда́, о́чень* and others.

IX. THE CONJUNCTION

Table 124

Conjunction	Examples	Remarks

A. Coordinating Conjunctions (used in a sentence to connect words or clauses):

Conjunction	Examples	Remarks
Coordinating conjunctions: *и* 'and':	Ра́достно, мо́лодо бы́ло *и* на не́бе, *и* на земле́, *и* в се́рдце челове́ка (Л. Т.) Надо всём стоя́ла тень лёгкой ту́чки, и всё жда́ло ти́хого весе́ннего до́ждика (Л. Т.)	
да (in the meaning of *и*):	Со́сны лишь *да* е́ли Верши́нами шуме́ли... (П.) По́ле с ро́жью то́чно гори́т огнём, *да* ре́чка блести́т, сверка́ет на со́лнце (Гонч.)	1. The conjunction *да* in the meaning of *и* occurs rarely and is mainly used in colloquial speech.
ни...ни 'neither... nor':	Сего́дня я не получи́л *ни* пи́сем, *ни* газе́т. *Ни* я не посла́л бра́ту письма́, *ни* он мне не написа́л.	2. The conjunction *ни...ни* is used in negative sentences to emphasize the negation.
а but'	Не геро́и де́лают исто́рию, *а* исто́рия де́лает геро́ев. . . . . Челове́ку ну́жно не три арши́на земли́, не уса́дьба, *а* весь земно́й шар, вся приро́да (Ч.)	

Continued

но 'but'	Ни́зкое со́лнце не гре́ет, *но* блести́т я́рче ле́тнего (Т.) Со́лнце зашло́ за го́ры, *но* бы́ло ещё светло́ (Л. Т.)	
да (in the meaning of *но*):	Я хоте́л отве́тить тебе́ на письмо́, *да* позабы́л твой а́дрес. Давно́ собира́лся написа́ть тебе́, *да* всё вре́мени не́ было.	3. The conjunction *да* (in the meaning of *но*) occurs rarely and is mainly used in colloquial speech.
и́ли 'or', *ли́бо* 'or', *и́ли... и́ли (ли́бо... ли́бо)* 'either... or'	Да́йте мне, пожа́луйста, кни́гу *и́ли* журна́л. В воскресе́нье *и́ли* я пойду́ к това́рищу, *и́ли* он придёт ко мне.	4. The conjunctions *и́ли* and *ли́бо* are synonymous. *Ли́бо* is rarely used.
то...то 'now... then':	Лёгкий ветеро́к *то* просыпа́лся, *то* утиха́л (Т.) *То* хо́лодно, *то* о́чень жа́рко, *То* со́лнце спря́чется, *То* све́тит сли́шком я́рко (Кр.)	5. The conjunction *то... то* is used to indicate sequence of actions.

B. Subordinating Conjunctions (used to connect clauses)

Explanatory Conjunctions: *что* 'that'; *что́бы (чтоб)* (usually rendered in English by the infinitive of a verb or by a participial phrase): Conjunctions of purpose: *что́бы (чтоб)* 'in order to'; *для того́ что́бы* 'in order to', 'in order that':	Скажи́ ему́, *что* я приду́ за́втра. Скажи́ ему́, *что́бы* он пришёл за́втра. Мы написа́ли бра́ту, *что́бы* он встре́тил нас на вокза́ле. Я зашёл к това́рищу, *что́бы* рассказа́ть ему́ об экску́рсии. Я зашёл к това́рищу, *что́бы* он рассказа́л мне об экску́рсии. . . . . *Что́бы* сократи́ть путь, мы пошли́ к ре́чке напрями́к че́рез Сыры́е луга́ (Гайда́р).	1. In these instances the conjunction *что́бы* is used to connect two clauses one of which completes and explains the other. 2. In these instances the conjunction *что́бы* is used to connect two parts of a sentence, one of which expresses the purpose of the action in the other. 3. In a construction introduced by *что́бы,* the only verbal forms that can be used are an infinitive or a past tense.

235

	Для того́, что́бы хорошо́ изобрази́ть, худо́жник до́лжен прекра́сно ви́деть и да́же предви́деть (М. Г.)	4. The infinitive is used to express an action the agent of which is the same as that of the action expressed by the principal verb.
	Для того́, чтоб литерату́рное произведе́ние заслужи́ло ти́тул худо́жественного, необходи́мо прида́ть ему́ совершённую слове́сную фо́рму (М. Г.)	5. The past tense is used to express an action the agent of which is different from that of the action expressed by the principal verb.
Conjunctions of cause:		
потому́ что 'because'; *так как* 'as', 'since'; *и́бо* 'for'; *оттого́ что* 'because'; *из-за того́ что* 'because of', 'on account of'; *в си́лу того́ что* 'owing to', 'because of', 'by virtue of'; *ввиду́ того́ что* 'in view of the fact that', 'as':	Оде́нься тепле́е, *потому́ что* сего́дня хо́лодно. Я не пришёл на заня́тия, *так как* заболе́л. . . . . Спать не хоте́лось, *и́бо* на душе́ бы́ло неспоко́йно и тяжело́ (Ч.) *Оттого́ что* мы вста́ли о́чень ра́но и пото́м ничего́ не де́лали, э́тот день каза́лся о́чень дли́нным, са́мым дли́нным в мое́й жи́зни (Ч.) *Из-за того́, что* я в ука́занный срок не верну́л книг в библиоте́ку, у меня́ бы́ли неприя́тности. *Ввиду́ того́, что* я во вре́мя о́тпуска был бо́лен, прошу́ продли́ть мне о́тпуск на две неде́ли. (*всле́дствие того́,* что я был бо́лен... *в си́лу того́, что* я был бо́лен...)	6. In colloquial speech the conjunctions *потому́ что* and *так как* are most frequently used. 7. The conjunction *и́бо* is rarely used in colloquial speech; it more often occurs in scientific contexts. 8. The conjunctions *всле́дствие того́ что, ввиду́ того́, что* and *в си́лу того́, что* are mainly used in business and official language.
Conjunctions of condition:		
е́сли 'if'; *е́сли бы* 'if'; *раз* 'once' *коль ско́ро*	*Если* я получу́ о́тпуск ле́том, я пое́ду в дере́вню.	9. The conjunctions *ко́ли (коль)* and *коль ско́ро* are rarely used.

'once', 'as soon as'; *кóли* 'if'; *коль* 'if':	*Éсли бы* я получи́л óтпуск лéтом, я поéхал бы в дерéвню. *Раз* дал слóво, дóлжен егó сдержáть. (*éсли* дал слóво... *коль скóро* дал слóво... *кóли* дал слóво...)	
Conjunctions of time:		
когдá 'when'; *как тóлько* 'as soon as', 'the moment'; *лишь тóлько* 'as soon as'; *в то врéмя как* 'while'; *едвá* 'hardly', *покá* 'while'; *покá не* 'till', 'until':	*Когдá* мы трóнулись в путь, свети́ло я́ркое сóлнце. *Лишь тóлько* скры́лось сóлнце, стáло óчень хóлодно. *Как тóлько* сóлнце скры́лось за горизóнтом, срáзу подýл рéзкий, холóдный вéтер (Арс.) *В то врéмя как* в пóле дýет вéтер, в лесý ти́хо и теплó. *Едвá* мы добрáлись до лéса, как пошёл дождь. Мы стоя́ли под дéревом, *покá* шёл дождь. Мы стоя́ли под дéревом, *покá* дождь *не* перестáл. . . . . Часá три мы шли без óтдыха, *покá* в сторонé *не* послы́шался шум воды́. Минýт двáдцать я бесцéльно броди́л по одномý мéсту, *покá не* успокóился (Арс.)	10. The conjunction *покá не* is used to connect two clauses, the clause containing, *пока не* expressing a time limit before which the action expressed in the other clause cannot take place.
Conjunctions of result:		
так что 'so, that'; *вслéдствие чегó* 'in consequence of':	Лёд на рекé местáми ужé трóнулся, *так что* идти́ на лы́жах бы́ло опáсно (Павл.)	11. The conjunction *вслéдствие чегó* is generally used in business and official language.

Conjunctions of comparison: *как* 'as'; *как будто* 'as if', 'as though'; *будто* 'as if', 'as though'; *будто бы* 'as though'; *точно, словно* 'as though', 'like', 'as if':	Тёмные вершины колыхались, *как* гребни волн в грозную непогоду (Кор.) (*точно* гребни волн..., *словно* гребни волн...) ...Нева металась, как больной В своей постели беспокойной (П.) Сегодня я чувствую себя так, *как будто* гора свалилась с моих плеч (Гарш.) (*будто* гора свалилась..., *будто бы* гора свалилась...)	12. The most frequently used conjunctions of comparison are *как* and *как будто*.
Conjunctions of concession: *Хотя* 'though', 'although'; *несмотря на то, что* 'in spite of', 'despite'; *как ни* 'no matter how':	*Хотя* мы очень торопились до темноты вернуться домой, ночь застала нас в пути. *Несмотря на то,* что было уже совсем темно, мы продолжали свой путь. *Как ни* труден был путь, мы шли очень быстро.	

Note. — The meaning and the use of conjunctions are dealt with in greater detail in the second volume of this book.

X. WORD-BUILDING

GENERAL REMARKS

Various words can be derived from one and the same root by adding different suffixes and prefixes.

уч-и́-ть — вы́-учить, на-учи́ть, за-учи́ть, etc.
уч-и́-тель
уч-и́-тель-ниц(а)
уч-е-ни́к
уч-е-ни́ц(а)
уч-а́щ-ий-ся
уч-ён-ый
уч-е́ни(е)

стро́-и-ть — по-стро́ить, пере-стро́ить, за-стро́ить, etc.
стро-и́-тель
строй-тель-ств(о)
строй-к(а) — по-стро́йка, пере-стро́йка, за-стро́йка
стро́й-н-ый
стро-е́ни(е)
стро́-ящ-ий-ся

Note.— The root of all these words is *-строй-*, but *й* is dropped before *и*. The combination [йэ] is rendered in spelling by the letter *e*.

In forming new words some sounds in the stem may undergo certain changes:

друг — друзья́
дружи́ть
дру́жба
дру́жный   alternation: *г* — *з;* *г* — *ж*
дру́жеский
дру́жественный

MOST PRODUCTIVE NOUN-FORMING SUFFIXES

Table 125

Suffixes Used to Form Nouns Denoting the Agent or Performer of an Action

Suffixes Forming Masculine Nouns	Suffixes Forming Feminine Nouns	Remarks
-тель читáтель писáтель руководйтель стройтель	**-ниц(а)** читáтельница писáтельница руководйтельница	1. Nouns with the suffix **-тель** are chiefly derived from the stem of the infinitive of a verb: *читá-ть — читá-тель,* *руководй-ть — руководй-тель.* 2. In words derived from a verbal stem ending in **-а** the stress of the verb is retained: *читáть — читáтель,* *писáть — писáтель.* In words derived from a verbal stem ending in **-и** the stress invariably falls on **и:** *руководйть — руководйтель, стройить — стройтель.* 3. In corresponding feminine nouns the suffix **-тель** is retained and the suffix **-ниц-а** is added. The stress in feminine nouns falls on the same syllable as in the corresponding masculine ones. **Note.**—From the stem of the infinitive, nouns can also be formed which do not denote persons (e.g., *числйтель, знаменáтель, мнóжитель, делйтель, двйгатель, истребйтель,* etc.). Such nouns generally retain the stress of the verb, except for very few words: *чйслить — числйтель.*

Suffixes Forming Masculine Nouns		Suffixes Forming Feminine Nouns		Remarks
-щик	набо́рщик конто́рщик нату́рщик ка́менщик стеко́льщик бараба́нщик	-щиц(а)	набо́рщица конто́рщица нату́рщица	1. Nouns with the suffixes -щик, -чик, -щиц(а), -чиц(а) are derived from noun and verb stems: *бараба́н — бараба́нщик, носи́ть — носи́льщик, переписывать — перепи́счик, ответ — отве́тчик.* 2. In nouns with the suffix -чик the stress always falls on the penultimate syllable (*разве́дчик, перево́дчик).*
-ов-щик -ёв-щик -ль-щик -чик (after д, т, з, с, ж)	часовщи́к старьёвщик носи́льщик лётчик пулемётчик разве́дчик перево́дчик перепи́счик во́зчик перебе́жчик	-чиц(а)	лётчица пулемётчица разве́дчица перево́дчица перепи́счица	3. In nouns with the suffix -щик the stress may fall on different syllables. In some cases it falls on the same syllable as in the word the noun is derived from, e.g.: *ка́мень — ка́менщик, старьё — старьёвщик,* in other cases it falls on the last syllable (*часовщи́к*). If the noun is not stressed on the last syllable, the stress remains fixed. If the noun is stressed on the last syllable, the stress is shifted in declension according to the type as in Table 24, group C, I (*стари́к, до́ждь*). 4. Feminine nouns are stressed on the same syllable as the corresponding masculine nouns.

Suffixes Forming Masculine Nouns		Suffixes Forming Feminine Nouns	Remarks
-ник	колхо́зник рабо́тник отли́чник учени́к помо́щник сапо́жник мясни́к печни́к	**-ниц-а** колхо́зница рабо́тница отли́чница учени́ца помо́щница	1. Nouns with the suffix **-ник** are derived from adjective or noun stems: *отли́чный — отли́чник, мя́со — мясни́к.* 2. Feminine nouns are stressed on the same syllable as the corresponding masculine nouns. Nouns with the suffix **-ник** denoting a man's trade *(сапо́жник, мясни́к, печни́к)* have no corresponding feminine nouns. 3. The stress in some nouns falls on the penultimate syllable *(дво́рник, пи́льщик, помо́щник, ко́нник)*; in others, on the last syllable *(лесни́к, печни́к).* If the stress falls on the penultimate syllable of a noun it remains fixed in declension, if it falls on the last syllable it is shifted according to the type as in Table 24, group C, I. **Note.**—By means of the suffixes **-ник, -ниц-а** nouns are also formed which denote things *(ча́йник, кофе́йник, са́харница, пе́пельница).*
-ик	матема́тик исто́рик фи́зик хи́мик		1. Nouns with the suffix **-ик** are generally formed from nouns. 2. The suffix **-ик** generally denotes speciality *(исто́рик, фи́зик, etc.).*

Suffixes Forming Masculine Nouns		Suffixes Forming Feminine Nouns		Remarks
-ов-ик (-ев-ик)	фронтовик передовик			**3.** Nouns with the suffix **-ик** may also denote things (*грузовик, боевик,* etc.). **4.** Nouns with the suffix **-овик, (-евик)** are stressed on the last syllable: *фронтовик.* In their declension the stress is generally shifted according to the type as in Table 24, group C, I. **Note.—** The suffix **-ик** may also occur in nouns derived from adjectives: *старый — старик.*
-ец	комсомолец борец боец гребец ленинградец саратовец испанец голландец красавец храбрец гордец чтец	**-к-а** **-иц-а** **-к-а**	комсомолка ленинградка испанка голландка красавица чтица	**1.** Nouns with the suffix **-ец** are derived from the stems of nouns (*бой — боец*), adjectives (*красивый — красавец, храбрый — храбрец*) or verbs (*бороться — борец, читать — чтец*); most frequently from the stems of nouns. **2.** Masculine nouns denoting persons belonging to some organization (*комсомолец*), nationality (*голландец*) or place of residence (*ленинградец*) form their feminine counterparts by means of the suffix **-к-** (*комсомолка, голландка, ленинградка*), while masculine nouns denoting persons by their activities or their qualities either have no feminine counterparts at all (e.g. *боец, борец, гребец, храбрец*) or form them by means of the suffixes **-иц-а, -их-а, -ух-а** (*красавица, чтица, купчиха*) and not **-к-.**
-ан-ец -ен-ец -ов-ец -л-ец	республиканец беженец торговец владелец	**-к-а** **-л-иц-а**	республиканка беженка	

Suffixes Forming Masculine Nouns	Suffixes Forming Feminine Nouns	Remarks
		3. These nouns are generally stressed on the last syllable: *боéц, храбрéц, удалéц, молодéц,* but sometimes on the penultimate syllable: *красáвец, ленинграáдец, рязáнец.* Nouns denoting a resident of a town or a citizen of a country retain the stress on the same syllable as the nouns they are derived from: *Ленинграáд — ленинграáдец, Севастóполь — севастóполец, Испáния — испáнец.* If these nouns are not stressed on the last syllable, the stress remains fixed. If they are stressed on the last syllable, the stress is shifted in declension according to the type as in Table 24, group C, 1. Nouns with the suffixes *-ен-ец* are generally stressed on the penultimate syllable: *поселéнец, переселéнец.* In this case the stress is fixed.
-ин болгáрин грузúн татáрин	**-к-а** болгáрка грузúнка татáрка	1. The suffixes *-ин, -анин (-янин)* are generally used to indicate nationality *(болгáрин)* or place of residence *(волжáнин).*
-ан-ин (-ян-ин) гражданúн горожáнин волжáнин харьковчáнин крестьянúн киевлянúн	граждáнка горожáнка волжáнка харьковчáнка крестьянка киевлянка	2. The word *горожáнин* means 'resident of a city or town'; *граждáнин* 'citizen (of a country)'. 3. These nouns are stressed either on the penultimate syllable *(татáрин, горожáнин, крестьянин)* or on the last syllable *(грузúн, граждáнин).* The stress is fixed, except in the word *граждáнин*

Suffixes Forming Masculine Nouns	Suffixes Forming Feminine Nouns		Remarks
			which, in all the forms of the plural, is stressed on the first syllable; *граждане, гражданам, гражданам*, etc.
-ич москвич костромич вятич	**-к-а** москвичка костромичка		1. Nouns with the suffix *-ич, -ак (-як)* or *-ач* are derived from the stems of nouns and adjectives (*Москва — москвич, Сибирь — сибиряк, бедный — бедняк*).
-ак(-як) сибиряк пермяк земляк бедняк батрак	**-к-а** сибирячка пермячка землячка беднячка батрачка		2. No special words are formed from the names of some towns to denote their residents: the latter are denoted in a descriptive manner: *житель Омска, житель Каширы*, etc.
-ач скрипач трубач	скрипачка		3. Masculine nouns are generally stressed on the last syllable. In their declension the stress is shifted according to the type as in Table 24, group C, I. Feminine nouns are stressed on the same syllable as their masculine counterparts (*москвич — москвичка*). The stress remains fixed. Nouns with the suffix *-ак (-як) (батрак, бедняк)* or *-ач (избач)* are stressed on the last syllable. In their declension the stress is shifted according to the type as in Table 24, group C, I.

245

Suffixes Forming Masculine Nouns	Suffixes Forming Feminine Nouns	Remarks
		In feminine nouns derived from masculine nouns by means of the suffixes *-ак*, *-ач* the stress is retained on the same syllable as in the masculine ones (e.g., *рыбак — рыбачка*). The stress is fixed.
-ун болту́н шалу́н хвасту́н крику́н ворчу́н	болту́нья шалу́нья хвасту́нья крику́нья ворчу́нья	1. Nouns with the suffix *-ун* are generally derived from verbal stems: *болта́ть — болту́н, шали́ть — шалу́н, ворча́ть — ворчу́н.* 2. The stress is on the last syllable (*шалу́н*); in declension the stress is shifted according to the type as in Table 24, group C I. In feminine nouns the stress falls on the same syllable as in their masculine counterparts (*шалу́н — шалу́нья*). The stress is fixed (*шалу́нья, шалу́ньи, шалу́нье,* etc.).
-арь секрета́рь библиоте́карь пе́карь па́харь то́карь		1. The stress generally falls on the last syllable (*врата́рь, дика́рь, звона́рь, секрета́рь*), but some words are stressed on the root (*пе́карь, ле́карь, сле́сарь*). In the declension of these nouns the stress is shifted according to the type as in Table 24, group C I.

Suffixes Forming Masculine Nouns		Suffixes Forming Feminine Nouns	Remarks
			Note.— In the declension of nouns with the suffixes *-ар, -яр (столя́р, маля́р, зончáр)* the stress is generally shifted according to the type as in Table 24, group C I. 2. Feminine nouns of the type *секретáрша, библиотéкарша*, though frequently used in colloquial speech, do not occur in the literary language; to denote persons of the female sex masculine nouns are generally used: *секретáрь, библиотéкарь,* etc.
Suffixes of Foreign origin			
-ист марксѝст коммунѝст материалѝст трактори́ст	*-к-а*	коммунѝстка	1. The stress invariably falls on the last syllable (*марксѝст, социалѝст*), and remains fixed.
-ионер революционёр *-ент* корреспондѐнт *-ант* дилетáнт организáтор *-тор* дирѐктор дòктор *-атор* новáтор	*-к-а*	трактори́стка революционёрка корреспондѐнтка дилетáнтка	2. Nouns with the suffix *-тор* are stressed on the penultimate syllable (*дòктор, дирѐктор, новáтор*). In most words the stress is fixed. The words *дòктор* and *дирѐктор* ending in the nominative plural in *-á (докторá, директорá)* are stressed on the ending in all cases in the plural. 3. Nouns with the suffixes *-ист,-ент, -ант* are invariably stressed on the suffix; nouns with the suffix *-ионер* are stressed on the last syllable (*революционёр*).

Table 126

Suffixes Forming Abstract Nouns

Suffixes Forming Feminine Nouns		Remarks
-ость (*-есть*)	активность решительность храбрость гордость промышленность организованность дисциплинированность свежесть текучесть	1. These words are derived from the stems of adjectives *(гордый — гордость)* and passive participles *(организованный — организованность)*. 2. The stress never falls on the suffix; as a rule, it is on the same syllable in the derivative word as in the word from which it is derived *(гордый — гордость, промышленный — промышленность, кол́кий — кол́кость).* The word *молодость* is, in fact, not an exception from the general rule, since the short form adjective is *молод* (long form adjective *молодой).* The stress in these words is fixed.
-от-а *-ет-а*	беднота краснота чернота полнота темнота высота нищета	1. These nouns are generally derived from adjective stems: *(бедный — беднота).* 2. The stress generally falls on the last syllable *(темнота, нищета);* a number of nouns with the suffix *-от-а* are stressed on the penultimate syllable *(зевота).*
-ин-а	ширина глубина вышина	1. The suffix is added to the root. 2. The stress invariably falls on the last syllable; in declension it is shifted according to the type as in Table 24, group A 2 (if the noun has a plural at all).
-изн-а	белизна дешевизна дороговизна	1. These nouns are derived from adjective stems *(белый — белизна).* 2. In some words the stress falls on the last syllable *(белизна);* in others, on the penultimate syllable *(дешевизна, укоризна).* The stress is always fixed.
-к-а	стройка подготовка находка	1. These nouns are derived from verb stems *(подготовить — подготовка).* 2. The stress is never on the last syllable.

Suffixes Forming Feminine Nouns		Remarks
-б-а	борьба́ ходьба́ молотьба́	1. The words are derived from verb stems *(ходи́ть — ходьба́)*. 2. The stress is generally on the last syllable, and is fixed.

Suffix of Foreign Origin

| *-ация*
(-изация) | организа́ция
коллективиза́ция
квалифика́ция
.воениза́ция
яровиза́ция | 1. The corresponding verbs are *организова́ть, коллективизи́ровать,* etc.
2. The suffix is also used to form nouns from Russian stems *(воениза́ция).* |

Suffixes Forming Neuter Nouns

-а-ни-е	внима́ние собра́ние преподава́ние стара́ние	1. These nouns are derived from the stem of the infinitive *(собра́ть — собра́ние).* 2. Nouns with the suffix *-ание* are stressed on the same syllable as the verbs they are formed from *(внима́ть — внима́ние, преподава́ть — преподава́ние).* 3. Nouns with the suffix *-ение* are generally stressed on the *e* of the suffix: *(ударе́ние, уточне́ние, упуще́ние,* etc., but *наме́рение, упро́чение, обеспе́чение, сосредото́чение).*
-е-ни-е *-енье*	чте́ние удивле́ние (уче́нье) уче́ние сужде́ние	
-ти-е	взя́тие откры́тие поня́тие	1. These nouns are generally derived from verbs whose passive participles have the suffix *-т-ый: (откры́ть — откры́тый — откры́тие).* 2. The stress is never on the suffix. In most instances it is on the same syllable as in the word from which the noun is derived (on the third syllable from the end of the word): *на́йтие, прибы́тие.* Exception: *бытие́.* The stress is invariably fixed.
-ств-о	произво́дство строи́тельство	These nouns are derived from various stems: *производи́ть — произво́дство, строи́тель — строи́тельство.* In some words the stress is on the penultimate syllable *(госпо́дство, превосхо́дство)*; in others, on the last syllable *(мастерство́, кумовство́, колдовство́).* The stress is invariably fixed.

249

Suffixes Forming Masculine Nouns	Remarks
Suffix of Foreign Origin	
-изм коммуни́зм материали́зм маркси́зм ленини́зм	The stress is invariably on the last syllable, i.e., on the suffix, and is fixed.

Table 127

Diminutive and Augmentative Noun Suffixes

Diminutive Suffixes				
Suffixes	**Masculine**	**Neuter**	**Feminine**	**Manner of Formation**
-ик	стол — сто́лик дом — до́мик			Suffixes are added to the stem of the word.
		плечо́ — пле́чико лицо́ — ли́чико		Alternation *ц — ч*
-чик	шкаф — шка́фчик па́лец — па́льчик			An unstable *е* plus alternation *ц—ч*
-ок (-ёк)	лист — листо́к па́рень — паренёк сук — сучо́к стари́к — старичо́к			Alternation *к — ч*
-ец	брат — бра́тец			

Diminutive Suffixes

Suffixes	Masculine	Neuter	Feminine	Manner of Formation
-к-а			голова́ — голо́вка ко́мната — ко́мнатка ви́шня — ви́шенка	An unstable *e.*
-иц-а			вода́ — води́ца сестра́ — сестри́ца	
-иц-е		пла́тье — пла́тьице		
-ич-к-а			сестра́ — сестри́чка лиса́ — лиси́чка	
-онк-, -ёнк-	ма́льчик — мальчо́нка		сестра́ — сестрёнка де́вочка — девчо́нка	An unstable *o.*
-оньк-а			берёза — берёзонька	
-еньк-а			рука́ — ру́ченька	Alternation *-к-ч.*
-ц-е		окно́ — око́нце		An unstable *o.*
-ечк-а			узда́ — узде́чка руба́шка — руба́шечка ко́шка — ко́шечка	
-ечк-о		се́мя — се́мечко		
-очк-о, -а		я́блоко — я́блочко	таре́лка — таре́лочка	

Diminutive Suffixes				
Suffixes	Masculine	Neuter	Feminine	Manner of Formation
-ушк-а,-о *-юшк-о*	дед — дéдушка хлеб — хлéбушко	гóре — гóрюшко мóре — мóрюшко	старýха — старýшка рекá — речýшка избá — избýшка	The suffix *-ух* is replaced by the siffux *-ушк-*. Alternation *к—ч*.
-ышк-, *-ишк-а,-о*	мáльчик — мальчúшка плут — плутúшка гóрод — городúшко дом — домúшко	сóлнце — сóлнышко гнездó — гнёздышко	земля́ — землúшка	**Note.**— Nouns with the suffixes *-ушк, -ышк-, -ишк-* always take the ending *-а (голóвушка, землúшка)* if they are feminine or *-о* if they are neuter *(сóлнышко)*; if they are masculine and denote animate beings or inanimate things the ending is *-а (мальчúшка)* or *-о (домúшко)* respectively.
Double or treble suffixes: *-уш-ечк-а* *-уш-он-* *-очк-а* *-очк-а* *-иш-ечк-а* *-он-очк-а*	 мальчúшечка		 избýшечка старушóночка старушóнка девчóночка	Double or treble suffixes.

Augmentative Suffixes

Suffixes	Masculine	Neuter	Feminine	Manner of Formation
-ищ-е, -а	дом — домище нож — ножище	письмо — письмище	книга — книжища нога—ножища рука—ручища	Alternation *г — ж.* Alternation *к — ч.* **Note.** — Feminine nouns with the suffix *-ищ-* take the ending *-а (ручища),* while neuter and masculine nouns take the ending *-е (письмище, домище).*
-ин-а	дом — домина		рыба — рыбина	

STRESS IN NOUNS WITH DIMINUTIVE AND AUGMENTATIVE SUFFIXES

-ик-   The stress is generally on the penultimate syllable *(домик, столик, ослик)* and is fixed.

-ок (-ёк)   The stress is on the last syllable *(листок, уголёк).* In declension the stress is shifted according to the type as in Table 24, group C 1.

-к-а   If in the word from which the given word is derived the stress does not fall on the last syllable, it falls on the same syllable in the derivative word; e.g., *комната — комнатка, монета — монетка.* If in the word from which the given word is derived the stress falls on the last syllable, the derivative word is stressed on the penultimate syllable, e.g., *рука — ручка, нога — ножка, голова — головка.* Exception: *петля — петельки* (the derived word is stressed on the third syllable from the end of the word). In all the cases the stress is fixed.

-иц-а }
-ичк-а }   The stress falls on the penultimate syllable *(водица — водичка)* and is fixed.

-онк-а   The stress falls on the penultimate syllable *(девчонка, мальчонка)* and is fixed.

-ц-е, -о   The stress generally falls on the penultimate syllable *(оконце, волоконце),* it may also fall on the third syllable from the end of the word *(платьице, деревце);*

occasionally it falls on the last syllable *(-цó)*: *пальтецó, ружьецó*. In all cases the stress is fixed.

-ечк-а   The stress in words with this suffix follows the same rule as in words with the suffix *-к-а*.

-ушк-а, -юшк-а   In some words the stress falls on *-у-* (i.e., on the penultimate syllable), in others, on the syllable preceding the suffix (i.e., on the third syllable from the end of the word), the different stress resulting in different meaning: if the stress falls on *-у-* the word may acquire a pejorative meaning, while if the stress is on the syllable preceding *-у-* the word has a meaning of endearment (cf. *Катю́шка — Ка́тюшка*). The stress in both cases is fixed.

-ышк-о   The stress generally falls on the third syllable from the end of the word *(сóлнышко, зёрнышко)* and is fixed.

-ишк-а, -о   The stress generally falls on the penultimate syllable *(мальчи́шка, уми́шко, доми́шко)*.

-ищ-е, -а   If the word from which the given word is derived is stressed not on the last syllable, the stress in the derived word generally falls on the same syllable *(кни́га — кни́жища)*. If the word from which the given word is derived is stressed on the last syllable, the stress in the derivative word falls on the penultimate syllable *(рука́ — ручи́ща, нога́ — ножи́ща, стари́к — стари́чище)*. But: *челове́к — челове́чище*.

Note. — 1. All diminutive suffixes may add to the word a meaning of endearment according to the context.

2. Some diminutive suffixes *(-ик, -ушк-, -ышк-, -онок, -ёнок)* may add to the word a meaning either of endearment or of contempt according to the context, e.g.:

A Diminutive Meaning or a Meaning of Endearment:

Ма́ленькая *речу́шка* протека́ла óколо дере́вни.

Ма́ленький *доми́шко* стоя́л в зе́лени.

    Кири́ла Петро́вич заезжа́л за́просто в *доми́шко* своего́ ста́рого това́рища... (П.)

A Meaning of Contempt:

Это не река́, а кака́я-то *речу́шка* (or *речóнка*).

Приходи́л како́й-то *мальчи́шка*. Како́й же это дом? Это *доми́шко*.

    На краю́ доща́ника стои́т... растрёпанный *мужичóнка* в рва́ном армяке́... (М. Г.)

Заси́м э́тот съёжившийся *старика́шка* проводи́л его́ со двора́... (Г.)

3. Endearment diminutives of proper names—both masculine and feminine—are formed by means of the same suffixes:

Masculine names: *Ва́ня — Вангк, Ванюша, Ва́нечка, Ванюшечка*, etc.; *Ви́тя — Витюшенька*, etc.

Feminine names: *Та́ня — Тангк, Танюша, Танюшка, Та́нечка*, etc.; *Ни́на — Нину́ся, Нину́сенька*, etc.

COMPOUND NOUNS

I. A *number* of nouns contain more than one root; they are called *compound* nouns. Compound nouns are formed by combining two or more words (generally two nouns, or a noun and a pronoun, or a noun and a numeral, etc.) into one.

A compound word may, in turn, become part of a more complex compound, e.g.:

паровóз (пар + возúть);
паровозостроéние (паровóз + строéние).

The parts of a compound word are joined by the link vowel *o* or *e*.

Table 128

Manner of Formation		
паровóз паровозостроéние земледéлие птицевóдство пешехóд самокрúтика самоопределéние	пар-о-вóз паровоз-о-строéние земл-е-дéлие птиц-е-вóдство пеш-е-хóд сам-о-крúтика сам-о-определéние	These words are formed by means of the link vowel *o* or *e*. The link vowel *o* is used after a hard consonant, and *e* after a soft consonant or after *ц, ж, ш, ч, щ.*
пятилéтка Ленингрáд	пяти-лéтка Ленин-грáд	These words are formed without a link vowel.

II. In Modern Russian there are special compounds which appeared after the Great October Socialist Revolution and are formed by compounding abbreviated words.

According to the manner of abbreviating and compounding these words can be classified into several groups:

Manner of Formation		
a) профсоюз стенгазéта	профессионáльный со- юз стеннáя газéта	Only the initial word is abbreviated.
б) комсомóл	коммунистúческий со- юз молодёжи	All the component words are abbreviated.

Manner of Formation		
колхо́з райко́м	коллекти́вное хозя́йст- во райо́нный комите́т	
в) вуз ТАСС	вы́сшее уче́бное заве- де́ние Телегра́фное аге́нтство Сове́тского Сою́за	The compound consists of the letters indicating the initial sounds of the component words.
г) СССР (pro- nounced: эс-эс- эс-э́р)	Сою́з Сове́тских Соци- алисти́ческих Рес- пу́блик	A number of compounds consist of the initial let- ters of the component words pronounced as in the alphabet.
д) Днепрогэ́с	Днепро́вская гидро- электри́ческая ста́н- ция	The compound consists of the abbreviated initial word and the initial let- ters of the following com- ponent words.

Table 129

FORMATION OF ADJECTIVES

A. Formation of Adjectives from Nouns, Adverbs, Verbs, and
Numerals:

Formation by Means of Suffixes:		
Main Suffixes	Adjectives	Manner of Formation
-н-	ле́тний, зи́мний, осе́нний, весе́нний, вече́рний, фабри́ч-ный, желе́зный, ме́стный	From noun stems: ле́то, зима́, о́сень, весна́, ве́чер, фа́брика (alternation *к — ч*), желе́зо, ме́сто. From adverbs:
(-ш-)-н-	сего́дняшний, вчера́шний, за́втрашний вне́шний, ны́нешний	сего́дня, вчера́, за́втра вне, ны́не.

256

Formation by Means of Suffixes:

Main Suffixes	Adjectives	Manner of Formation
		From noun stems:
-онн-, *-енн-*	революцибнный, хозяйст-венный, жизненный	революция, хозяйство, жизнь
		From noun stems:
-ск-	городскóй, совéтский, мо-скóвский, пролетáрский, марксúстский	гóрод, совéт, Москвá, пролетáрий, марксúст
-к-	немéцкий; бедняцкий, ку-лáцкий	нéмец, бедня́к, кулáк (al-ternation **к — ц**)
		From noun stems:
-ан-, -ян-	кóжаный, серéбряный	кóжа, серебрó (alternation: hard **р** — soft **р**).
	платянóй	плáтье
-ин-	лебедúный, соколúный	лéбедь, сóкол
-ов-, -ев-	дубóвый, соснóвый, бое-вóй, плечевáя, ключевáя, столóвый, домóвый, гáзовый	дуб, соснá, бой, плечó, ключ стол, дом, газ
-овит-	родовúтый, ядовúтый	род, яд
-ов-	отцóв, лесникóв	отéц, леснúк
-ов- (-ск-)	отцóвский	отéц (an unstable **е**)
-ин-	мáтерин, сéстрин, бáбуш-кин	мать, сестрá, бáбушка
-ин-(-ск-)	материнский, сéстринский	мать, сестрá
		Note.— The words *отцóв, мá-терин, сéстрин* have almost completely fallen into disuse; but the words *бáбушкин, мáмин* are frequently used.
-ист-	тенúстый, глúнистый	тень, глúна
-ат-	усáтый, бородáтый	ус, бородá
-чат-	дымчатый	дым
-аст-	глазáстый, головáстый	глаз, головá
-ив-	ленúвый	лень
-лив-	привéтливый	привéт

Main Suffixes	Adjectives	Manner of Formation
-чив-	обма́нчивый	обма́н
-уч, -юч	лету́чий, горю́чий, колю́чий	From verb stems: лета́ть, горе́ть, коло́ть.
-к-	ло́мкий, ко́лкий	лома́ть, коло́ть

Formation of Adjectives by means of Prefixes and Suffixes:

The Prefix *без-*	безру́кий, безно́гий, бездо́мный, безвре́дный	From noun stems: рука́, нога́, дом, вред
The Suffixes *-н-, -енн-*	безра́достный, бесприю́тный, бессмы́сленный	From nouns: ра́дость, прию́т, смысл

The prefixes *на-, за-, при-*	насто́льный, засто́льный	From noun stems: стол
The suffixes *-н-, -ск-*	нате́льный, приура́льский	те́ло, Ура́л

Formation of Adjectives without Prefixes or Suffixes:

	во́лчий, медве́жий	From noun stems: (a) mainly denoting animals: волк (alternation *к — ч*) медве́дь (alternation *д — ж*)
	пти́чий, за́ячий	пти́ца, за́яц (alternation *ц — ч*)
	ли́сий, собо́лий	лиса́, со́боль
	о́тчий, поме́щичий, рыба́чий	(b) denoting persons: оте́ц (alternation *ц — ч*), поме́щик, рыба́к (alternation *к — ч*).

B. Formation of Adjectives from Adjectives:

With an augmentative or diminutive meaning or with a meaning of endearment:

Suffixes:		From adjective stems:
diminutive		
-оват-	краснова́тый	кра́сный, си́ний
-еват-	синева́тый	
expressing endearment:		
-еньк-	бе́ленький, ти́хонький	бе́лый, ти́хий
-оньк-		
augmentative:		
-ущ-, -ющ-	большу́щий, злю́щий	большо́й, зло́й
		большу́щий дом — о́чень большо́й дом, злю́щий челове́к — о́чень злой челове́к.

Prefixes:		
augmentative:		
пре-	пребольшо́й	большо́й
	пребольшо́й дом — о́чень большо́й дом	
	пренепри́ятный	непри́ятный
	пренепри́ятный челове́к — о́чень неприя́тный челове́к	
Prefixes of foreign origin:		
архи-	архиреакцио́нный	реакцио́нный
	архиреакцио́нный — о́чень реакцио́нный	
анти-	антирелигио́зный	религио́зный
	антифаши́стский	фаши́стский

C. Formation of Compound Adjectives:

From two Adjectives:

се́ро-зелёный тёмно-кра́сный све́тло-голубо́й си́не-жёлтый	The stem of the first adjective, the link vowel and the second adjective *(сер-о-зелёный, син-е-жёлтый)*.

From Noun and Adjective Stems:

серогла́зый черноволо́сый остроу́мный паровозостро́йтельный чугунолите́йный	The stem of the adjective, the link vowel, the stem of the noun and the adjective ending (сер-о-гла́з-ый, паровоз-о-строй-тель-н-ый, чугун-о-лите́й-н-ый).

ABBREVIATIONS OF NAMES OF AUTHORS QUOTED

Акс. — Акса́ков С. Т.
Арс. — Арсе́ньев
А. Т. — Толсто́й А. Н.
Бар. — Барати́нский Е. А.
Б. Пол. — Полево́й Б.
Г. — Го́голь Н. В.
Гарш. — Га́ршин В. М.
Герц. — Ге́рцен А. И.
Гонч. — Гончаро́в И. А.
Горб. — Горба́тов Б.
Гр. — Грибое́дов А. С.
Дж. — Джамбу́л
Долмат. — Долмато́вский
Жар. — Жа́ров А.
Жук. — Жуко́вский В. А.
Заг. — Заго́скин М. Н.
Исак. — Исако́вский М. В.
К. — Кольцо́в А. В.
Кор. — Короле́нко В. Г.
Л. — Ле́рмонтов М. Ю.
Л.-К. — Ле́бедев-Кума́ч В. И.
Л. Т. — Толсто́й Л. Н.
М. — Ма́йков А. Н.

М. Г. — Макси́м Го́рький
Нев. — Неве́ров
Некр. — Некра́сов Н. А.
Ник. —Ники́тин И. С.
Н. Остр. — Остро́вский Н. А.
П. — Пу́шкин А. С.
Павл. — Павле́нко Б.
Пауст. — Паусто́вский К.
Плещ. — Плеще́ев А. Н.
Сим. — Си́монов К. М.
С. Ст. — Сулейма́н Ста́льский
С.-Ц. — Серге́ев-Це́нский С. Н
Т. — Турге́нев И. С.
Тих. — Ти́хонов Н. С.
Тютч. — Тю́тчев Ф. И.
Ф. — Фет А. А.
Фад. — Фаде́ев А. А.
Фр. — Франко́ И.
Фурм. — Фу́рманов Д. А.
Ч — Че́хов А. П.
Эрен. — Эренбу́рг И.
Яз. — Язы́ков Н. М.

CONTENTS

		Table	Page

II. THE NOUN

III. THE ADJECTIVE

IV. THE PRONOUN

V. THE NUMERAL

VII. THE PARTICIPLES AND THE VERBAL ADVERB

VIII. THE ADVERB

IX. THE CONJUNCTION

X. WORD-BUILDING

Table 19

Declension of Nouns in the Plural

Cases	Plural										Common Endings
Nom.	заводы	вожди	герои	дела	поля	здания	женщины	деревни	армии	ночи	
Gen.	заводов	вождей	героев	дел	полей	зданий	женщин	деревень	армий	ночей	
Dat.	заводам	вождям	героям	делам	полям	зданиям	женщинам	деревням	армиям	ночам	*-ам, -ям*
Acc.	заводы	вождей	героев	дела	поля	здания	женщин	деревни	армии	ночи	
Instr.	заводами	вождями	героями	делами	полями	зданиями	женщинами	деревнями	армиями	ночами	*-ами, -ями,*
Prep.	(о) заводах	(о) вождях	(о) героях	(о) делах	(о) полях	(о) зданиях	(о) женщинах	(о) деревнях	(об) армиях	(о) ночах	*-ах, -ях*

Note. — All nouns, whether masculine, feminine or neuter, of the first, second and third declension take identical endings in the dative, instrumental and prepositional cases. Nouns whose stem ends in a hard consonant take *-ам, -ами, -ах;* nouns whose stem ends in a soft consonant take *-ям, -ями, -ях.*

2. The accusative is identical with the nominative if the noun denotes an inanimate object *(заводы, поля, деревни, здания),* and with the genitive if it denotes a living being *(вождей, героев, женщин).*

3. A number of nouns with the stem ending in a soft consonant have two forms for the instrumental: *дверями — дверьми* (instr. of *дверь), лошадями — лошадьми* (instr. of *лошадь);* the instrumental of *люди* is *людьми.*

4. There are various endings for nouns in the genitive plural (see following table).

Заказ № 3722

Table 20

Genitive Plural of Nouns

	1	2	3	4	5	6
Nouns	Masculine nouns with stem ending in a consonant (except sibilants): завод — заводы, боец — бойцы, урок — уроки	Masculine nouns ending in -й: герой — герои, бой — бои	Masculine nouns with diminutive suffix -ишк(о) or augmentative suffix -ищ(е): домишко — домишки, домище—домища	Masculine and neuter nouns ending in -ья in the nominative plural: брат — братья, крыло — крылья	Masculine and feminine nouns ending in a soft consonant followed by -ь: вождь — вожди, площадь — площади	Masculine and feminine nouns ending in a sibilant: сторож — сторожа, мышь — мыши, карандаш — карандаши, луч — лучи, ночь — ночи, товарищ — товарищи, вещь — вещи
take the ending -ов (-ев):	заводов, бойцов, уроков					
take the ending -ев:		героев, боёв				
take the ending -ей:				братьев, крыльев; Three nouns ending in -ья: мужей, сыновей, друзей	вождей, площадей	сторожей, мышей, лучей, товарищей
take no ending (the final sound — and letter—is the soft or hard consonant of the stem):			домишек, домищ			

Table 20
(Cont.)

7	8		9		
Feminine nouns ending in **-a (-я)**:	Neuter nouns ending in **-o**:		Neuter nouns ending in **-e, -ё**:		
работа — работы земля — земли роща — рощи статья — статьи партия — партии	письмо — письма дело — дела	with diminutive suffix **-ик:** личико — личики	поле — поля море — моря	жилище — жилища	собрание — собрания	ружьё — ружья
		личиков	полей, морей			
Note: клешня — клешней ноздря — ноздрей доля — долей вожжа — вожжей свеча — свечей But it is also possible to say: Игра не стоит свеч.						
работ, земель, рощ; **Note:** **-й** of the stem статей, партий	писем, дел **Note:** облако — облаков ухо — ушей			жилищ	**-й** of the stem: собраний, ружей	

Table 20
(Cont.)

Note. — The genitive plural of nouns either does not take any ending — in which case the word ends in the hard or soft consonant of the stem *(жёнщин, земе́ль, дел)* or the *-й* of the stem *(струй, ли́ний)*: or it takes the endings *-ов, -ев, -ёв, -ей (заво́дов, музе́ев, боёв, вожде́й, поле́й, степе́й).*

1. The ending *-ов* occurs in all masculine nouns with the stem ending in a hard consonant *(заво́д — заво́ды — заво́дов, дом — дома́ — домо́в),* except nouns with the stem ending in a sibilant. Nouns with the stem ending in *ц* take the ending *-ов,* when the ending is stressed *(бойцо́в, борцо́в),* or *-ев,* when the ending is unstressed *(па́льцев).*

2. The ending *-ев* occurs in:

(a) all masculine nouns with the stem ending in *-й (геро́й — геро́и — геро́ев, музе́й — музе́и — музе́ев);* when the ending bears the stress these nouns take the ending *-ёв (бой — бои́ — боёв);*

(b) masculine and neuter nouns with the stem in the singular ending in a hard consonant which becomes soft in the plural (i.e., taking in the plural the ending *-ья) (лист — ли́стья — ли́стьев, де́рево — дере́вья — дере́вьев)* (but: *сыновья́ — сынове́й, друзья́ — друзе́й).*

3. The ending *-ей* occurs in:

(a) all masculine and feminine nouns ending in a soft consonant (without any ending in the nominative singular) *(вождь — вожде́й, пло́щадь — площаде́й, сте́пень — степене́й, учи́тель — учителе́й).*

(b) all masculine and feminine nouns with the stem ending in a sibilant *(ж, ч, ш,* or *щ)* not followed by any ending in the nominative singular (masculine: *плащ — плащи́ — плаще́й, врач — врачи́ — враче́й, нож — ножи́ — ноже́й, каранда́ш — карандаши́ — карандаше́й;* feminine: *вещь — ве́щи — веще́й, речь — ре́чи — рече́й, мышь — мы́ши — мыше́й).*

(c) neuter nouns ending in *-е (мо́ре — море́й, по́ле — поле́й),* except those with a sibilant before the *-е (учи́лище — учи́лища — учи́лищ, жили́ще — жили́ща — жили́щ).*

4. The genitive plural of the following nouns takes no ending but ends in the stem consonant:

(a) all feminine nouns ending in *-а (газе́та — газе́т, ту́ча — туч, ро́ща — рощ);*

(b) all feminine nouns ending in *-я (пу́ля — пуль, земля́ — земе́ль, дере́вня — дереве́нь);* the final *-ь* is omitted when *-ня* is preceded by an unstable *о* or *е (пе́сня — пе́сен, ви́шня — ви́шен),* except in *ку́хня — ку́хонь, дере́вня — дереве́нь, ба́рышня — ба́рышень.*

(c) neuter nouns ending in *-о (окно́ — о́кон, письмо́ — пи́сем);*

(d) neuter nouns with the stem ending in a sibilant *(учи́лище — учи́лищ, жили́ще — жили́щ, кла́дбище — кла́дбищ);*

(e) masculine nouns with the diminutive suffix *-ишк(о) (доми́шко — доми́шек)* or the augmentative suffix *-ищ(е) (доми́ще — доми́щ);*

(f) all feminine and neuter nouns with the stem ending in pronunciation in *-й. (па́ртия* [па́ртийа] *— па́ртий,* струя [струйа́] *— струй, ста́я* [ста́йа] *— стай, статья́* [стат'йа́] *— стате́й, собра́ние* [собра́нийэ] *— собра́ний, зда́ние* [зда́нийэ]*— зда́ний, уще́лье* [ущёл'йэ] *— уще́лий, ружьё* [ружйо́] *— ру́жей, копьё* [коп'йо́] *— ко́пий).*

Note on Spelling. — Feminine nouns ending in the nominative singular in an unstressed *-ья* take *-ий* in the genitive plural *(шалу́нья — шалу́ний, пля
су́нья — плясу́ний).*

Lightning Source UK Ltd.
Milton Keynes UK
UKOW051959020312

188263UK00001B/20/A